U0932893

应用计量经济学

曹颖轶　毛锦凰　李　霞　编著

中国社会科学出版社

图书在版编目（CIP）数据

应用计量经济学／曹颖轶，毛锦凰，李霞编著．—北京：
中国社会科学出版社，2016.1
ISBN 978－7－5161－7632－0

Ⅰ.①应… Ⅱ.①曹… ②毛… ③李… Ⅲ.① 计量经济学
Ⅳ.①F224.0

中国版本图书馆 CIP 数据核字（2016）第 032650 号

出 版 人　赵剑英
责任编辑　孔继萍
特约编辑　邹　莉
责任校对　郝阳洋
责任印制　何　艳

出　　版　中国社会科学出版社
社　　址　北京鼓楼西大街甲 158 号
邮　　编　100720
网　　址　http://www.csspw.cn
发 行 部　010－84083685
门 市 部　010－84029450
经　　销　新华书店及其他书店

印刷装订　北京市兴怀印刷厂
版　　次　2016 年 1 月第 1 版
印　　次　2016 年 1 月第 1 次印刷

开　　本　710×1000　1/16
印　　张　19.25
插　　页　2
字　　数　325 千字
定　　价　72.00 元

前　言

计量经济学关注经济发展的趋势和惯性，试图找到各种影响因素的净效应。学者们竞相采用这种方法，实证研究的文献包含了经济学在内的社会科学的各个领域，经济管理类的学生多倾向于采用这种方法完成毕业论文。

作者从事计量经济学教学多年，在教学之余开展学术研究。在长期阅读经济学参考文献和应用计量进行实证研究后发现，国内经济类文献中，错误使用计量经济学的数不胜数。一些研究者只重视技术而忽略了计量经济学的思想；很多学者没有经过系统的学习；计量经济学被盲目神化。

计量经济学较难，这让很多人对学习计量经济学头痛。而在另外一些人看来，计量经济学就是一门技术，建立方程然后估计方程。国内的计量经济学教材要么注重理论推断，有很多的数学推导过程；要么倾向于软件操作。

本书试图用生动的语言和图形阐述现实世界的信息，大量的实用案例（经济学、管理学、社会学等），具体的实验案例 EViews 实现过程，沟通理论与现实。对读者的要求很低，只要求读者了解一些微观经济学和宏观经济学理论，基本的数学函数运算和初级统计学知识。更多的从实践中学习、开启思维、善于动手。每章开始于一个现实世界——计量经济学专题——对该问题的解释与论证——实用案例——EViews 软件的实现——实验练习。

本书并不使用高深的数学证明，计量经济学方法简单、直观且通俗易懂。列举大量案例，我们认为，掌握和学习计量经济学的方法就是练习，理解具体案例对学习回归分析更重要。实验案例 EViews 软件实现的过程演示，将抽象的计量经济学理论过程具体化，降低学生学习计量经济学的畏惧情绪，之后给定实验数据，自主练习。主要包括古典假设下的计量经济学模型、计量经济学模型设定方法、放宽的计量经济学模型、联立方程模型、时间序列模型等。

本书第一章至第四章由西北民族大学曹颖轶教授编写，共计约 102 千字，第五章、第六章、第九章由西北民族大学李霞博士编写，共计约 101 千字，第七章，第八章和第十章由西北民族大学毛锦凰老师编写，共计约 122 千字，由于编者水平有限，本书不足之处在所难免，恳请广大读者批评指正。

2016 年 1 月

目　录

第一篇　基础篇

第二篇　扩充篇

第三篇　一些特殊问题

第四篇 专题篇

第一篇

基础篇

第一章

绪　论

假设你在一家银行工作，并准备分析股票的各种不同投资战略的回报，检验它们是否与你学过的经济理论含义相一致。假设你在公司人力资源部工作，你要对公司在职培训项目的效果进行评价；为期10周的培训都是在业余时间进行，你要明确该培训项目对每个工人小时工资的影响度。

在学完计量经济学课程后，你将会知道如何用计量模型去定量评价在职培训项目的效果，或者如何检验一个经济学理论。

第一节　什么是计量经济学

计量经济学已从数量统计学中分离出来并逐渐成为一门独立的学科，不同的人对计量经济学有不同的看法。从下面的一些文献摘录中看出：

> 计量经济学，是对经济学的作用存在有某种期待的结果，它把数量统计学应用于经济数据，以使数理经济学构造出来的模型得到经验上的支持，并获得数值结果。①
>
> 计量经济学可定义为实际经济现象的数量分析。这种分析乃基于理论与观测的并行发展，而理论与观测又通过适当的推断方法而得以

---

① Gerhard Tinter, *Methodology of Mathematical Econometrics*（《数理经济学与计量经济学方法论》），The University of Chicago Press，Chicago 1968 年，p. 74.

联系。[①]

计量经济学可定义为这样的社会科学：它把经济理论、数学和统计推断作为工具，应用于经济现象的分析。[②]

计量经济学有助于在积极意义上驱散公众对经济学科（数量的或非数量的）不良印象：这门学科犹如一个空箱子，即使有打开它的钥匙，对其空洞的内容，任何十位经济学家都会作出十一种解释。[③]

本质上，计量经济学的研究方法是，利用统计推断的理论和技术作为桥头堡，以达到经济理论和实际测算相衔接的目的。[④]

从上面的定义可看出，**计量经济学**是经济理论、数理经济、经济统计与数理统计的混合物。经济理论所作的研究假说大多数是定性分析，例如：微观经济理论指出：在其他条件不变的情况下，一种商品价格与其需求量之间有负相关关系。但此理论并没有对两者的关系提供任何数据的支持，也就是说，它没有确定性地指出，随着商品价格的变化，需求量将会上升或者下降多少，计量经济学家的工作就是要提供两者之间的数值关系。

计量经济学量化现实中的经济问题，将抽象的经济理论和现实的人类活动联系在一起。一方面，经济学家通过需求和供给推导出均衡价格；另一方面，企业家在经济活动中并不总用到这些概念。计量经济学通过数据量化消费者、厂商和政府行为。和经济统计学不同的是，计量经济学是经济理论、数学工具和统计分析三者的统一体。计量经济学包括（1）估计

---

① P. A. Samuelson, T. C. Koopmans and J. R. N. Stone, "Report of the Evaluative Committee for Econometrica（计量经济学刊评议委员会报告）", *Econometric*, Vol. 22, No. 2, 1954 年 4 月，第 141—146 页。

② Arthur S. Goldberger, Econometric Theory《计量经济学理论》, John Wiley &Sons, New York, 1964 年，第 1 页。

③ Adrian C. Darnell and J. Lynne Evans, The Limits of Econometrics《经济学的限度》, Edward Elgar Publishing, Hants, England, 1990 年，第 54 页。

④ T. Haavelmo, "The Probability Approach in Econometrics（计量经济学的概率方法）", Supplement to Econometrica, Vol. 12, 1994 年，preface 第Ⅲ页。

经济关系；（2）经济理论及经济行为的假设检验；（3）预测经济活动未来的趋势。

一　估计经济关系

实证经济学提供了大量根据数据估计经济关系的实例。

（1）厂商估计不同层次的广告对销售和利润的影响；

（2）股票市场分析人员研究股票价格和股票发行的特点与整个经济走势的关系；

（3）政府想估计货币和财政政策对就业或失业、收入、进出口、利率、通货膨胀率等重要宏观经济变量的影响；

（4）地方政府关注收入和税率、人口等影响收入的各种因素之间的关系；

（5）各种私人和公共产品与服务的供求。

例如：特定商品的消费需求可以看作需求量（Q）与商品价格（P）、替代品价格（P_S）、可支配收入（Y_d）之间的关系。根据经济理论，对正常品而言，消费量和可支配收入之间是正相关的，收入增加消费量也增加。计量经济学能够根据过去的消费量、收入和价格的数据，估计这些经济变量的定量关系。

一般的理论函数关系

$$Q = f(P, P_s, Y_d) \tag{1—1}$$

经济变量的定量关系

$$Q = 27.7 - 0.11P + 0.02P_s + 0.23Y_d \tag{1—2}$$

计量经济学明确地描述变量之间的定量关系，不仅反映了收入和消费量之间的正相关关系，还给出一个确定的关系（收入增加 1 个单位，消费量增加 0.23 个单位）。

二　经济理论与经济行为的假设检验

经济学中的大量结论都是在一定的假设前提下成立的，对经济行为的假设检验是经济学研究的重要部分。例如：

（1）肯德基想确定其最新的广告活动是否增加了销售额；

（2）企业的分析人员想知道，在兰州，对于某一产品和服务的需求与价格和收入之间的弹性关系；

(3) 政府决策者想知道公共场所不准吸烟的政策是否导致香烟消费量的剧减；

(4) 宏观经济学家想度量提高银行基准利率的政策效果；

(5) 执法机构想度量加大酒驾立法力度对减少人员死伤的效果。

计量经济学第二个重要的用途是假设检验，假设检验基于数据对理论进行评价，经济学中许多理论都构建了理论模型，需要现实数据的检验。例如：正常品的需求量随着收入的增加而增加，需求收入弹性为正，通过统计学的方法，对方程（1—2）中收入的系数（0.23）进行假设检验，对参数估计值及其符号为正的显著性检验。

三 预测经济活动未来的趋势

经济活动中各个变量之间估计关系确认并通过检验后，我们想利用所得到的关系方程预测未来值。

(1) 公司预测销售、利润、生产成本和库存要求；

(2) 政府预测对能源项目未来的需求，以便减少足够的发电厂；

(3) 预测股票市场指数和某些股票的价格；

(4) 政府预测收入、支出、通货膨胀、失业、预算和贸易赤字等宏观经济变量的走势；

(5) 地方政府预测当地人口、就业、商业和工业建设等领域的增长对学校、道路、警察局、消防局及公共事业等数量需求。

计量经济学第三个重要的用途，是基于历史数据构建模型去预测或者推测下一季度、明年或者更远的将来会发生什么。例如：企业家和政治家可以利用计量经济学模型预测未来销售量、利润、通货膨胀和失业率等。他们需要依靠计量经济学模型预测的结果来进行未来的决策，如果决策失误，后果会非常严重（企业破产或政治失败）。对于某个公司来说，公司决策者很想知道产品是否应该涨价，于是，我们可以预测涨价后销售量的变化，做出是否应该涨价的决策。

定量研究有很多不同的方法，不同学科面临的问题不同，所采用的方法也不同。经济学是一门观察性而非实验性的学科，在经济学领域，不同的方法具有不同的意义。

第二节 经验分析的步骤

计量经济方法几乎可以应用到经济学的每个分支的研究。如果我们要检验一个经济理论，首先建立变量之间的关系，之后开始使用计量方法。经验分析就是利用数据来检验某个经济理论或者估计变量之间某种经济关系。

由于以上所谈到的计量经济学模型三个方面的用途是基于样本数据而不是总体的调查数据，这些抽样调查中会存在一定的不确定性：（1）变量关系不精确；（2）假设检验的结论不精确；（3）基于模型的预测值不精确。现在我们看一下进行实证研究的基本步骤：

（1）设定模型或者变量的经济关系；

（2）收集数据；

（3）估计模型参数；

（4）假设检验；

（5）解释结果经济意义。

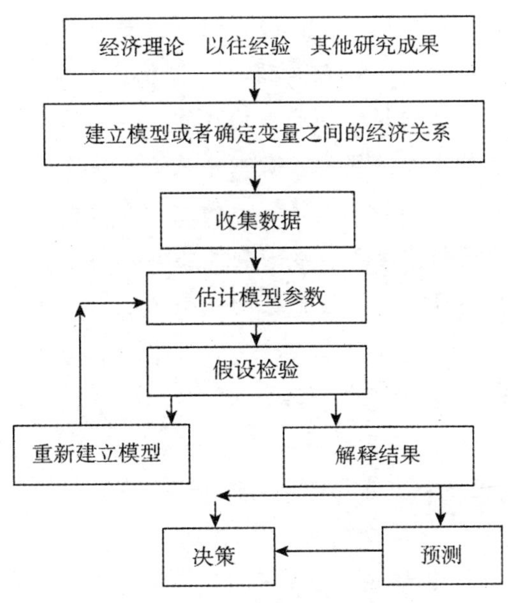

图 1—1　计量经济学建模步骤

一 建立模型或者确定变量之间的经济关系

经济学模型是以方程的形式建立的，方程主要用于描述经济和相关变量的行为，所建立的模型可以是一个方程或者是包含若干方程的系统。

当我们需要检验特定的经济理论时，要构造一个规范的经济模型。经济模型总是有描述各种关系的数理方程构成。经济学家建造模型来描述人类行为。例如：消费者均衡，在既定约束下实现效用最大化，便可以由一些数理模型来描述。这个理论的基本前提就是效用最大化。当收入和商品的价格既定的条件下，消费者决策的均衡点推导出需求方程。在每个需求方程中，每个商品的需求量取决于该商品的价格、其替代品和互补品的价格、消费者的收入和消费者偏好，这些方程就是对消费需求计量分析的基础。

例 1—1：犯罪的经济模型（选自 J. M. Woodlridge《计量经济学导论现代观点》）

诺贝尔经济学奖获得者加里·贝克尔（Gary Becker）系统地阐述了有关效用最大化框架，描述个人对犯罪行为的选择。虽然每一个特定的犯罪都有明显的经济回报，但大多数犯罪行为也有其成本。犯罪的机会成本使罪犯不能参加诸如合法就业之类的其他活动。此外，还存在与罪犯可能被抓住相联系的成本，以及罪犯被抓后，如果被证明有罪，与监禁有关的成本。贝克尔认为，决定是否进行非法活动的决策是充分考虑了各种可选择行为的成本和收益后决定的。

在一般化的假定之下，我们便能推导出一个方程，把花在犯罪活动上的时间描述成各种影响因素的一个函数。方程如下：

$$y = f(x_1, x_2, x_3, x_4, x_5, x_6, x_7) \tag{1—3}$$

式中：y——花在犯罪活动上的小时数

x_1——从事犯罪活动每小时的“工资”

x_2——合法就业的小时工资

x_3——犯罪或就业之外的收入

x_4——犯罪被抓住的概率

x_5——犯罪被抓后，被证明有罪的概率

x_6——被证明有罪后预期的宣判

x_7——年龄

虽然还有其他因素通常会影响个人参与犯罪的决策，但上述因素从规范的经济分析来看可能具有代表性。建立经济理论模型描述犯罪行为时，我们未对式（1—3）中的函数 $f(\cdot)$ 进行任何设定。这个函数建立的依据是潜在的效用函数。我们可以用经济理论来预测每个变量对犯罪活动可能具有的影响，这就是对个人犯罪行为进行计量经济分析的基础。

虽然可以依据经济理论建立经济模型，但有时我们也可以从经验或者常识出发建立描述经济行为的经济模型。下面这个例子中的方程，就是从常识出发推理所得。

例1—2：工作培训与工人的生产力（选自 J. M. Woodlridge《计量经济学导论现代观点》）

一位劳动经济学家想考察工作培训对工人生产力的影响。这种问题的讨论，几乎不需要什么规范的经济理论。基本的经济常识就足以，所受教育、工作经历和培训等因素会影响工人的生产率。此外，经济学家还清楚地知道，工人的工资与其生产率。这样我们得到如下模型：

$$wage = f(educ, \text{exper}, training) \tag{1—4}$$

式中：*wage* 为小时工资；*educ* 为接受正规教育的年限；*exper* 为工作年数；*training* 为花在工作培训上的周数。此外，虽然也有其他因素通常会影响工资率，但式（1—4）描述了影响工资的本质。

二　收集数据

从广义角度来说，数据共有三种：试验数据、样本调查数据和观察数据。

（一）试验数据

例如：一家生产化肥的公司想了解不同剂量化肥的不同效果，他们会选择若干块土壤肥沃程度、灌溉量、使用的杀虫剂等相同的土地，使用不同剂量的化肥，所得农产品产出量的数据。又如：一家医药公司想了解某种新药的效用，他们会选择两组特征接近的病人，对一组病人用药，而对另一组病人只用安慰剂，观察并记录下所得的数据。

（二）样本调查数据

需要调查人员设计调查的问题，然后对部分人群进行调查。有一些调查是定期进行的，如商业调查、人口普查、统计局的调查所得的数据。

（三）观察数据（非试验数据）

指不是从样本调查或控制试验中获得的数据，如国内生产总值、通货膨胀、失业率、股票市场指数等。如果市政府要预测未来5—10年的住房需求情况，就需要确定对该地区过去的住房需求有影响的变量，获得过去若干年的数据并应用到相应的模型中对未来需求进行预测。

大多数数据都可以从公共或私人渠道获得，如果从这些渠道获得的数据不能解决我们面临的问题，或者有些数据根本找不到。就需要设计调查表来收集相关数据。例如：研究消费者对供电按时段定价的反应。电费按时段定价指不同时段实施不同的电价，高峰时价格高，其他时段价格低。为了获取相关数据，我们选择一些居民并记录每天不同时间用电的情况，并持续一段时间。

在选取数据、处理数据时，需要进行大量的判断并要格外小心。由于模型估计结果的有效性取决于数据的准确性，所以在收集数据时不仅应该选择合适的数据，还要意识到使用数据的局限性。

三 估计模型参数

在建立完模型并收集好相关数据后，调查人员的一项基本任务就是要对模型中的未知参数进行估计。模型参数的估计，是计量经济学的核心内容。

例1—3：一个房地产代理商想研究房屋售价和房屋特征之间的关系，这些特征包括停车场大小、居住面积、卧室和浴室的数量、是否可以观景。该代理商最想知道的是，房屋的这些特征对售价会有什么影响。我们建立模型如下：

$$\text{Price} = \beta_1 + \beta_2 Soft + \beta_3 Yard + \beta_4 Baths + \beta_5 Bedrms + u \quad (1—5)$$

式中的 *Yard* 为庭院的面积，*Baths* 为浴室的数量，*Bedrms* 为卧室的数量。

在该例中，我们要估计的是截距项和斜率项 β_i，$i=1$，2，…，5 的值，然后再对估计方程进行假设检验和预测。模型参数的估计方法很多，可以根据调查问题和模型的性质来决定，在后面的章节中将详细讨论。

四　假设检验

计量经济学模型初次估计所得结果通常并不能令人满意。计量经济模型的设立通常以经济理论、经验和以往的研究为依据，这些仅仅为计量经济模型的设定提供了一个框架，当我们将收集的数据应用到模型，并选择一定的方法估计出参数值后，结果会让分析人员大吃一惊：要么重要性不显著，要么变量之间的关系与理论和经验相反。因此，分析人员会对模型进行各种检验以确保基本假设和估计方法适合数据反映的变量之间的关系。也许，我们需要重新建立模型，并使用不同的技术反复估计，假设检验的目的不仅是要改善模型的设定合理性，还要检验理论的有效性。

五　解释结果

最后一个步骤是解释所估计方程的含义，结论可能支持一个经济理论或者与之相悖，由此需要进一步完善理论。如果该方程是检验政策实施的效果，这个步骤的实施其实就是进行决策的时候。或者，我们可以根据估计并通过检验的模型，赋予特定变量一个数值，预测政策实施的效果。

从上述计量经济学模型建立的步骤来看，我们需要注意以下几个重要问题：

（1）模型的经济意义是否合理？数据在生成的过程中是否反映了变量之间的相关关系？

（2）数据是否可靠？

（3）使用的估计方法是否合适？估计值假设检验是否通过？

（4）如果选取不同的模型分析同一个问题，结果之间是否有差别？如何解释？

（5）模型的估计结果与经济理论或者经验是否一致？

第三节 经济数据的类型

数据的收集与整理，是影响模型质量好坏的重要因素之一。用于经济分析的数据有三类：时间序列、横截面和混合数据。

一 时间序列数据

时间序列数据(time series data set) 是由一个或几个变量不同时间的观测值所构成的。例如：每日（股票价格)、每周（货币供给量)、每季度（消费价格指数)、每年（国内生产总值或汽车销售数量）等。时间序列数据一个重要的特征是数据搜集中的数据频率，最常见的是每天、每周、每月、每个季度和每年。

表 1—1 是时间序列数据集，来自卡斯蒂罗 - 弗里曼和弗里曼（Castillo - freeman and freeman，1992)，研究波多黎各的最低工资条例影响的一篇论文。此数据集中最早的那一年就是第一次观测的数据，最后那一年，则是最后一次观测的数据。在计量经济学分析时间序列数据时，数据应该按时间序列排队。

表 1—1 **最低工资**

obsno	year	avgmin	avgcov	unemp	gnp
1	1950	0. 20	20. 1	15. 4	878. 7
2	1951	0. 21	20. 7	16. 0	925. 0
3	1952	0. 23	22. 6	14. 8	1015. 9
⋮	⋮	⋮	⋮	⋮	⋮
37	1986	3. 35	58. 1	18. 9	4281. 6
38	1987	3. 35	58. 2	16. 8	4496. 7

表中，变量 avgmin 为当年的最低工资；avgcov 为最低工资的覆盖率（最低工资法所包括的工人占工人总数的百分比)；unemp 为失业率；而

gnp 则是国民生产总值。

虽然许多计量经济学研究都使用时间序列数据，但使用时间序列数据时，需要注意一些问题。在后面的章节中我们将详细介绍这类数据应用时该注意哪些问题，及如何分析时间序列数据。

二 横截面数据

横截面数据(random sampling)，就是在给定时间点对个人、家庭、企业、城市、省、国家或一系列其他单位采集的样本所构成的数据。例如：人口普查每10年进行一次，密歇根大学举办的消费者支出普查。横截面数据分析广泛地应用于经济学和其他社会科学领域之中，如劳动经济学、公共财政学、产业组织理论、城市经济学、人口和健康经济学。对检验微观经济假设和评价经济政策而言，在一定时间点上，有关个人、家庭、企业和城市的数据都是至关重要的。表1—2给出了1990年和1991年美国50个州的劳工会调查的蛋产量和价格的数据，表1—2中就有两个横截面数据。

表1—2 1990年和1991年美国50个州的劳工会调查的蛋产量和价格的数据

State	Y_1	Y_2	X_1	X_2
AL	2206	2186	92.7	91.4
AK	0.7	0.7	151.0	149.0
AZ	73	74	61.0	56.0
⋮	⋮	⋮	⋮	⋮
WI	910	873	60.1	54.0
WY	1.7	1.7	83.0	83.0

资料来源：《世界年鉴》(*World Almanac*)，1993年，第119页。

表中，Y_1 是1990年蛋产量（百万个）；X_1 是1990年每打价格（美分）；Y_2 是1991年蛋产量（百万个）；X_2 是1991年每打价格（美分）。

如时间序列数据在计量分析时存在自身的特殊问题，横截面数据也有其问题，如异方差问题。在后面的章节中我们将会进一步讨论这些问题。

三 混合数据

有些数据既有横截面数据的特点又有时间序列数据的特点。例如：对美国的家庭进行了两次横截面数据的调查，一次在 1985 年，另一次在 1990 年。在 1985 年，随机抽取一个家庭，调查了工资、储蓄、家庭成员的人数等信息。到了 1990 年，用同样的调查方法又随机抽取一个新家庭，调查了相同的信息。我们将这两年的数据合并为一个新的数据集，就是一个混合横截面数据集。

把不同年份的横截面数据混合起来，通常是分析一项政策影响的有效方法。政府部门可以搜集政策变化前后的数据。例如，2012 年实施了住房限购政策，假设我们在 2010 年调查了 30 个省市大中城市 2700 个住房的数据，2015 年有 2700 个新的住房数据，最终合并在一起的 5400 个数据就是混合面板数据。表 1—2 的数据即混合数据之一，对每个年份我们有 50 个横截面数据，而对每一个州我们有蛋价和蛋产量的两个时间序列数据，总共 100 个混合数据。

第四节 案例（分析步骤）

凯恩斯的消费理论

一 理论或假说的陈述

凯恩斯说：

> 基本的心理定律——是，通常或者平均而言，人们倾向于随着他（她）们收入的增加而增加其消费，但比不上收入增加的那么多。[①]

凯恩斯指出，边际消费倾向（MPC），即收入每变化一个单位的消费

① John Maynard Keynes, *The General Theory of Employment, Interest and Money*（《就业、利息与货币通论》），Harcourt Brace Jovanovich, New York, 1936 年，第 96 页。

变化率，大于零而小于 1。

二　消费的数学模型的设定

虽然凯恩斯提出了消费与收入之间的正相关关系，但他并没有明确指出这两者之间的准确的函数关系。数量经济学家采用如下的凯恩斯消费函数形式：

$$Y = \beta_1 + \beta_2 X \qquad 0 < \beta_2 < 1 \tag{1—6}$$

其中，Y 是消费支出，X 是收入，而 β_1 和 β_2 称为模型的参数，分别是截距项和斜率项。斜率系数 β_2 就是边际消费倾向（MPC）。

三　消费的计量经济模型的设定

由方程（1—6）给出的消费的数学模型，假定消费与收入之间有一个确定性的关系。实际上，除了收入外，还有其他变量也会影响消费支出。例如，家庭的大小，家庭成员的年龄，家庭的宗教信仰，等等。

考虑到经济变量之间的关系，计量经济学家会把消费支出与收入的关系修改如下：

$$Y = \beta_1 + \beta_2 X + \mu \tag{1—7}$$

其中，μ 被称为随机误差项，用来代表所有除收入之外影响消费的因素。

四　收集数据

为了估计（1—7）模型的系数，需要有数据，表 1—3 给出了美国经济的数据，该表中的 Y 变量是消费支出，而 X 变量是国内生产总值（GDP），均以 10 亿 1987 年的美元为单位计算。因此，所列数据代表以 1987 年不变价格计算的“实际”消费和“实际”收入。

表 1—3　　Y（个人消费支出）和 X（国内总产值）

年份	Y	X
1980	2447.1	3776.3
1981	2476.9	3843.1

续表

年份	Y	X
1982	2503.7	3760.3
⋮	⋮	⋮
1991	3240.8	4821.0

资料来源：*Economic Report of the President*（《政府经济报告》），1993 年，TableB－2，p. 350。

五　估计模型的参数

这里选择的是回归分析法，该方法的应用将会在后面的章节中详细讨论，下面我们看估计的结果：

$$Y = -231.80 + 0.7194X \tag{1—8}$$

六　假设检验

假定估计得到的方程（1—8）是现实较好的反映，我们还需要制定一定的准则，借以判断方程的估计值是否与待检验的经济理论预期值相一致。我们需要检验边际消费倾向的估计值 0.719 是不是在统计意义上显著（具体方法会在后面的章节中详细讨论），如果是，就可以支持凯恩斯的理论。

七　预测

如果我们确认了模型符合经济理论或假说，就可以赋予 X 特定的值，预测消费支出的多少。假定 GDP 在 2013 年是 60 万亿美元，问 2013 年预测消费支出是多少？我们就可以将 $X=60$ 代入（1—8），计算出消费支出为 40.85 万亿美元。

所估计的模型还有另一个用途。1993 年克林顿总统上任不久便宣布他的经济计划，其中包括对年收入约 14 万美元的人增税。他还提出用能源和其他税收去削减联邦政府预算赤字；实际上，汽油税每加仑已增加 5 美分。那么，这种收入政策对消费支出以至于最终对就业的影响将如何？假若政策改变，投资有所下降，其对经济的影响将如何？宏观经济理论告诉我们，投资支出每改变 1 元，收入的改变由收入乘数（M）给出。

$$M = \frac{1}{1 - MPC} \tag{1—9}$$

如将 $MPC = 0.72$ 代入（1—9）式，此乘数就是 3.57。其含义为，投资减少（增加）1 美元，将最终导致收入减少（增加）约 4 倍。当然，乘数效应的实现需要时间。

讨论乘数效应时，边际消费倾向（MPC）的值是关键。MPC 的估计值来自计量经济学模型。我们可以从这个例子看出，MPC 的估计值为政策制定提供了非常有参考价值的信息。

八　利用模型制定政策

假若，我们已经估计出凯恩斯消费函数模型，而且政府认为 4 万亿美元的（消费支出），可以维持失业率 6.5%，问什么收入水平将保证消费支出达到这个目标？

将 $Y = 4$ 万亿美元代人（1—8），计算出 X 约等于 5882（亿）美元。

这个例子告诉我们，一个已经估计并通过检验的模型，可以服务于政府制定政策。通过适合的财政政策和货币政策相配合，可以达到预期的目标。

本章小结

1. 计量经济学，从字面意思上讲叫“经济度量”，属于经济学的一个分支，主要量化理论关系。回归分析是计量经济学最常用的方法之一。

2. 计量经济学的主要应用是描述经济关系、假设检验和预测。根据研究问题的需要，特定的计量经济参数估计方法会不同。

3. 经济计量人员通常立足于经济理论，再与经验或已有研究相结合，从而建立一个经济计量学模型。

4. 分析人员获得数据后，会对一个或多个初级模型的参数进行估计，然后对模型进行各种检验以确定是否存在错误的设定或方法。

5. 最后一个阶段是解释结果并判定与理论是否一致，最终的模型可以用来检验理论、给出政策建议或预测经济变量的值。

复 习 题

一、简答题

1. 什么是计量经济学？

2. 计量经济学的研究对象和内容是什么？

3. 计量经济学模型研究的经济关系有哪两个基本特征？

4. 建立计量经济学模型的主要步骤有哪些？

5. 计量经济学模型的应用包括哪些？

二、分析题

1. 下列假想模型是否属于揭示因果关系的计量经济学模型？为什么？

（1）$S_t = 112.0 + 0.12R_t$，其中 S_t 为第 t 年农村居民储蓄增加额（单位：亿元），R_t 为第 t 年城镇居民可支配收入总额（单位：亿元）。

（2）$S_{t-1} = 4432.0 + 0.30R$，其中 S_{t-1} 为第 $t-1$ 年底农村居民储蓄余额（单位：亿元），R_t 为第 t 年农村居民纯收入总额（单位：亿元）。

2. 写出在给定的某一个城市居民冰淇淋平均消费量和影响该消费的若干自变量的回归模型。针对每一个自变量，描述当变量值增加时，消费量是上升还是下降（即影响为正还是为负）。在该例中，选择截面数据还是时间序列数据更合适？解释原因。

第二章

简单线性回归模型

简单线性回归模型就是一元线性回归模型或者称为双变量线性模型。

例如，一个简单的工资方程。经济学家试图找到一个人的工资水平与他的教育水平及其他因素之间的关系，我们可以构造如下的方程：

$$wage = \beta_0 + \beta_1 educ + \mu \qquad (2—1)$$

其中，$wage$ 表示每小时美元数；$educ$ 是受教育年数；β_2 度量了在其他条件不变的情况下，每增加一年教育所获得的小时工资增长量。μ 是其他因素，包括劳动力的经验、天生的素质、在现在雇主之下供职的时间、工作道德以及无数的其他因素。

第一节　回归分析概述

回归一词最先由 F. 加尔顿（Francis Galton）引入。在一篇著名的论文中，加尔顿发现，“虽然有一个趋势，父母高，儿女也高；父母矮，儿女也矮，但给定父母的身高，儿女辈的平均身高却趋向或者回归到全体人口的平均身高”[①]。加尔顿的回归定律还被他的朋友 K. 皮尔逊（Kard Pearson）证实，皮尔逊曾收集过一些家庭群体的 1000 多名成员的身高记录。他发现，“对于一个高的群体，儿辈的平均身高低于他们父辈的身高，而对于一个父亲矮的群体，儿辈的平均身高则高于其父辈的身高。这

---

① Francis Galton，“Family Likeness in Stature（家庭身材相似性）”，*Proceedings of Royal Society*，London，Vol. 40，1886，pp. 42 – 72.

样就把高的和矮的儿辈一同‘回归’到所有男子的平均身高”。①

一 “回归”一词的含义

回归，是指研究一个随机变量 Y 对另一个（X）或一组（$X1$，$X2$，…，Xk）变量的相依关系的统计分析方法。研究一个或多个随机变量 $Y1$，$Y2$，…,Yi 与另一些变量 $X1$，$X2$，…，Xk 之间的关系的统计方法。又称多重回归分析。通常称 $Y1$，$Y2$，…，Yi 为因变量，$X1$、$X2$，…，Xk 为自变量。**回归分析**是一类数学模型，特别当因变量和自变量为线性关系时，它是一种特殊的线性模型。最简单的情形是一个自变量和一个因变量，且它们大体上有线性关系，这叫作**一元线性回归**，即模型为 $Y=a+bX+\varepsilon$，这里 X 是自变量，Y 是因变量，ε 是随机误差，通常假定随机误差的均值为 0，方差为 σ^2（$\sigma^2>0$），σ^2 与 X 的值无关。若进一步假定随机误差遵从正态分布，就叫作正态线性模型。一般的情形，若有 k 个自变量和一个因变量，因变量的值可以分解为两部分：一部分是由自变量的影响，即表示为自变量的函数，其中函数形式已知，但含一些未知参数；另一部分是由于其他未被考虑的因素和随机性的影响，即随机误差。当函数形式为未知参数的线性函数时，称线性回归分析模型；当函数形式为未知参数的非线性函数时，称为非线性回归分析模型。当自变量的个数大于 1 时称为多元回归，当因变量个数大于 1 时称为多重回归。

二 回归分析的主要内容

（1）从一组数据出发确定某些变量之间的定量关系式，即建立数学模型并估计其中的未知参数。估计参数的常用方法是最小二乘法。

（2）对这些关系式的可信程度进行检验。

（3）在许多自变量共同影响着一个因变量的关系中，判断哪个（或哪些）自变量的影响是显著的，哪些自变量的影响是不显著的，将影响显著的自变量选入模型中，而剔除影响不显著的变量，通常用逐步回归、向前回归和向后回归等方法。

---

① K. Pearson and A. Lee, “On the Laws of Inheritance（论遗传定律）”, *Biometrika*, Vol. 2, 1993, pp. 357－462.

（4）利用所求的关系式对某一生产过程进行预测或控制。回归分析的应用是非常广泛的，统计软件包使各种回归方法计算十分方便。

回归主要的种类有：线性回归，曲线回归，二元 logistic 回归，多元 logistic 回归。

三 经济学中的例子

（1）经济学家想研究个人消费支出对税后或可支配实际收入的依赖关系。这种分析有助于估计边际消费倾向（MPC），就是实际收入变化引起消费支出的平均变化。

（2）垄断厂商想知道产品需求对价格变化的实际反应。通过定价模型，能估计出产品需求的价格弹性，从而确定实现利润最大化的价格。

（3）劳动经济学家想研究货币工资变化率对失业率的关系。借助把货币工资变化同失业率联系起来的菲利普斯曲线，根据菲利普斯模型能预测给定某个失业率，货币工资的平均变化。

（4）货币经济学家得知，其他条件不变，通胀率越高，人们越愿意保存货币。对这两个量回归，给定各种通胀率可以预测人们保存货币的比率。

（5）公司的销售部想知道消费者对产品需求与广告支出的关系。回归分析有助于算出广告支出的需求弹性，即广告费每变化百分之一，需求的变化率，这将会对公司制定广告费预算提供有意义的参考。

（6）农业经济学家想研究农作物收成对气温、降雨量、阳光量和施肥量的依赖关系。回归分析能根据给定的解释变量的值预测农作物的平均收成。

回归分析就是研究变量之间的依赖关系。

四 回归与依赖关系

在现实世界中，我们常与各种变量打交道，在解决实际问题过程中，我们常常会遇到多个变量同处于一个过程之中，它们之间互相联系、互相制约。常见的关系有两种：一种为“确定的关系”即变量间有确定性关系，其关系可用函数表达式表示。例如：对路程 S、时间 t 与速度 v 之间有关系式：$S=vt$；圆的面积 S 与半径 r 之间有关系式 $S=\pi r^2$。

另外还有一种一些变量之间也有一定的关系，然而这种关系并不完全确定，不能用函数的形式来表达，这种关系往往表现为统计依赖关系。例如：人的身高与体重有一定的关系，一般来讲身高高的人体重相对大一些，但是它们之间不能用一个确定的函数关系表示出来。又如农作物产量 Y 与施肥量 X 之间的关系。一般来说，农作物的产量 Y 随着施肥量 X 的变化而变化。随着 X 的增加，Y 也增加。但给定一个 X 的值，与之相关的 Y 的值不确定。因为，除了施肥量，还有其他因素如阳光、气温、降雨等都在影响农作物的产量。这时，我们无法建立农作物产量 Y 与施肥量 X 之间确定的函数关系。这个性质的意义在于：这些解释变量固然都重要，但不能使农业经济学家准确地预测农作物的收成。一是测量误差的存在，二是还有一些影响收成的因素，我们很难一一找出。因此，无论我们考虑了多少变量，却无法完全解释农作物收成这个应变量，它的值不是确定性的而具有随机性。这样，农作物的产量 Y 与施肥量 X 之间的关系就只有统计依赖关系，变量 Y 是一个随机变量。

在本书中，我们不去研究确定性现象。在回归分析中，我们主要处理的是随机变量，也就是有着概率分布的变量。

五　回归与因果关系

虽然回归分析是研究一个变量对另一个（些）变量的依赖关系，但回归分析后显示具有依赖关系并不意味着具有因果关系。例如，根据经济理论，收入与消费之间存在一定的因果关系，对它们进一步作回归分析，说明收入差异对消费的影响究竟是多大，通过回归分析研究收入对消费的依赖程度。如果两个变量没有因果关系，例如，上海的消费与天津的疾病率，实际上并无直接联系，如果我们用两个变量的数据，使用回归分析后结果显示有线性关系，统计上显示具有依赖关系，并不能说明它们具有因果关系。

> 一个统计关系式，不管多强也不管多么有启发性，却永远不能确立因果方面的联系：对因果关系的理念，必须来自统计学以外，最终来自这种或那种理论。

——肯达尔（Kendall）·斯图亚提（Stuart）

在我们引用的农作物收成与降雨量的例子中，我们把农作物收成看作依赖于降雨量等的应变量，是普通常识提示了我们如何确定它们之间的关系。因为经验和常识告诉我们，降雨量的多少影响农作物的收成，而不是农作物的收成改变降雨量的多少。

要点：从逻辑上说，显示具有统计依赖关系的变量不意味着它们具有任何因果关系。要确定变量之间的因果关系，必须要有先验的或理论上的支持。计量经济学利用回归分析研究具有因果关系的变量之间的依赖程度。

六　回归与相关关系

与回归分析密切相关而在概念上不同的，是相关分析。回归分析——并不主要对这种度量感兴趣，是试图根据其他变量的设定值来估计或预测某一变量的平均值。相关分析——以测度两个变量之间的线性关联力度为其主要目的。相关系数就是用来测度这种（线性）关联强度的。相关分析研究诸如吸烟与肺癌、统计学考分与数学考分、中学成绩与大学成绩之间的相关（系数）；数学考分与统计学考分的相关系数就说明两门课考分之间的相关性、关联度，对称地对待两个变量，不区分应变量与解释变量。与之不同的回归分析，是我们想知道能否从一个学生的数学考分，去预测他的统计学的平均考分；我们给定一个年龄变量的值，能否预测平均身高。

基本分歧：回归分析——对应变量和解释变量的处理方法存在着不对称性。应变量被当作统计的，随机的；解释变量则被看作取固定值。相关分析——对称地对待任何（两个）变量，应变量与解释变量之间不加区别。

要点：回归分析是研究具有因果关系的变量之间的依赖关系，即一个随机应变量对另一个（些）解释变量的依赖关系。其目的在于通过解释变量的已知或给定值，估计或预测应变量的平均值。回归分析的内容包括：（1）根据样本数据估计计量经济学模型参数，得到回归方程；（2）对回归方程、参数估计值进行假设检验；（3）利用回归方程分析变

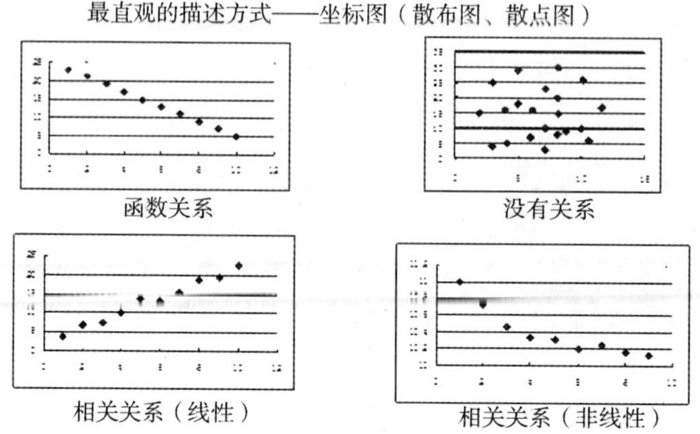

图 2—1 变量之间的关系

量之间的关系、评价政策的效果及预测应变量的变化。

第二节 简单线性回归模型

上一节，我们概括地讨论了回归分析的概念，这节我们将比较正式地探讨这个问题。

一 一个例子

购买住房可能是一个人一生中最重要的决策，而影响决策最重要的因素之一是房地产的价格。如果高估了房价，那么可能会带来很大的损失；如果低估了价格，那么住房很有可能被出价更高的人买走。接下来我们看一个房地产定价模型，房地产的估价就成为是否买房的重要因素，许多房地产估价师运用回归分析来开展工作。

假如你打算在北京买一套住房，但你觉得房主要价太高，房主认为230 万元的要价是合理的，因为大约一年前隔壁一套稍大点的住房就卖了这个价格。你不能确定两套住房的面积，并进行比较；而且这是上年的价格，你如何才能决定是否支付 230 万元呢？

你决定搜集过去几周在当地出售所有住房的数据，并建立一个以房价为被解释变量、住房面积为解释变量的回归模型。这个数据是截面数据，因为所有的观测值都来自一个时间点。理论模型为：

$$price = \beta_0 + \beta_1 size + \mu \tag{2—2}$$

式中，*price* 代表住房的价格；*size* 代表住房的面积；μ 代表影响价格的其他因素。你搜集了最近几周的房地产交易后，共有 43 套住房售出，于是，你采用 43 个样本的观测值估计出了回归方程（模型中参数的值是如何估计出来的、利用 43 个样本的观测值所得的参数值是否可靠等问题，在后面的内容中将详细说明）：

$$\hat{price} = 40.0 + 1.38size \tag{2—3}$$

你怎么运用估计出来的回归方程帮助你预测 160 平方米的房子价格，然后比较预测值与要价 230 万元呢？当我们把 160 代入方程（2—3）中，得到

$$\hat{price} = 40.0 + 1.38 \times 160 = 260.8(\text{万元})$$

对比房主的要价，这套房子的价格还比较合理，你开始认为房价过高，是个总体的想法，对这一套房子来说，价格并不高。

其实，影响房价的因素不仅是面积，还有其他因素，这些就是多变量（元）模型探讨的问题，将会在后面的章节中详细讨论。

二　简单线性回归模型

$$Y_i = \beta_0 + \beta_1 X_i + \mu_i \tag{2—4}$$

式中，Y_i 和 X_i 表示因变量（被解释变量）和自变量（解释变量）的第 i 个观测值（$i = 1$，…，n）；和 β_0、β_1 为待估参数（回归系数）；μ_i 为随机误差项，是随机变量，随机误差项的相关性质后面的章节中将详细讨论。

简单线性回归模型是指只有一个解释变量 X 的模型。在下一章我们将涉及多个解释变量的问题，即多元线性回归模型。

误差项（随机干扰项）μ_i 产生的原因如下：

（一）省略的其他解释变量

理论的含糊性，即使研究 Y 的行为有理论可依，但常常是不完全的；我们知道收入 X 影响消费支出 Y，但还有什么其他因素影响 Y 的变化就不能确定了。例如，我们在讨论房地产定价问题时，只使用了居住面积作为

解释变量，省略了其他诸如卧室和浴室、交通等影响。因为我们主要想研究住房面积对房价的影响，虽然我们认识到还有其他变量的影响，而且其数据也是可以搜集到的，但忽略其他变量对房价的影响，考虑到模型的简洁性，建模时省略这些变量，随机误差项中包括了这些潜在变量对房价的影响。

（二）模型形式设定的偏误

由于经济现象的复杂性，即使我们有了解释一种经济现象的理论，并且获得了数据，我们却常常不知道回归关系式是什么形式。变量之间的真实关系往往是未知的，因此，模型的设定可能和真实情况有偏误。例如，如果真实模型是 $Y_i=\beta_0+\beta_1X_i+\beta_2X_i^2+v_i$，而我们设定的模型是 $Y_i=\beta_0+\beta_1X_i+\mu_i$，则 X_i^2 的影响将包括在随机误差项中。在简单（一元）线性回归模型中，人们往往能从散点图来判断函数关系式，而在多元线性回归模型中，无法从图形中建立多维散点图，要确定正确的模型形式就不是那么容易的。

（三）度量的误差

X 和 Y 的度量误差也往往归入随机误差项。例如，假设 Y_i 为新建筑的价值，我们使用估计函数 $Y_i=\alpha+\beta r_i+v_i$，式中 r_i 为建筑贷款的利率；但在实际估计中则使用模型 $Y_i=\alpha+\beta X_i+\mu_i$，式中 X_i 为银行最低贷款利率。用银行最低贷款利率 X_i 替代建筑贷款的利率 r_i 的误差包括在随机误差项中。

（四）不可预测的影响因素

不管计量经济学模型的设计有多么具体，总会存在一些无法预测的随机影响因素。由于人类行为的随机性，即使我们成功地把有关的变量都引入模型中，个别 Y 的变化仍不免有一些随机性影响它的值，且无法解释，这些影响被包括在随机误差项中。

三　总体回归模型

上面的介绍中指出，回归分析是要根据解释变量的已知或给定的值，去估计和（或）预测应变量的（总体）均值。

下面看一个例子说明总体回归模型的含义。

假如一个班级总共 60 人，我们要研究每月每人消费支出 Y 与每月可

支配收入 X 的关系。说得更具体些，知道了某个人的每月收入，要预测出在这个收入水平的每月消费支出的（总体）平均水平（因为个体的消费水平除了受收入的影响之外还受其他因素如偏好等因素的影响，我们无法预测出个人的实际消费水平，只能试图预测平均消费水平）。为达到这个目的，将 60 名学生划分为组内收入差不多的 10 组，分析每一收入组的消费支出情况。表 2—1 给出了一个假想的数据。

表 2—1　　假想总体中每一个收入水平 X 对应消费 Y 的条件分布

Y \ X	800	1000	1200	1400	1600	1800	2000	2200	2400	2600
	550	650	790	800	1020	1100	1200	1350	1370	1500
	600	700	840	930	1070	1150	1360	1370	1450	1520
	650	740	900	950	1100	1200	1400	1400	1550	1750
	700	800	940	1030	1160	1300	1440	1520	1650	1780
	750	850	980	1080	1180	1350	1450	1570	1750	1800
	–	880	–	1130	1250	1400	–	1600	1890	1850
	–	–	–	1150	–	–	–	1620	–	1910
共计	3250	4620	4450	7070	6780	7500	6850	10430	9660	12110

表 2—1 的解释为，对于每月收入 800 元的 5 名同学的每月消费支出为 550—750 元不等。当 $X=2400$ 元，6 名学生的每月消费支出为 1370—1890 元。换句话说，表 2—1 中每列给出的是对应于一定收入水平 X 的消费支出 Y 的分布；也就是说，它给出了以 X 为确定值为条件的 Y 的条件分布。

注意，表 2—1 的数据是假想的一个总体，我们获得了这个总体的信息，容易算出每一个给定 X 的 Y 的概率分布 $p(Y \mid X)$，即 Y 的条件概率。

当 $X=800$ 元时，有 5 名学生，他们的消费支出 Y 的值分别是：550 元、600 元、650 元、700 元和 750 元。因此，给定 $X=800$，得到这组的每个学生消费支出的概率是 1/5，可以记为：$P(Y=550 \mid X=800)=\frac{1}{5}$。同理，$P(Y=650 \mid X=1000)=\frac{1}{6}$，等等。表 2—2 给出各个收入水

平下消费支出的条件概率。

现在对每一个给定收入水平 X 条件下，我们能算出消费支出 Y 的均值，称为条件均值或条件期望（值），记作：$E(Y|X=X_i)$，读为“在 X 的值为 x_i 时 Y 的均值（期望值）”。有时我们简单记作 $E(Y|X_i)$。计算如下，将表 2—1 中的 Y 值乘以相应的条件概率，然后求和。例如，收入水平 $X=800$ 时，消费支出 Y 的条件均值（期望值）是：$550\times\frac{1}{5}+600\times\frac{1}{5}+650\times\frac{1}{5}+700\times\frac{1}{5}+750\times\frac{1}{5}=650$，即收入水平 $X=800$ 的学生的组内消费水平 Y 的平均值为 650 元。同理，可计算出每个收入水平 X 下的消费支出 Y 的条件均值（期望值），结果见表 2—2 的末行。

表 2—2　　假想总体的各个收入水平下消费支出的条件概率与条件期望

$P(Y\|X_i)$ / X	800	1000	1200	1400	1600	1800	2000	2200	2400	2600
	1/5	1/6	1/5	1/7	1/6	1/6	1/5	1/7	1/6	1/7
	1/5	1/6	1/5	1/7	1/6	1/6	1/5	1/7	1/6	1/7
	1/5	1/6	1/5	1/7	1/6	1/6	1/5	1/7	1/6	1/7
	1/5	1/6	1/5	1/7	1/6	1/6	1/5	1/7	1/6	1/7
	1/5	1/6	1/5	1/7	1/6	1/6	1/5	1/7	1/6	1/7
	-	1/6	-	1/7	1/6	1/6	-	1/7	1/6	1/7
	-	-	-	1/7	-	-	-	1/7	-	1/7
合计	650	770	890	1010	1130	1250	1370	1490	1610	1370

资料来源：虚构数据，仅用作图表示例。

接下来，让我们看看表 2—1 数据的散点图，见图 2—2。从图中可看出，散点表明了不同收入水平下消费支出的分布状况，即对应于各个 X 值，Y 的分布状况。虽然每个学生的消费支出各异，但我们可以清楚地看出：随着收入水平 X 的增加，不同收入水平下组内消费水平的均值在增加；或者说，随着收入的增加，虽然同组内个体的消费水平有差异，但消费支出平均值在增加。换句话说，Y 的条件均值随 X 增加而增加。

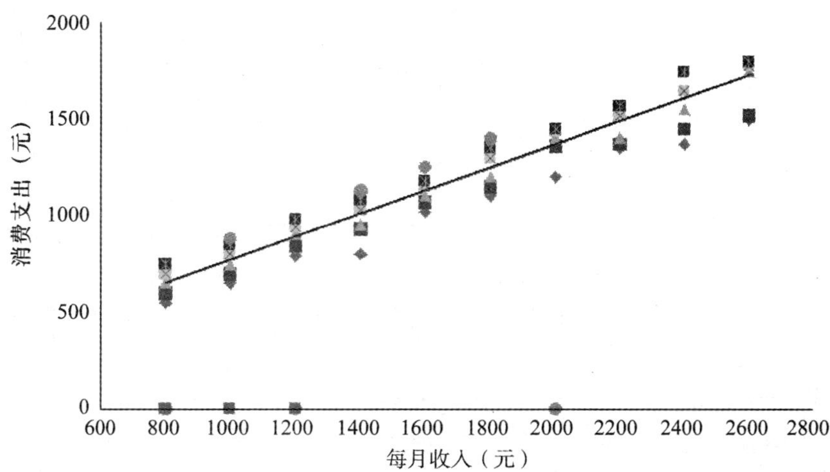

图 2—2　对不同收入水平的消费支出及条件期望

从图 2—2 中可以看出，给定收入水平 X 下的 Y 的条件均值 $E(Y|X_i)$ 落在一条向上倾斜的直线上，这条直线叫作总体回归线；也就是说，解释变量 X 的值确定的条件下，应变量 Y 的条件均值（期望值）的轨迹称为总体回归线。回归直线或回归曲线是穿过这些条件均值（期望值）的线。从图 2—3 中可看出，每一个条件均值 $E(Y|X_i)$ 都是 X_i 的一个函数，这条线的函数表达式为

$$E(Y|X_i) = f(X_i) \tag{2—5}$$

其中，$f(X_i)$ 表示解释变量 X_i 的某个函数。方程（2—5）称为总体回归函数（*PRF*），它表示在给定 X_i 下 Y 的分布的（总体）均值与 X_i 有函数关系。换句话说，方程（2—5）或总体回归函数说明了应变量 Y 的均值是怎样随解释变量 X 的变化而变化的。

函数 $f(X_i)$ 的具体形式如何确定呢？这是个重要的问题，因为在实际研究经济问题时，我们不可能得到全部总体的数据作分析，*PRF* 的函数形式理论和经验可以给我们参考。例如，理论经济学家提出消费支出与收入有线性关系（凯恩斯绝对收入理论），据这个假设，我们知道消费支出的条件均值 $E(Y|X_i)$ 是收入 X_i 的线性函数，其形式如下：

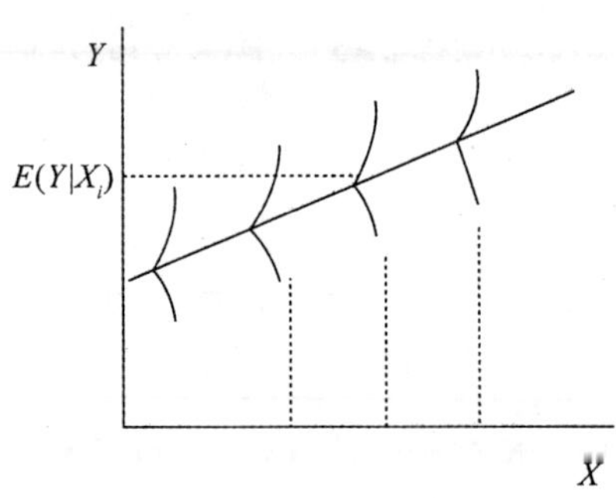

图 2—3 总体回归线

$$E(Y \mid X_i) = \beta_0 + \beta_1 X_i \tag{2—6}$$

其中 β_0 和 β_1 为待估参数，称为回归系数；方程（2—6）称为线性总体回归函数。线性函数是最简单的形式，在回归分析中，我们的兴趣在于估计 PRF；就是说，根据 Y 和 X 的观测值估计未知参数 β_0 和 β_1 的值。（这个问题在后面的内容中将详细说明）

从上面的例子中，我们可以看到，随着收入增加，消费支出的条件均值也在增加。但对某一位学生来说，消费支出与他的收入水平的关系是如何的呢？从表 2—1 和图 2—1 中，我们都可以清楚地看出，某一位学生的消费支出不一定随收入的增加而增加。例如，从表 2—1 中对于每月 1000 元收入的两位同学的消费支出可以看到，一位是 650 元，少于每月收入 800 元两位同学的消费支出（700 元和 750 元），也低于收入水平为 1000 元的条件均值 770 元。但比较给定收入水平的平均消费支出水平，可以看到，每月收入为 1000 元的平均消费支出（770 元）比每月收入为 800 元的平均消费支出（650 元）高。

那么，个体消费支出与平均消费水平之间的关系如何呢？我们从图 2—1中看到，当收入水平给定时，各个学生的消费支出聚集在消费支出的条件均值周围。我们可以把给定消费水平 X_i 的每个个值 Y_i 与条件均值 $E(Y \mid X_i)$ 的关系表示如下：

$$Y_i = E(Y \mid X_i) + \mu \tag{2—7}$$

个值 Y_i 与均值 $E(Y \mid X_i)$ 的离差为

$$\mu_i = Y_i - E(Y \mid X_i) \tag{2—8}$$

离差 μ_i 值是不确定的，或者说，离差是一个随机变量，是一个可正可负的变量。我们把 μ_i 称为随机干扰项或随机误差项。

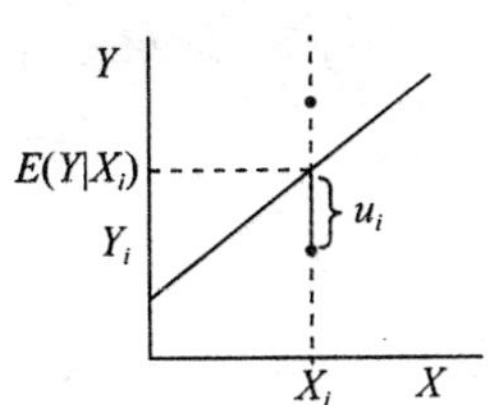

图 2—4　随机误差

假定 $E\ (Y|\ X_i)$ 与 X_i 是线性关系，方程（2—8）就可以写成

$$Y_i = E(Y|\ X_i) + \mu_i$$
$$= \beta_1 + \beta_2 X_i + \mu_i \qquad (2\text{—}9)$$

我们可以这样解释方程（2—9），即个体消费支出的多少受两部分的影响：（1）相同收入水平下的平均消费支出 $E\ (Y|\ X_i)$ 的影响（这部分称为系统性或确定性部分）；（2）μ_i 为随机或非系统性成分。

例如，给定收入水平 $X = 800$，在此收入水平下，个体消费支出由两部分组成：（1）该收入水平下的平均消费支出（条件期望），即 $\beta_1 + \beta_2$（800）；（2）其他因素 μ_i（随机或非确定性部分）。

$Y_1 = 550 = \beta_1 + \beta_2\ (800)\ + \mu_2$

$Y_2 = 600 = \beta_1 + \beta_2\ (800)\ + \mu_2$

$Y_3 = 650 = \beta_1 + \beta_2\ (800)\ + \mu_3$

……

四　样本回归模型

现实中，总体的信息无法得到，在实际经济问题的研究中，我们往往抽取一个样本并对其特征进行度量，进而推导出样本回归函数，并在拥有样本信息的基础上估计 PRF。

假如我们不知道总体的数据，我们仅有的信息是给出一个 X 的值随机抽样得到一个 Y 的值（见表 2—3）。它和假设的总体数据 2—1 不同，对应于给定的每一个 X 的值只有一个 Y 的值，而且都是随机抽取的。

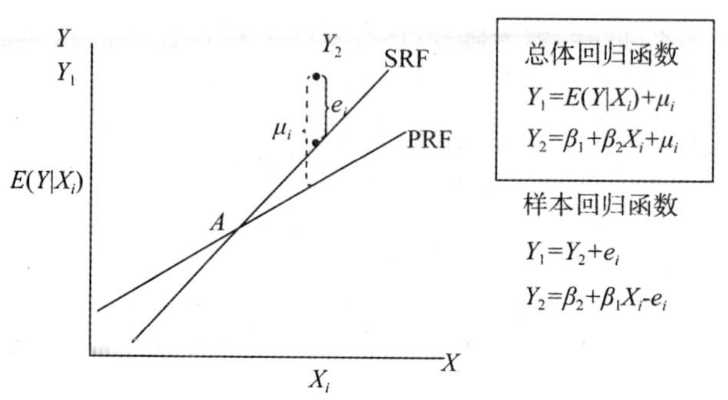

图 2—5 总体回归线与样本回归线的关系

表 2—3 总体的一个随机样本

X	800	1000	1200	1400	1600	1800	2000	2200	2400	2600
Y	700	650	900	950	1100	1150	1200	1400	1550	1500

问题是：我们能否从样本预测整个总体中给定每个 X 条件下 Y 的平均消费支出水平？换句话说，可否根据样本信息估计总体回归函数 PRF？我们设想从总体中再随机抽取一组样本（如表 2—4）。

表 2—4 总体的另一个样本

X	800	1000	1200	1400	1600	1800	2000	2200	2400	2600
Y	550	880	900	800	1180	1200	1450	1350	1450	1750

将表 2—3 和表 2—4 的数据绘制成散点图。画两根样本回归线：SRF_1 和 SRF_2。哪一条与真实的总体回归线更接近呢？如果我们无法得到 PRF 的图形，我们就无从比较图 2—6 中的哪一条线接近总体回归线。这两条回归线称样本回归线 SRF。有 N 个样本，就会得到 N 条样本回归线，这 N 条样本回归线一般情况下位置各异。

由样本数据得到的回归线的函数表达式为：

$$\hat{Y}_i = \hat{\beta}_1 + \hat{\beta}_2 X_i \tag{2—10}$$

称为样本回归函数，记作 SRF（sample regression function）。其中 $\hat{Y}$ 读

作“Y—帽”。

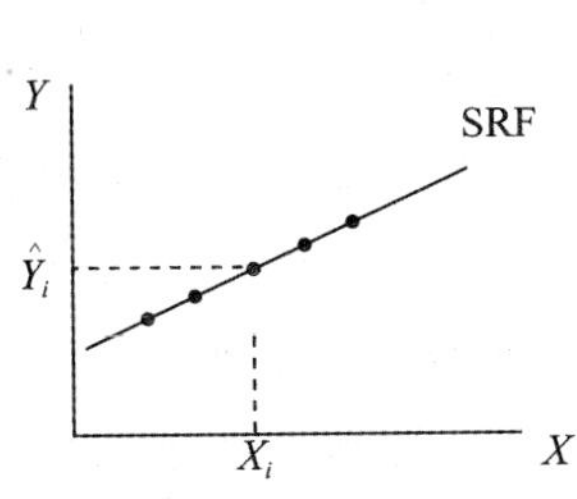

图 2—6　一个样本的回归线

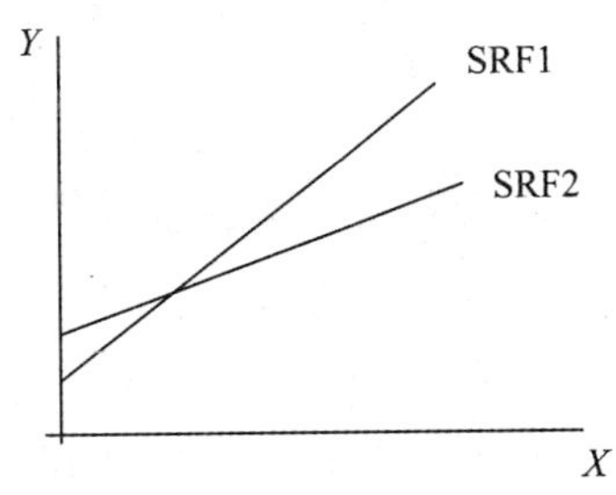

图 2—7　两个样本的回归线

$\hat{Y}$——条件均值 $E(Y|X_i)$ 的（样本）估计值；

$\hat{\beta}_1$——总体回归系数 β_1 的（样本）估计值；

$\hat{\beta}_2$——总体回归系数 β_2 的（样本）估计值。

所抽取样本的个值可表示为：

$$Y_i = \hat{\beta}_1 + \hat{\beta}_2 X_i + e_i \qquad (2—11)$$

我们称方程（2—11）为样本回归函数的随机形式，其中 e_i 表示（样本）残差，表明样本点与回归线上的点的偏离，可把它看作总体回归函数随机误差项 μ_i 的估计值。

总的来说，由于我们无法真正得到研究变量的总体信息，更多的时候我们对变量变化的分析仅仅依据随机抽取的一个样本，而不是多个样本。所以，回归分析的主要目的就是根据 SRF 来估计 PRF。然而，我们根据 SRF 仅仅能得到 PRF 的近似值，由于抽样的波动，可能高估也可能低估。

这样我们将面临一个非常重要的问题就是：既然我们认识到 SRF 仅仅是 PRF 的一个近似估计，能不能设计一种方法，使得用这种方法得到的 SRF 能尽可能地接近 PRF 呢？具体地说，即：是否可以构造一种方法，给定一个样本数据，能使计算得到的 $\hat{\beta}_1$ 尽可能地“接近”总体回归参数 β_1；$\hat{\beta}_2$ 尽可能地“接近”β_2，尽管总体回归参数 β_1 和 β_2 的真实值永远无法得到。

第三节 简单回归模型的参数估计

在回归分析中有许多计算 SRF 参数值的方法，而最广泛使用的一种是普通最小二乘法（method of ordinary least squares），简记为 OLS。这节首先给出普通最小二乘法的原理和推导过程。在实际应用中，这一原理已被编写成程序，通常通过计算机软件（EViews）来完成具体计算，所以这节的重点是理解普通最小二乘的原理，以及如何在计算机上完成参数估计。

一 普通最小二乘法估计参数的原理

参数是如何估计出来的呢？下面给大家介绍经典估计方法——普通最小二乘法（OLS）。普通最小二乘法归功于德国数学家高斯。为了说明这个方法，我们先解释最小二乘原理。

我们来看一个简单线性回归模型 PRF

$$Y_i = \beta_1 + \beta_2 X_i + \mu_i$$

在前面我们不止一次地提到：总体回归函数不是直接可以得到的，实际研究中我们通过抽样估计出 SRF 近似替代 PRF。

$$Y_i = \hat{\beta}_1 + \hat{\beta}_2 X_i + \hat{\mu}_i$$

$$\hat{Y}_i + e_i$$

其中，$\hat{\beta}_1$ 和 $\hat{\beta}_2$ 是通过抽样所得数据计算出来的样本回归的系数，是总体回归系数 β_1 和 β_2 的估计值；$\hat{Y}$ 既是个值 Y_i 的估计值也是条件均值 $E(Y|X_i)$ 的估计值，双重身份；称 e_i 为残差项，它表明个值 Y_i 与估计值 $\hat{Y}$ 的偏差，是随机误差项 $\hat{\mu}$ 的估计量。

问题进一步转化为：对于随机抽取的样本，给定 X 和 Y 的观测值，如何计算得到 SRF 使得它尽可能地靠近真实的 Y 值？

为了说明这个问题，我们先看下面的一个假想的实验。

对于给定的 Y 和 X 的观测值（如表 2—5），利用表中第一列和第二列的数据，假设有两位同学分别采取了两种不同的方法估计 SRF 的系数。

第一位同学通过计算后得到 $\hat{\beta}_1 = 1.572$，$\hat{\beta}_2 = 1.375$（暂时不考虑这两个数值是怎样算出来的），得到 SRF1 的方程为：$\hat{Y}_{1i} = 1.572 + 1.357X_i$；将表中第二列 X 的数值代入该方程中计算出 $\hat{Y}_i$ 的估计值，记作 $\hat{Y}_{1i}$，对应于表中的第三列。

第二位同学通过另一种方法计算得到 $\hat{\beta}_1 = 3$，$\hat{\beta}_2 = 1$，得到 SRF2 的方程为：$\hat{Y}_{2i} = 3.0 + 1.0X_i$；将表中第二列 X 的数值代入 SRF2 中计算出 Y_i 的估计值，记作 $\hat{Y}_{2i}$，对应于表中的第六列。

表 2—5　　SRF 如何决定的实验

列	Y_i	X_i	$\hat{Y}_{1i}$	$\hat{\mu}_{1i}$	$\hat{\mu}_{1i}^2$	$\hat{Y}_{2i}$	$\hat{\mu}_{2i}$	$\hat{\mu}_{2i}^2$
	(1)	(2)	(3)	(4)	(5)	(6)	(7)	(8)
	4	1	2.929	1.071	1.147	4	0	0
	5	4	7	-2	4	7	-2	4
	7	5	8.357	-1.357	1.841	8	-1	1
	12	6	9.714	2.286	5.226	9	3	9
总和	28	16		0	12.214		0	14

注：数据为假想数据。

由于两位同学计算的参数值不同，所得到的回归方程不同，估计值与真值之间的残差也不同，分别计算残差 e_{1i} 和 e_{2i}，对应于表中的第四列和第七列；残差的平方对应于表中的第五列与第八列。两位同学所得到的回归函数图形如图 2—8 所示。

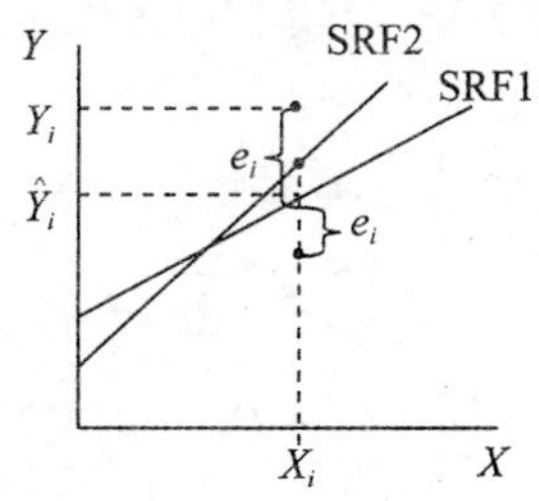

图 2—8　两个样本回归线的比较

那么我们应该选择哪位同学计算所得的参数值呢？对于给定的 Y 和 X 的观测值，我们希望这样决定 SRF，使得它尽可能地接近实际的 Y。

为回答这个问题，我们可以采用如下准则：

1. 残差和最小，即 $\sum e_i = \sum (Y_i - \hat{Y}_i)$ 尽可能小。这乍看有说服力，但不是一个很好的准则。我们可以从图 2—9 中一个人为的散点图看出。

如果采纳残差和 $\sum e_i$ 最小的准则，很可能点离开 SRF 很远，e_i 的分布很远，但其代数和却很小（甚至为零）。假如图 2—9 中 e_1、e_2、e_3 和 e_4 分别取值 10、-2、$+2$ 和 -10；比较发现，$e_1 + e_4 = 0$，$e_2 + e_3 = 0$；显然，e_1 和 e_4 分布离 SRF 远得多。如果我们将残差平方后或者取绝对值后取和，就可以避免这种问题。

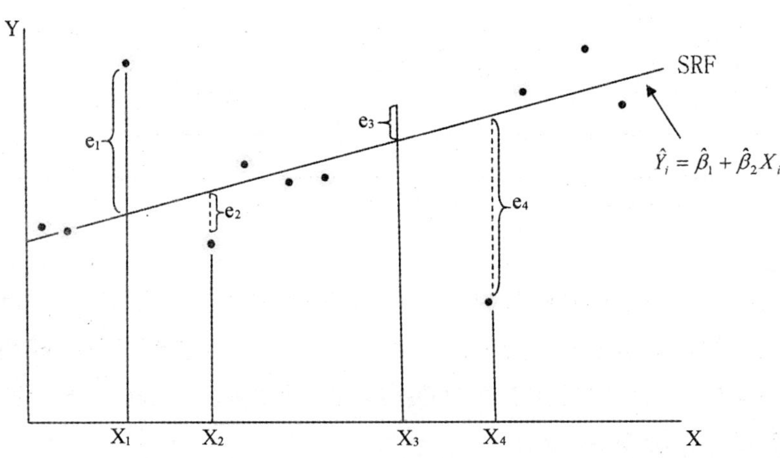

图 2—9　样本回归线与残差

2. 残差平方和最小（最小二乘准则），即

$$\sum e_i^2 = \sum (Y_i - \hat{Y}_i)^2 = \sum [Y_i - (\hat{\beta}_1 + \hat{\beta}_2 X_i)]^2$$
$$= \sum (Y_i - \hat{\beta}_1 - \hat{\beta}_2 X_i)^2 \qquad (2—12)$$

尽可能地小。该方法通过对残差的平方，避免了前面所说的问题。在第一种方法下，虽然样本点在 SRF 周围散布得很远，但残差和可能很小

（甚至为零）。而在最小二乘准则下，这是不可能的，因为样本点离 SRF 越远，其平方和也越大。

当给定 Y 和 X 的观测值：

$$Q = \sum e_i^2 = f(\hat{\beta}_1, \hat{\beta}_2) \tag{2—13}$$

就是说，残差平方和是参数估计量的函数，不同的 $\hat{\beta}_1$ 和 $\hat{\beta}_2$ 的值将得到不同的 SRF，从而得到不同的残差值，进而有不同的残差平方和的值。

我们现在回到前面的问题，该选择哪位同学计算的 SRF 呢？或者说哪位同学的回归结果更好呢？比较两位同学估计结果的残差平方和，列（5）为 12.214，列（8）为 14，12.214 小于 14，因此第一位同学的参数值“最优”。

要点：由最小二乘原理或方法选出来的 $\hat{\beta}_1$ 和 $\hat{\beta}_2$，将使得对于给定的样本或一组数据，残差平方和 $\sum e_i^2$ 尽可能小。换言之，对于给定的样本，最小二乘法为我们提供估计参数值 $\hat{\beta}_i$ 的思路。即 $\hat{\beta}_1$ 和 $\hat{\beta}_2$ 取什么值时，使得二元函数 $\sum e_i^2 = f(\hat{\beta}_1, \hat{\beta}_2)$ 值最小。

二　普通最小二乘参数估计量的推导

关于函数的极值或者最值的讨论，微积分提供了很好的方法。下面我们通过微分法，计算能使残差平方和最小的 $\hat{\beta}_1$ 和 $\hat{\beta}_2$。

根据微积分极值的讨论中一阶偏导定理，函数（2—7）中 Q 对 $\hat{\beta}_1$，$\hat{\beta}_2$ 的一阶偏导为 0 时，Q 达到最小，即：

$$\begin{cases} \dfrac{\partial Q}{\partial \hat{\beta}_1} = 0 \\ \dfrac{\partial Q}{\partial \hat{\beta}_2} = 0 \end{cases}$$

当函数 $Q = \sum (Y_i - \hat{\beta}_1 - \hat{\beta}_2 X_i)^2$ 分别对 $\hat{\beta}_1$，$\hat{\beta}_2$ 求一阶偏导，并令其为零，可推得下列方程组（推导过程省略）：

$$\begin{cases} \sum (Y_i - \hat{\beta}_1 - \hat{\beta}_2 X_i) = 0 \\ \sum (Y_i - \hat{\beta}_1 - \hat{\beta}_2 X_i) X_i = 0 \end{cases} \tag{2—14}$$

解这个关于$\hat{\beta}_1$，$\hat{\beta}_2$的二元方程组，得：

$$\begin{cases} \hat{\beta}_1 = \dfrac{\sum X_i^2 \sum Y_i - \sum X_i \sum Y_i X_i}{n\sum X_i^2 - (\sum X_i)^2} \\ \hat{\beta}_2 = \dfrac{n\sum Y_i X_i - \sum Y_i \sum X_i}{n\sum X_i^2 - (\sum X_i)^2} \end{cases} \quad (2—15)$$

若我们定义$x_i = (X_i - \overline{X})$和$y_i = (Y_i - \overline{Y})$，用小写字母表示样本值对均值的离差。参数估计量（2—15）可以写成：

$$\begin{cases} \hat{\beta}_1 = \dfrac{\sum x_i y_i}{\sum x_i^2} \\ \hat{\beta}_2 = \overline{Y} - \hat{\beta}_1 \overline{X} \end{cases} \quad (2—16)$$

这样，如果我们要用计算器解一个涉及一小组数据的回归问题的话，就可以减轻计算上的负担。

三 应用普通最小二乘法估计参数的例子

在家庭可支配收入与消费的例子中，对于给定的一个样本，参数的估计可通过表2—6得到：

表2—6　　收入与消费的一个样本

参数估计的计算表									
	X_i	Y_i	x_i	y_i	$x_i y$	x_i^2	y_i^2	X_i^2	Y_i^2
1	800	594	-1350	-973	1314090	1822500	947508	640000	352836
2	1100	638	-1050	-929	975870	1102500	863784	121000	407044
3	1400	1122	-750	-445	334050	562500	198381	1960000	1258884
4	1700	1155	-450	-412	185580	202500	170074	2890000	1334025
5	2000	1408	-150	-159	23910	22500	25408	4000000	1982464
6	2300	1595	150	28	4140	22500	762	5290000	2544025
7	2600	1969	450	402	180720	202500	161283	6760000	3876961
8	2900	2078	750	511	382950	562500	260712	8410000	4318084
9	3200	2585	1050	1018	1068480	1102500	1035510	10240000	6682225
10	3500	2530	1350	963	1299510	1822500	926599	12250000	6400900

续表

参数估计的计算表									
	X_i	Y_i	x_i	y_i	x_iy	x_i^2	y_i^2	X_i^2	Y_i^2
求和	21500	15674			5769300	7425000	4590020	53650000	29157448
平均	2150	1567							

注：数据为假想的数据。

$$\hat{\beta}_1 = \frac{\sum x_i y_i}{\sum x_i^2} = \frac{5769300}{7425000} = 0.777$$

$$\hat{\beta}_0 = \overline{Y} - \hat{\beta}_0 \overline{X} = 1567 - 0.777 \times 2150 = -103.172$$

由该样本估计的回归方程为：

$$\hat{Y}_i = -103.172 + 0.777 X_i$$

上面得到的估计量是从最小二乘原理演算得到的，所以叫作最小二乘（OLS）估计量。稍后，我们将考虑 OLS 估计量的统计性质。

四　普通最小二乘法估计的经典假定

为了使普通最小二乘估计量成为最优估计量，必须满足所有的经典假定。后面部分章节将讨论违背这些假定的情况，同时介绍更适用的估计参数方法。

如果我们的目的是估计 $\hat{\beta}_1$、$\hat{\beta}_2$，那么上节所讨论的 OLS 法就解决了如何估计样本回归函数参数值的问题。但我们在回归分析中最终目的是对总体回归函数真实的 β_1、β_2 的推断。我们随机抽取一个样本数据，可以用 OLS 算出参数 β_1、β_2 的估计值，但我们更想知道参数估计值 $\hat{\beta}_1$、$\hat{\beta}_2$ 离它们的总体真值有多近？$\hat{Y}_i$ 离总体条件期望值 $E(Y|X_i)$ 有多近？能否用 SRF 替代 PRF，进而说明 Y 的条件均值 $E(Y|X_i)$ 随着解释变量 X 的变化规律？

为了解决以上的问题，我们首先回顾一下 PRF：$Y_i = \beta_1 + \beta_2 X_i + \mu_i$，它表示被解释变量 Y_i 的变化依赖于 X_i 和 μ_i。因此，只有当我们明确 X_i 和 μ_i 后，才能对 Y_i 的值作出统计推断。也就是说，为了有效解释回归结果，对 X_i 和 μ_i 需要作一些限定。

经典的（又称高斯或者标准）线性回归模型（CLRM）。这已成为大部分计量经济学的奠基石，它有 10 个假定。我们先讨论简单线性（一元）回归模型来说明这些假定，在后面的章节中我们会将这些假定推广到多变量（多元）线性回归模型。

假定 1：参数的线性性。回归模型中参数是线性的，变量 Y 和 X 的关系可以是非线性的。

假定 2：随机抽样时，X 的值是确定的。在抽样时，解释变量 X 的值被认为是给定的观测值，是固定的，或者说是非随机的。

例如，我们在研究居民消费问题时，先固定收入 X 的值，再抽取 X 值分别为 800、1100 等条件下 Y 的数据。

假定 3：随机误差项 μ_i 的均值为零。对给定的 X 值，随机误差项（干扰项）的均值或期望值为零，或者说 μ_i 的条件均值为零，记为：

$$E(\mu_i \mid X_i) = 0$$

其几何意义见图 2—10。图中描绘了给定每一个 X 的值，对应一个 Y 的总体值。如图，给定 X 的每一个总体 Y 都是围绕其条件均值（圆圈）而分布；一些 Y 位于均值之上，另一些位于均值之下。Y 与其条件均值的偏离距离就是 μ_i。假定 3 要求，对应于给定的 X，μ_i 的均值等于零。

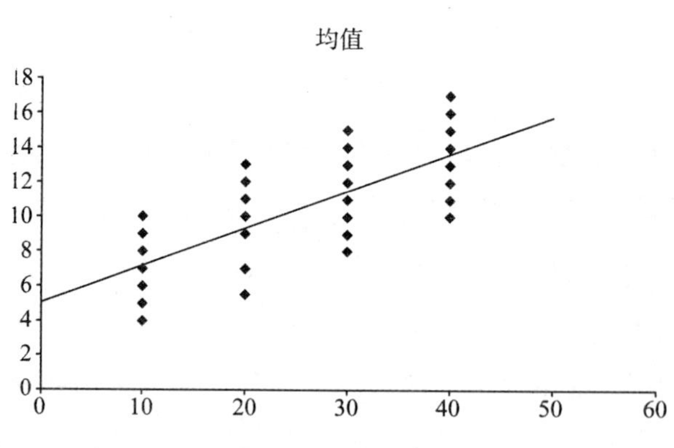

图 2—10 均值为零

这个假定是说，凡是模型不显含的因素，归于 μ_i，对 Y 的均值没有系统的影响，正的干扰与负的干扰互相抵消，以至于这些不显含的影响对

被解释变量 Y 的影响为零。

假定 4：随机误差项 μ_i 的方差相等或同方差。给定 X 值，对所有的观测值 Y，Y 与其条件均值 $E(Y \mid X_i)$ 偏离距离 μ_i 的方差都是相同的。就是说，不同的 X 值对应的 Y 与其条件均值的分散程度都是相同的。用符号表示为：

$$\mathrm{var}(\mu_i \mid X_i) = E[\mu_i - E(\mu_i) \mid X_i]^2 = E(\mu_i^2 \mid X_i) = \sigma^2 \quad (2—17)$$

其中 var 表示方差。

为了更好地理解同方差的含义，我们看一个例子。令 Y 为平均工资，X 为受教育水平，图 2—11 和 2—12 都表示随着受教育水平的增加，平均工资也在增加。但在图 2—11 中，平均工资的差异在所有受教育水平上都保持不变，而在图 2—12 中，这个方差随受教育水平的增加而增加；换句话说，接受了更多教育的人比受教育水平较低的人的平均工资差异大。后一种情况更符合实际，因为接受了更多教育的人可能有更多的就业机会，这就导致了更高教育会产生更大的工资差异；而教育水平低的人工作机会少，而其只能拿到最低工资，这就使得教育水平较低的人工资差异小。

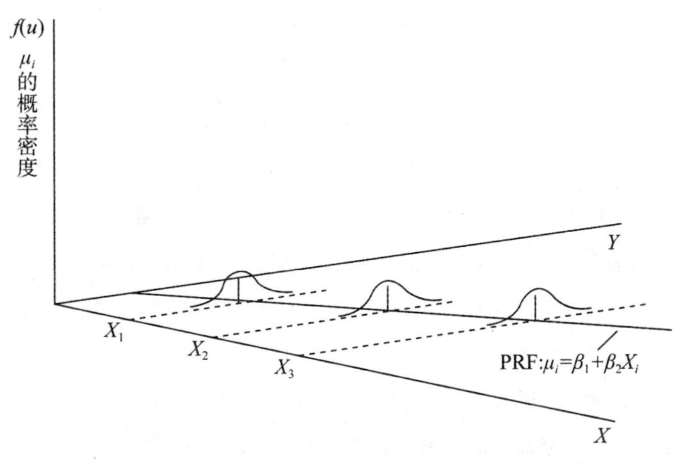

图 2—11　同方差

图 2—11 是说，对于每个 μ_i 的条件方差都是等于某个正的常数 σ^2。同方差性代表分散度相同或者方差相同。与此相对照的图 2—12，Y 的条件方差随 X 值的不同而不同，这种分布称为异方差，或者说分散度不同

或方差不相同。

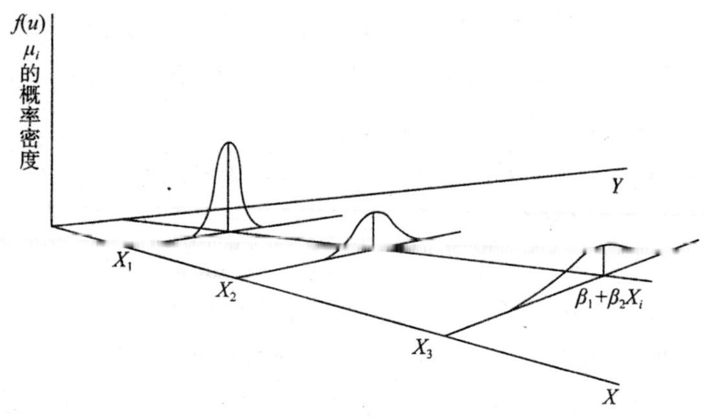

图 2—12 异方差

假定 5：各个随机误差（干扰）项无自相关。给定任意两个 X 的值：X_i 和 X_i（$i\neq j$），μ_i 与 μ_j 之间不相关，或者说相关为零。用符号表示：

$$\begin{aligned}\operatorname{cov}(\mu_i,\mu_j \mid X_i,X_j) &= E[\mu_i - E(\mu_i) \mid X_i][\mu_j - E(\mu_j)] \\ &= E(\mu_i \mid X_i)(\mu_j \mid X_j) \\ &= 0 \qquad (2—18)\end{aligned}$$

其中，i 和 j 为给定两个不同的 X 对应的观测值，cov 表示协方差。

这个假定是说，给定任意两个 X 的值抽取两个 Y 值，Y 对各自条件均值的偏离为 μ_i 和 μ_j；我们把影响 Y_i 偏离的非显性因素归于 μ_i，影响 Y_j 偏离的非显性因素归于 μ_j。设定 μ_i 和 μ_j 不相关，是指这些干扰之间不存在交互影响，即零相关。在后面的章节中我们会详细讨论如果干扰项之间存在交互相关性的后果。

假定 6：μ_i 和 Y_i 的协方差为零，或 $E(\mu_iX_i)=0$。用符号表示：

$$\begin{aligned}\operatorname{cov}(\mu_i, X_i) &= E[\mu_i - E(\mu_i)][X_i - E(X_i)] \\ &= E[\mu_i(X_i - E(X_i))]\text{，由假定 3}\quad E(\mu_i)=0 \\ &= E(\mu_iX_i) - E(X_i)E(\mu_i) \\ &= E(\mu_iX_i)\text{，因}\quad E(\mu_i)=0 \\ &= 0\end{aligned}$$

这个假定是说，Y 变化受两部分的影响，解释变量 X 和归于随机干扰

项 μ_i 的非显性因素；干扰项和解释变量之间不相关。如 X 和 μ 相关，我们就无法估计它们对 Y 的独立影响，例如：X 和 μ 正相关，当 X 增大时 μ 的值也增大，而当 X 减小时，μ 的值也减小；若 X 和 μ 负相关，则表现为，当 X 增大时，μ 减小，X 减小时，μ 增大。无论哪一种情况发生，我们都无法分开 X 和 μ 对 Y 的影响，进而无法得到 Y 与 X 之间独立的定量关系。

假定 7：观测次数 n 必须大于待估参数的个数。或者说观测次数 n 必须大于解释变量的个数。

假定 8：X 的值要有变异。在一个给定的样本中，X 的值不能是同一个值。例如，消费支出主要受收入的影响，如果收入水平很少变动，我们就无法观测消费支出变动的规律，要研究 Y 和 X 之间的回归分析，变量必须是变动的。

假定 9：正确地设定了回归模型。在经济分析中所用的模型没有设定的偏误。

一项经济学问题研究的开始，要对我们感兴趣的经济现象设定计量经济模型。在模型设定中一些重要的问题包括（1）模型应该包括哪些变量？（2）模型的函数关系如何？是不是对参数和变量是线性关系？（3）对模型的概率假定？

这些都很重要，如果模型遗漏了重要变量，或选择了错误的函数形式（如非线性关系设定成线性关系），或对所含的变量作出了错误的假定，那么回归结果的有效解释大有问题。

假定 10：没有完全的多重共线性。多元线性回归模型中各解释变量之间没有线性关系。

关于多重共线性的问题我们将在后面的章节中详细介绍。

五　普通最小二乘估计量的性质：高斯 - 马尔可夫定理

估计量分布的理想性质是，它的均值等于总体参数的真实值。为了检验参数估计量的可靠性和显著性，有必要讨论参数估计量的统计性质，即从数理统计的角度衡量参数估计量的优劣，衡量的标准主要是线性、无偏性和有效性。这些性质包含在著名的高斯 - 马尔可夫定理中，即估计量是最佳线性无偏（best linear unbiasedness property）。在给定经典线性回归模型的假定条件下，最小二乘估计量具有最优（BLUE）的性质。

这里只是对衡量最佳线性无偏估计量的标准做一个说明性的解释。

（一）参数估计量是线性的

即它是一个随机变量，与回归模型中应变量 Y 是线性函数关系。

（二）参数估计值是无偏的

即每次抽样得到的样本用 OLS 法可以计算得到两个参数的估计值，若干次抽样所得到的参数估计量的均值或期望值等于它的真值。用符号表示：

$$E(\hat{\beta}_1)=\beta_1; E(\hat{\beta}_2)=\beta_2$$

虽然在一次抽样计算得到的 $\hat{\beta}_i$ 可能不等于真值 $\hat{\beta}_i$，但我们如果多次重复抽样，并每次都计算回归参数，这些估计量的平均值就会等于真值，就是无偏性。无偏性的要求：分布的均值等于真值。

对无偏性的进一步解释：

假设建立一个关于某学校去年毕业生的初始工作和他们在校取得的 GPA 分数的函数，即：

$$salary_i = \beta_0 + \beta_1 GPA_i + \mu_i \quad (2—19)$$

首先，重点讨论参数估计量的分布。

假设选择了第 1 组 25 个同学构成样本，并获得了他们拿到的工资和成绩的数据。那么，就可以通过普通最小二乘法估计方程中参数的估计值；如果我们再选择第 2 组学生样本并作同样的估计，你能得到相同的参数估计值吗？答案是：不大可能。很明显，参数估计值取决于所选取的样本观测值。可是说，如果不同的样本包含的学生情况不同，得到的参数估计值也不同。事实上，经过多次的抽样，参数估计值会有一个分布。如果选择了 5 组样本，就可能得到：

第 1 个样本：　$\hat{\beta}_1=8612$

第 2 个样本：　$\hat{\beta}_1=8101$

第 3 个样本：　$\hat{\beta}_1=11355$

第 4 个样本：　$\hat{\beta}_1=6934$

第 5 个样本：　$\hat{\beta}_1=7994$

每个样本都得到一个真实总体参数的估计值，假如抽上千个样本，将得到上千个估计值，所有样本估计值的分布有均值和方差。所谓“好”的估计是指$\hat{\beta}$抽样分布的均值应该等于总体的真值β，即满足无偏性。

（三）有效性，它在所有无偏估计量中，方差最小。

我们知道随机变量的方差主要用于度量其在均值周围的分散情况。方差较小意味着平均来说该随机变量的值更接近均值。如果两个估计量都是无偏估计量，我们可以通过比较它们的方差作为选择方式，方差较小的估计量由于平均起来更接近真值，所以最优，这就是有效的概念。

为了更清楚地理解这一点。比较图2—13中的分布A和分布B，假设它们都是β的无偏估计量。分布A的方差大于分布*B*。为了比较，再引入一个有偏的分布C，有偏指分布C的均值位于真值β的左边或者右边。

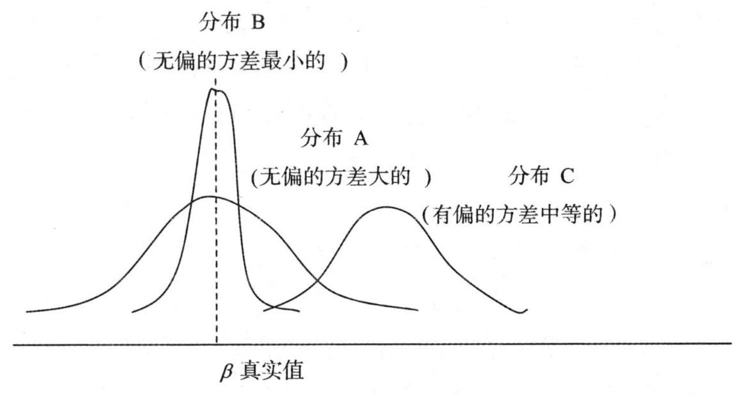

图2—13　无偏的最小方差

当简单线性回归模型满足最小二乘法的基本假设条件时，我们利用OLS和给定的样本观测值，可以求出两个回归系数的估计量。由于样本是随机抽取的，不同的样本得到不同的估计量，所以$\hat{\beta}_1$、$\hat{\beta}_2$的值会随样本数值的不同而不同，也就是说是随机变量，具有它的概率分布。

高斯－马尔可夫证明了在给定的经典线性回归模型的假定条件下，OLS估计量满足上述三个性质，即OLS估计量是BLUE。这就是著名的高斯－马尔可夫定理，其精髓可叙述如下：

高斯－马尔科夫定理：在给定经典线性回归模型的假定条件下，最小二乘估计量，在无偏线性估计量一类中，有最小方差，就是说，它们是

BLUE。

这一定理的证明过程省略，这里强调指出，该定理在计量经济学理论和实际上都具有重要的意义，随着后面的学习，该定理的意义将渐渐显现。

第四节 评价回归方程的质量

如果回归分析的基础是普通最小二乘法，那么计量经济学的核心是判断 OLS 估计值的质量。许多计量经济学的初学者倾向于直接接受电脑求得的回归估计值，而不考虑这些估计值的含义或合理性。计量经济学的主要工作是在接受一个回归结果之前，从基本理论到数据质量的各个方面，仔细地考察和评价所估计的方程。实际上，大多数优秀的计量经济学家在估计方程之前会花大量时间来思考从方程中能得到的结果。

一旦电脑生成估计值后，就要注意以下一些问题：

（1）方程是否有可靠的理论支持？

（2）回归估计拟合样本数据的程度如何？

（3）数据集是否足够大而准确？

（4）普通最小二乘法是用于这个方程的最优估计方法吗？

（5）估计参数是否符合研究者收集数据前的预期？

（6）方程中是否包括了所有重要的变量？

（7）是否采用了理论上逻辑严密的函数形式？

（8）回归是否通过了统计检验和避免了计量经济学的主要问题？

判定系数 R^2："拟合优度" 的一个度量

现在我们考虑对一组数据所估计的回归线的 "拟合优度"。也就是说，样本回归线对数据拟合得有多么好。围绕着这些回归线的残差尽可能地小，如果全部观测点都落在样本回归线上，就得到一个 "完美" 的拟合。判定系数 R^2 是度量样本回归线对数据拟合程度的统计量。

计算步骤如下：

$$Y_i = \hat{Y}_i + e_i \qquad (2\text{—}20)$$

写成离差形式：

$$y_i = \hat{y}_i + e_i \tag{2—21}$$

两边平方并对样本求和，得到：

$$\sum y_i^2 = \sum \hat{y}_i^2 + \sum \hat{y}_i e_i + \sum e_i^2$$

$$= \sum \hat{y}_i^2 + \sum e_i^2$$

（因为可以证明 $\sum \hat{y}_i e_i = 0$）　(2—22)

对于所有的样本点，出现在式（2—22）中的平方和，可以描述成：

总离差平方和（TSS），实测的样本值 Y 与其均值的总变异：

$$\sum y_i^2 = \sum (Y_i - \overline{Y}_i)^2 \tag{2—23}$$

回归平方和（ESS），或称为解释平方和，估计值 Y 围绕其均值的变异，可由回归方程解释的 Y 的变化：

$$\sum \hat{y}_i^2 = \sum (\hat{Y}_i - \overline{Y})^2 \tag{2—24}$$

残差平方和（RSS），残差或未解释的围绕回归线 Y 值的变异。

$$\sum e_I^2 = \sum (Y_i - \hat{Y}_i)^2$$

这样，式（2.5.3）就可以表示成：

$$TSS = ESS + RSS \tag{2—25}$$

式（2—25）说明，Y 的观测值围绕其均值的总变异（离差）可分解成两部分：一部分来自样本回归线；另一部分来自随机干扰项（非显性影响因素）。

观测值 Y 的变异可分解成两个部分。

根据上述关系，可以用

$$R^2 = \frac{ESS}{TSS} = 1 - \frac{RSS}{TSS} \tag{2—26}$$

检验样本回归线的拟合优度。称 R^2 为可决系数（Coefficient of determination）。

观察（2—26）式，回归平方和所占的比重越大，相应的残差平方和的比重越小，样本回归线的解释能力越强，对样本点的拟合越好。如果“完全”拟合，则 $R^2 = 1$，该统计量的值越接近于 1，样本回归线对样本点的拟合优度越高。

实际计算可决系数时，在参数 $\hat{\beta}_1$ 值已经估计出后，一个较为简单的计算公式为：

$$R^2 = \hat{\beta}_1^2\left(\frac{\sum x_i^2}{\sum y_i^2}\right) \tag{2—27}$$

第五节 实例

例 2—1：美国的咖啡消费：1970—1980 年

由微观经济理论可知，一种商品的需求量，依赖于该商品的价格、其他互补品或替代品的价格或消费者的收入、预期及偏好。把所有这些变量都选取为解释变量，假定数据可得，就是多变量模型。对此，我们还没有涉及如何求多变量回归模型的参数的内容。因此，我们所能做的就是假定其他条件不变，仅观察需求量和自身价格的关系。然后，我们根据所给的数据用 OLS 法计算回归参数估计值。这个过程可以用 EViews 软件实现，回归结果如下：

$$\hat{Q}_i = 2.6911 - 0.4795P_i \tag{2—28}$$

现对估计得到的回归模型解释如下：如果咖啡每磅零售价上涨 1 美元，咖啡的销售量平均每日减少约半杯。假如咖啡的价格降到零，则平均每人日咖啡消费量约 2.67 杯。当然，我们常常不能对截距项给出任何有意义的解释。

例 2—2：选举结果和竞选支出

根据 1988 年美国众议院 173 次两党竞争的选举结果和竞选支出的数据（略）。当然竞选结果并不唯一受竞选支出多少的影响，还有其他因素影响着竞选结果（如候选人的素质等）。我们为了说明简单线性回归模型，仅选取竞选支出为解释变量，来看看花费更多的钱是否能得到更多的选票。假如每次竞选有两名候选人，Y 为 A 候选人所得票数的百分比，X 为 A 候选人在竞选支出中所占的百分比。我们将 173 组数据带入 EViews 中用 OLS 法回归结果如下：

$$Y_i = 40.90 + 0.306X_i \tag{2—29}$$

这意味着，如果 A 候选人的开支在总花费中的比例增加一个百分点，候选人就能够多得到几乎 1/3 个百分点的总票数。

这两个例子是按一个样本数据拟合的模型真实性如何？因为该模型为包含所有的有关变量，我们不能称之为一个完整的模型。因为教学的需要，选择了两个简单的例子。在后面的章节中我们会详细介绍如何检验模型的可靠性和真实性。

例 2—3：CEO 的薪水和净资产的回报率

在 CEO 薪水的回归中，为了解可决系数，回归线的函数形式和观测次数如下：

$$\widehat{salary} = 963.191 + 18.501roe \tag{2—30}$$

$$n = 209, \quad R^2 = 0.0132$$

我们利用该方程的 R－平方，可以看到薪水的变异有多少由资产回报率解释。在这 209 位 CEO 的例子中，该公司的净资产回报率仅仅解释了薪水变化的 1.3%。这意味着：还有其他影响薪水变异的因素，且它们的影响率达 98.7%，如个人特点等因素。这些因素被包括在随机误差项中。

要点：在社会科学中，回归方程中的 R－平方过低是正常的。一个显著低的 R－平方值并不意味着 OLS 回归方程没有用。有的时候，解释变量是能够解释因变量的样本变异中非常实在的部分。

第六节　实验：简单线性回归模型参数估计

一　实验目的

本章实验在于通过实际案例对 EViews 软件的基本操作进行详细介绍，使学生了解和掌握 EViews 软件的常用操作，具体内容包括：

（1）EViews 工作文件的创建、存储、调用；序列对象的基本操作；数据文件预处理的常用操作，如新序列的建立、图像、表格等。

（2）建立新文件、输入数据、扩展工作区间、数据初步分析和简单线性回归分析。

二 实验内容与步骤

我们通过一个简单的回归分析例子来显示一个 EViews 过程，不对 EViews 的详细功能展开讨论，目的是使学生先对 EViews 有个概括了解。

例 2—4：某省人均可支配收入与人均年消费支出的数量关系分析。

STEP1：双击桌面上 EViews 快捷图标，打开 EViews。

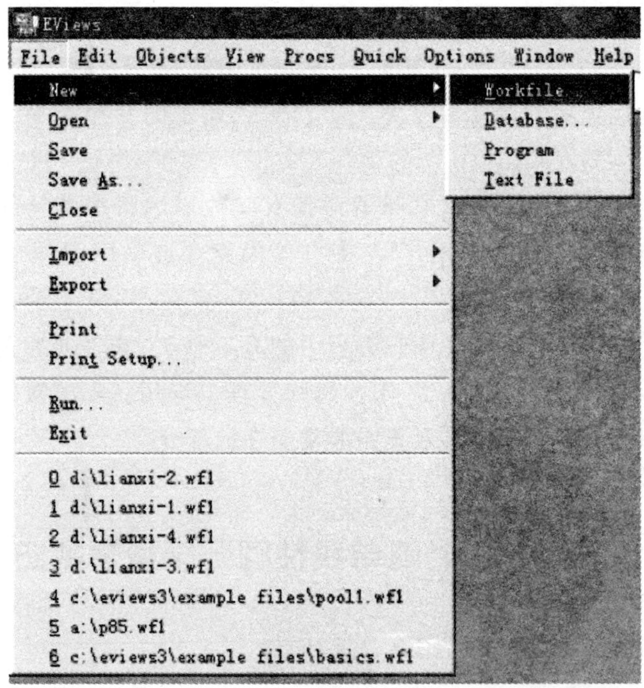

图 2—14 新建工作簿窗口

STEP2：点击 Eviews 主画面顶部按钮 File/New/Workfile（如图 2—15），弹出 workfile range 对话框（图 2—16）。在 workfile frequency 中选择 Annual，在 start date 和 end date 中分别输入 1991 和 2012，点击“OK”，出现图 2—17 画面，Workfile 定义完毕。

EViews
File Edit Object View Proc Quick Options Window Help

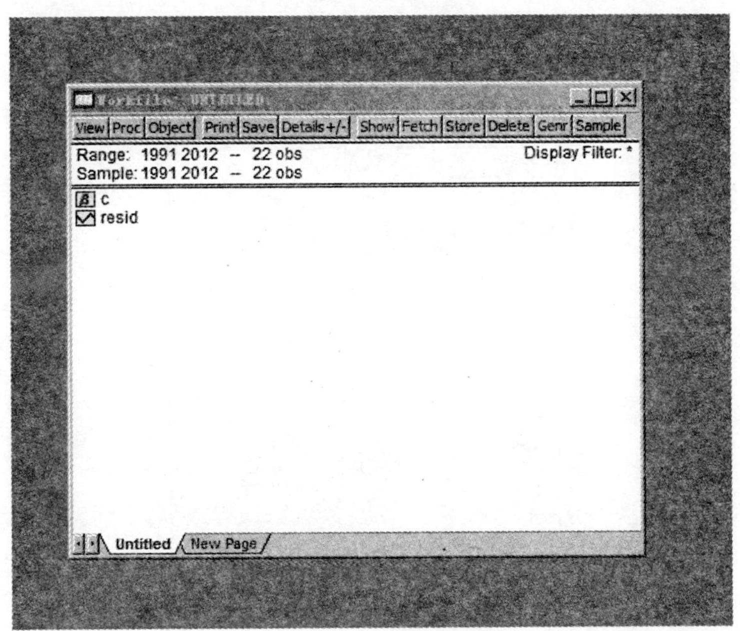

图 2—15　工作簿范围窗口

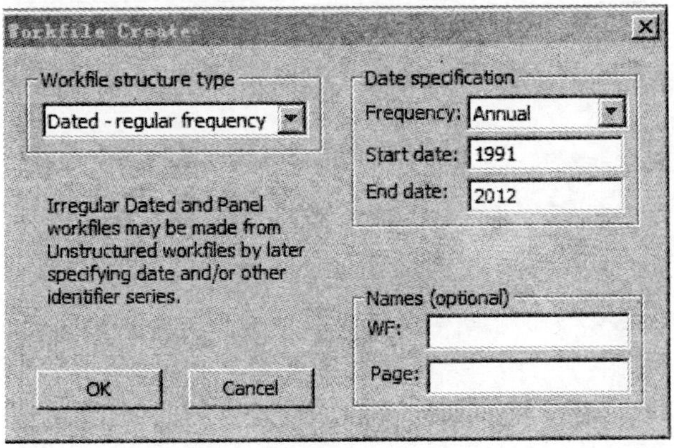

Workfile Create

Workfile structure type

Dated - regular frequency

Irregular Dated and Panel workfiles may be made from Unstructured workfiles by later specifying date and/or other identifier series.

Date specification

Frequency: Annual

Start date: 1991

End date: 2012

Names (optional)

WF:

Page:

OK　Cancel

图 2—16　新工作簿窗口

STEP3：点击 Eviews 主画面顶部按钮 Objects/New Objects ，弹出 New Objects 对话框（图 2—18），在 Type of object 中选择 Group，并给 New Objects 一个名字 g1，然后点击“OK”，弹出一个表格 Group 对话框，（图 2—19），在该对话框中即可输入变量及变量值。

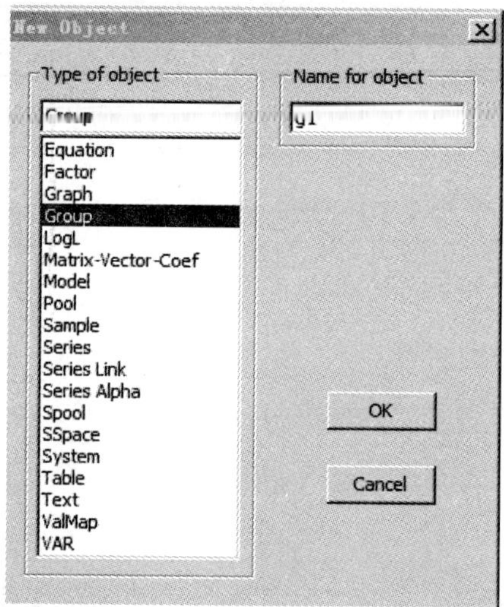

图 2—17 建立新变量窗口

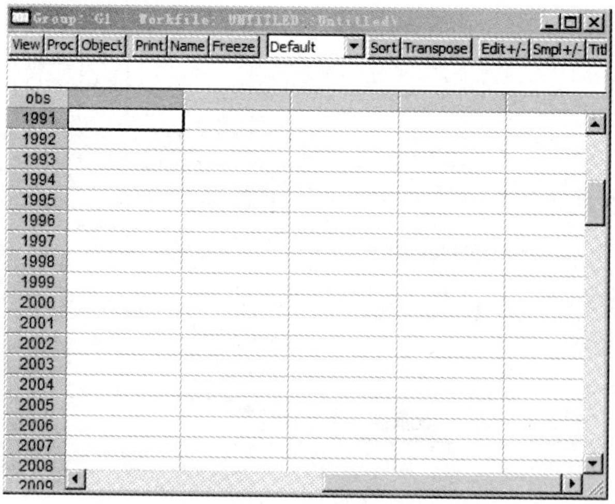

图 2—18 录入数据窗口

STEP4：点击图 2—19 表格中第一列顶部的灰色条，该列全部变蓝，输入变量名 *Y*（人均年消费支出），然后在该列中即可输入变量 *Y* 的各年观测值；同理可定义第二列为变量 *X*（人均可支配收入），并输入各年人均可支配收入的数值。这样 *X*、*Y* 两个变量被定义，结果如图 2—20。

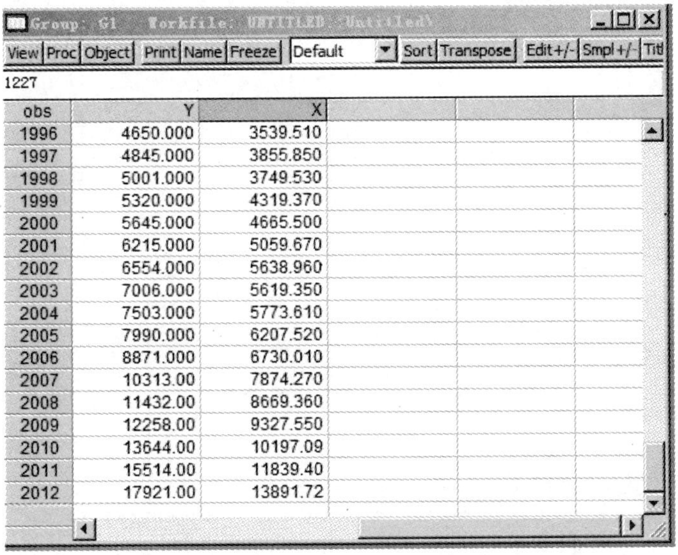

Group: G1 Workfile: UNTITLED::Untitled\

View | Proc | Object | Print | Name | Freeze | Default | Sort | Transpose | Edit+/- | Smpl+/- | Titl

1227

obs	Y	X
1996	4650.000	3539.510
1997	4845.000	3855.850
1998	5001.000	3749.530
1999	5320.000	4319.370
2000	5645.000	4665.500
2001	6215.000	5059.670
2002	6554.000	5638.960
2003	7006.000	5619.350
2004	7503.000	5773.610
2005	7990.000	6207.520
2006	8871.000	6730.010
2007	10313.00	7874.270
2008	11432.00	8669.360
2009	12258.00	9327.550
2010	13644.00	10197.09
2011	15514.00	11839.40
2012	17921.00	13891.72

图 2—19　数据组窗口

STEP5：点击图 2—20Group 对话框中的 View/Graph 按钮，出现一个下拉菜单，出现图 2—21 画面。选择 line，即可看见序列 *X*、*Y* 的线性图（图 2—21）。

STEP6：点击图 2—20 窗口中 Freeze 按钮，得到图的 copy（图 2—21），点击图 2—21 顶部的 name ，给其一个名字 Graph01，这样就将图 2—22 保存在 workfile 中。图 2—20 与图 2—21 不同在于，图 2—22 是一个 Graph 类型的 object，该线性图不随 *Y*、*X* 数据变化而变化，是独立的，可以对其进行编辑；而图 2—21 是 *Group* 类型的 *object*，仅仅是 *Y*、*X* 数据的一种图形浏览形式，它随着 *Y*、*X* 数据变化而变化。

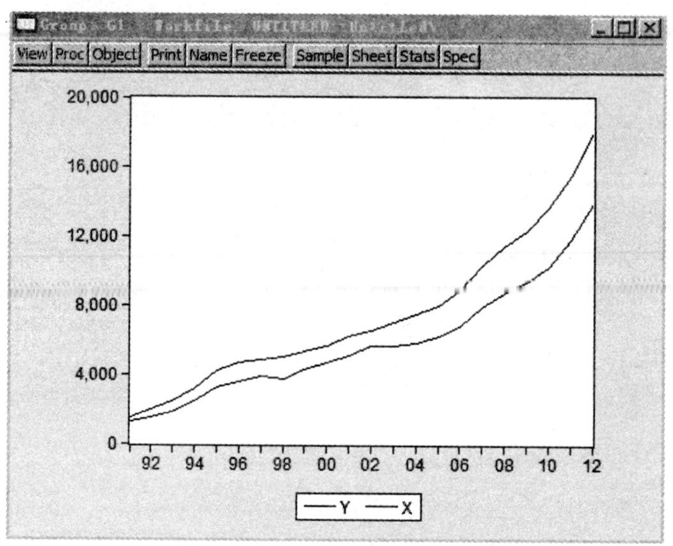

图 2—20　X、Y 线性图

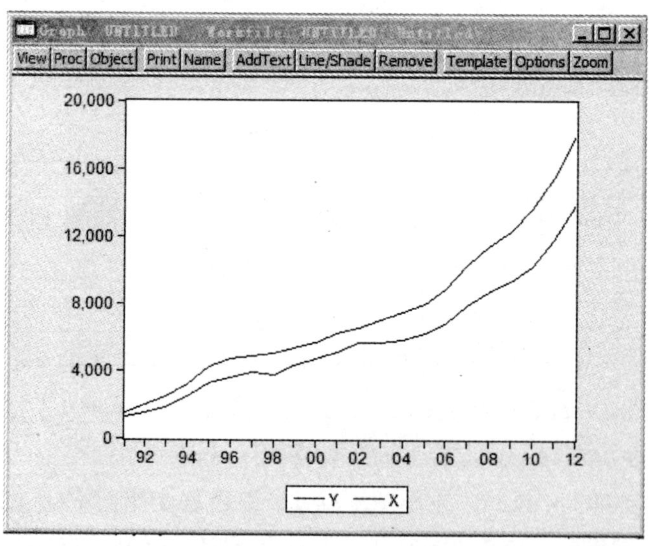

图 2—21　冻结的线性图

STEP7：点击 Eviews 主画面上的 quick/estima equation，弹出 Equation specification 框（图 2—22），在 Equation specification 下的空框中输入 *Y C*

X，点击“OK”，得到 Y 对 X 回归模型估计结果（图 2—24），该模型说明人均可支配收入 X 对人均消费支出 Y 具有较强的解释能力。

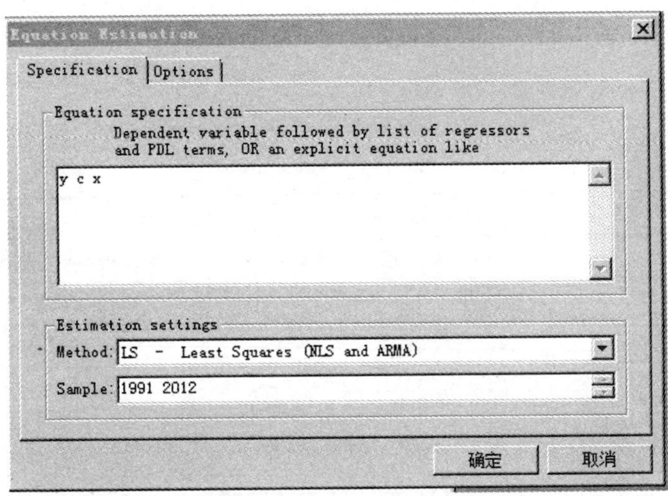

图 2—22　普通最小二乘估计对话框

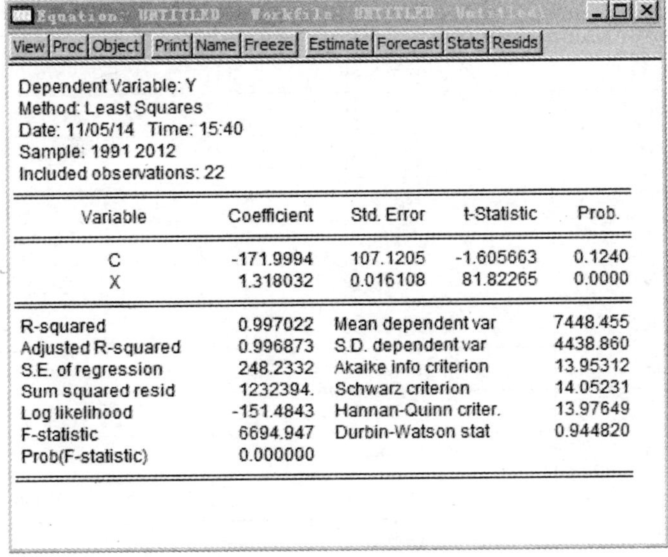

Dependent Variable: Y
Method: Least Squares
Date: 11/05/14 Time: 15:40
Sample: 1991 2012
Included observations: 22

Variable	Coefficient	Std. Error	t-Statistic	Prob.
C	-171.9994	107.1205	-1.605663	0.1240
X	1.318032	0.016108	81.82265	0.0000

R-squared	0.997022	Mean dependent var	7448.455
Adjusted R-squared	0.996873	S.D. dependent var	4438.860
S.E. of regression	248.2332	Akaike info criterion	13.95312
Sum squared resid	1232394.	Schwarz criterion	14.05231
Log likelihood	-151.4843	Hannan-Quinn criter.	13.97649
F-statistic	6694.947	Durbin-Watson stat	0.944820
Prob(F-statistic)	0.000000		

图 2—23　回归结果

例 2—5：研究 2012 年中国各地区城市居民人均年消费支出和可支配收入之间的关系，做以人均年消费支出为因变量、以人均可支配收入为自变量的回归，估计。

$$Y_i = \beta_0 + \beta_1 X_i + \mu_i$$

表 2—7　　**2012 年中国各地区城市居民人均年消费支出和可支配收入**

2012 年中国各地区城市居民人均年消费支出和可支配收入		
地区	城市居民年人均消费支出 Y	城市居民年可支配收入 X
北京市	24045.86	36468.75
天津市	20024.24	29626.41
河北省	12531.12	20543.44
山西省	12211.53	20411.71
内蒙古自治区	17717.1	23150.26
辽宁省	16593.6	23222.67
吉林省	14613.53	20208.04
黑龙江省	12983.55	17759.75
上海市	26253.47	40188.34
江苏省	18825.28	29676.97
浙江省	21545.18	34550.3
安徽省	15011.66	21024.21
福建省	18593.21	28055.24
江西省	12775.65	19860.36
山东省	15778.24	25755.19
河南省	13732.96	20442.62
湖北省	14495.97	20839.59
湖南省	14608.95	21318.76
广东省	22396.35	30226.71
广西壮族自治区	14243.98	21242.8
海南省	14456.55	20917.71
重庆市	16573.14	22968.14
四川省	15049.54	20306.99

续表

2012 年中国各地区城市居民人均年消费支出和可支配收入		
地区	城市居民年人均消费支出 Y	城市居民年可支配收入 X
贵州省	12585.7	18700.51
云南省	13883.93	21074.5
西藏自治区	11184.33	18028.32
陕西省	15332.84	20733.88
甘肃省	12847.05	17156.89
青海省	12346.29	17566.28
宁夏回族自治区	14067.15	19831.41
新疆维吾尔自治区	13891.72	17920.68

资料来源：《中国统计年鉴 2013》。

实验步骤：

STEP1：建立工作文件。首先，双击 EViews 图标，进入 EViews 主页。在菜单依次点击 File \ New \ Workfile，出现对话框“Workfile Create”。在“Workfile frequency”中选择数据频率：Annual（年度），Weekly（周数据），Quartrly（季度），Daily－5 day week（每周），Semi Annual（半年）Daily－7 day week（每周）Monthly（月度）Undated or irreqular（未注明日期或不规则的）。

在本例中是截面数据，选择“Undated or irreqular”，如图 2—25 所示。并在“Data range”中输入 Observations 的数量，如“31”点击“ok”出现“Workfile UNTITLED”工作框。其中已有变量：“c”—截距项“resid”—剩余项。

STEP2：在“Objects”菜单中点击“New Objects”，在“New Objects”对话框中选“Group”，并在“Name for Objects”上定义文件名，如图 2—26 所示，点击“OK”出现数据编辑窗口。若要将工作文件存盘，点击窗口上方“Save”，在“Save As”对话框中给定路径和文件名，再点击“ok”，文件即被保存。

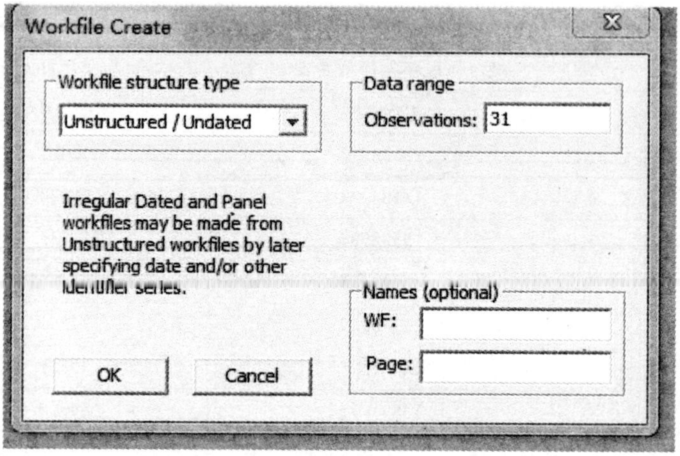

图 2—24 新建工作簿选择窗口

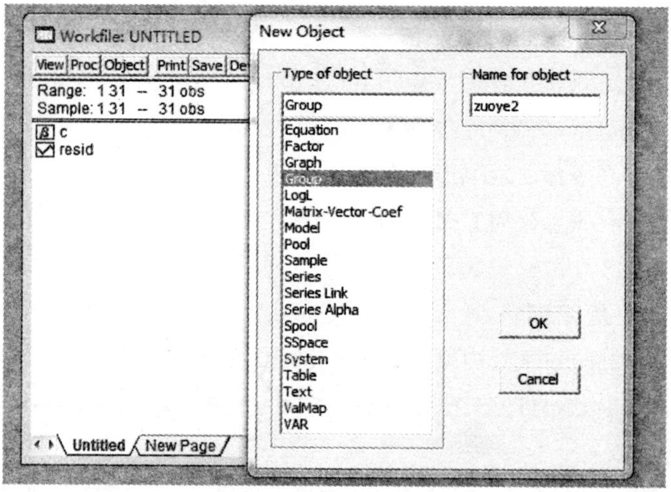

图 2—25 建立新变量窗口

STEP3：输入数据。

在数据编辑窗口中，首先按上行键“↑”，这时对应的“obs”字样的空格会自动上跳，在对应列的第二个“obs”有边框的空格键入变量名，如“Y”，再按下行键“↓”，对因变量名下的列出现“NA”字样，即可依顺序输入响应的数据。其他变量的数据也可用类似方法输入。

若要对数据存盘，点击“fire/Save As”，出现“Save As”对话框，在“Drives”点所要存的盘，在“Directories”点存入的路径（文件名），在“Fire Name”对所存文件命名，或点已存的文件名，再点“ok”。若要读取已存盘数据，点击“fire/Open”，在对话框的“Drives”点所存的磁盘名，在“Directories”点文件路径，在“Fire Name”点文件名，点击“ok”即可。

STEP4：在 EViews 主页界面点击“Quick”菜单，点击“Estimate Equation”，出现“Equation specification”对话框，选 OLS 估计，即选击“Least Squares”，键入“Y C X”，点击“ok”或按回车，即出现如图 2—26 那样的回归结果。也可以在 EViews 命令框中直接键入“LS Y C X”，按回车，即出现回归结果。

Dependent Variable: Y
Method: Least Squares
Date: 11/06/14 Time: 10:34
Sample: 1 31
Included observations: 31

Variable	Coefficient	Std. Error	t-Statistic	Prob.
C	1706.865	774.3889	2.204144	0.0356
X	0.608920	0.032374	18.80875	0.0000

R-squared	0.924236	Mean dependent var	15845.15
Adjusted R-squared	0.921624	S.D. dependent var	3701.787
S.E. of regression	1036.343	Akaike info criterion	16.78713
Sum squared resid	31146213	Schwarz criterion	16.87964
Log likelihood	-258.2004	Hannan-Quinn criter.	16.81728
F-statistic	353.7691	Durbin-Watson stat	1.673515
Prob(F-statistic)	0.000000		

图 2—26　回归结果

在本例中，参数估计的结果为：

Y =1706. 86464445 +0. 608919990756 * X

t = （2. 204144）　　（18. 80875）

R2 =0. 924236

STEP5：若要显示回归结果的图形，在“Equation”框中，点击“Resids”，即出现剩余项（Residual）、实际值（Actual）、拟合值（Fitted）的图形，如图 2—27 所示。

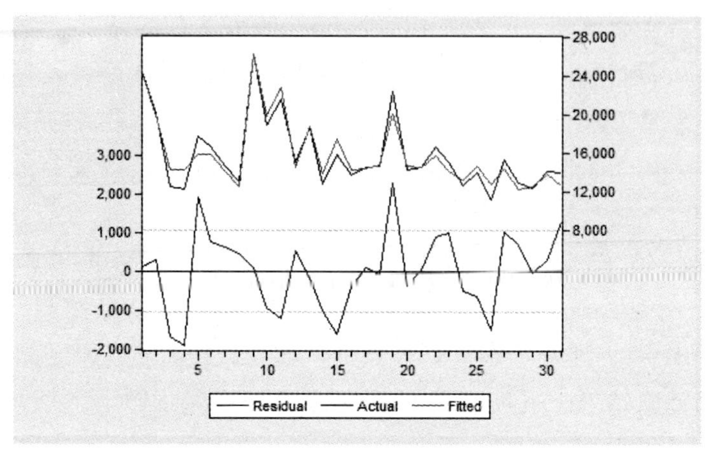

图 2—27 拟合值、预测值与残差

三 实验小结

本章实验主要介绍一元线性回归模型的建模思路、方法及在 EViews 中的实现过程。运用一个实际案例详细的演示和说明了计量分析的基本操作步骤。通过学习可对 EViews 软件的基本操作有一个初步的了解，同时会发现，计量经济模型的复杂性和数据运算的烦琐都可以用 EViews 软件迎刃而解。

四 备择实验

表 2—8 是我国 1985—2004 年的财政收入 Y（亿元）和国内生产总值 X（亿元）的数据，试根据数据建立以收入为因变量，国内生产总值为自变量的简单线性回归模型，并解释回归系数的经济意义。

表 2—8 我国 1985—2004 年财政收入和国内生产总值

年份	*Y*	*X*
1985	2004. 820	9016. 03
1986	2122. 01	10275. 18
1987	2199. 35	12058. 62
1988	2357. 24	15042. 82

续表

年份	Y	X
1989	2664.90	16992.32
1990	2937.10	18667.82
1991	3149.48	21781.50
1992	3483.37	26923.48
1993	4348.95	35333.92
1994	5218.10	48197.86
1995	6242.20	60793.73
1996	7407.99	71176.59
1997	8651.14	78973.04
1998	9875.95	84402.28
1999	11444.08	89677.05
2000	13395.23	99214.55
2001	16386.04	109655.17
2002	18903.64	120332.68
2003	21715.25	135822.76
2004	26396.47	159878.34

本章小结

1. 古典假设表述为：回归模型是线性的模型设定无误且含有误差项，误差项总体均值为0；所有解释变量与误差项都不相关；误差项观测值互不相关；误差项具有同方差；任何一个解释变量都不是其他解释变量的完全线性函数；误差项服从正态分布（不要求）。

2. 估计量的两个最重要的性质是无偏性和最小方差性。无偏估计量是指被估计参数的均值（期望）与真实值相等。在给定的一类估计量（如无偏估计量），如估计值分布的方差在所有估计量中最小，则满足最小方差性。

3. 在古典假设下，最小二乘估计量被证明具有最小方差性、线性和无偏性（或称BLUE，即最优线性无偏估计量），被命名为高斯－马尔科夫定理。当一个或多个古典假设不成立时（正态分布假设除外），在某些时候，随后章节将讨论，尽管最小二乘估计量仍然能够估计出参数估计量，但最小二乘估计量不再具有最小方差性（有效性）、线性和无偏性。

复 习 题

一、名词解释

1. 总体回归函数
2. 样本回归函数
3. 随机干扰项
4. 残差项
5. 回归系数
6. 最小二乘法
7. 总离差平方和
8. 回归平方和
9. 残差平方和
10. 拟合优度

二、简答题

1. 在计量经济模型中，为什么会存在随机误差项？
2. 总体回归模型与样本回归模型的区别与联系。
3. 试述回归分析与相关分析的联系和区别。
4. 最小二乘法的基本原理是什么？
5. 参数估计量的无偏性和有效性的含义是什么？
6. 简单线性回归模型的经典假设主要有哪些？违背这些经典假设的计量经济学模型是否就不能进行估计？

三、计算与分析题

1. 已知一模型的最小二乘的回归结果如下：

$$\hat{Y}_i = 101.4 - 4.78X_i$$

标准差（45.2）（1.53）　　$n = 30$　$R^2 = 0.31$

其中，Y：政府债券价格（百美元），X：利率（%）。

回答以下问题：

（1）系数的符号是否正确，并说明理由；

（2）该模型参数的经济意义是什么。

2. 有关某类居民的日收入 X（元）与日消费 Y（元）的 10 组观测资料如下：

收入（X）	28	30	33	40	15	13	26	58	35	43
消费（Y）	17	19	18	25	10	5	18	32	19	26

据此可计算得：$\sum X_i = 321$　$\sum Y_i = 189$　$\sum X_i^2 = 11881$　$\sum Y_i^2 = 4109$　$\sum X_i Y_i = 6962$

建立消费（Y）对收入（X）的回归直线。

第三章

多元线性回归模型

在现实经济问题的讨论中，只有少数被解释变量能被一个解释变量很好地解释。例如：一个人的体重，不仅受到身高的影响，骨骼结构、人体脂肪含量、锻炼习惯以及饮食习惯等对体重均有影响，那它们对体重的影响又如何呢？在研究体重问题时，补充更多的解释变量能更好地解释体重的变化规律。同样，在经济领域中，一个变量如商品的需求数量受价格的影响，但不是全部，其他诸如广告支出、人们的收入水平以及相关商品的价格、偏好和预期等都很重要。因此，我们有必要从简单线性回归到多变量回归模型，采用多个解释变量分析我们感兴趣的经济问题是十分必要的。

第一节　使用多元回归的动因

我们先用几个简单的例子来说明，如何用多元回归分析来解决简单回归所不能解决的问题。

先看一个小时工资的例子，我们引入教育对工资的影响建立了简单线性回归模型

$$wage = \beta_0 + \beta_1 edu + \mu \tag{3—1}$$

参数 β_1 度量了在其他条件不变的条件下，教育对工资的影响。但在简单回归中我们把非显性影响因素放入了随机误差项中，并作出假定。事实上，工作经历也会影响工资水平，我们在简单回归分析中，把该影响放在随机误差项中；并且工作经历和受教育水平无关，即随机误差项与解释

变量无关，这是一个很脆弱的假定，从而对导致用 OLS 法估计出来的参数有误。

第二个例子考虑高中阶段每个学生的平均开支对考试成绩的影响。建立简单线性回归模型如下：

$$avgscore = \beta_0 + \beta_1 \text{expend} + \mu \tag{3—2}$$

我们关心系数 β_1，它说明了在其他条件不变的情况下，平均支出对考试成绩的影响。其他影响考试成绩的因素被包含在随机误差项中，例如学校的奖学金、平均家庭收入等因素。而平均家庭收入与平均支出很大程度上相关，从而使该模型不符合经典假设条件，用 OLS 法估计出来的参数值有偏误，失去意义。

在前面的两个例子中，我们已经说明如果想把其他可测因素也包括在回归模型中。含有两个自变量的模型写成：

$$Y_i = \beta_0 + \beta_1 X_1 + \beta_2 X_2 + \mu \tag{3—3}$$

式中，β_0 为截距；β_1 度量了在其他条件不变情况下 Y 相对 X_1 的变化；β_2 则度量了在其他不变的情况下 Y 相对 X_2 的变化。

一旦开始多元回归，就没有必要局限于两个自变量。多元回归分析允许多个可观测因素影响 Y。在上述工资例子中，还可以包括在职培训的数量、现任工作的任职、个人能力的某种度量，甚至是兄弟姐妹的个数或母亲受教育程度等人口变量。在学校基金的例子中，额外的变量可能包括对教师质量和学校规模的某种度量。

一　一般多元线性回归模型系数的含义

一般的多元线性回归模型在总体中可以写成

$$Y_i = \beta_0 + \beta_1 X_{1i} + \beta_2 X_{2i} + \beta_3 X_{3i} + \cdots + \beta_k X_{ki} + \mu_i \tag{3—4}$$

式中，β_0 为截距；β_1 为与 X_1 相联系的参数；β_2 为与 X_2 相联系的参数，等等。由于有 k 个自变量和一个截距项，所以方程包含了 $k+1$（未知的）个总体参数。Y 是应变量，X_i 是解释变量，μ_i 是随机误差项，β_i 为偏回归系数。

偏回归系数的含义：β_1 度量了在保持其他解释变量不变的情况下，X_1 每变化一个单位时，Y 的条件均值的变化。

例 3—1：大学 GPA 的决定因素（选自《计量经济学导论：现代观

点》）

样本是从一所规模较大的大学选取的 141 名学生的大学平均成绩（colGPA）、高中的平均成绩（hsGPA）和大学能力测试分数（ACT）；大学和高中的 GPA 都采用四分制。我们得到如下的 OLS 法估计的回归模型：

$$\text{col}\hat{GPA} = 1.29 + 0.453hsGPA + 0.0094ACT \tag{3—5}$$

我们该如何解释这个方程呢？

首先，截距项为 1.29，表示在 hsGPA 和 ACT 成绩都为零时预测大学 GPA 为 1.29，其实该项没有什么意义。

colGPA 的系数表示，保持 ACT 不变，如果 hsGPA 提高 1 分，则大学 GPA 会提高 0.453 分。换句话说，如果我们选择 A 和 B 同学，其 ACT 成绩相同，但 A 的 hsGPA 比学生 B 高出 1 分，那么，我们预计 A 的大学 GPA 将比学生 B 高 0.453 分。

ACT 的系数表示，在保持 hsGPA 不变时，ACT 分数变化 10 分，对 colGPA 的影响还不到 1/10 分。这个影响很小，在以后讨论统计检验后，我们将证明，ACT 的系数在统计上不显著。

二　受控实验：保持其他因素不变，单个变量对因变量的影响

多元回归分析能使我们在非实验环境中去做自然科学家在受控实验中所能做的事情：保持其他因素不变。

在 GPA 的例子中，ACT 的系数所度量的是在保持 hsGPA 不变的情况下，预期 ACT 对 colGPA 的影响。多元回归所得到的解释变量的系数可以做其他条件不变的解释，在经济学研究中，很难获得其他变量不变时某些变量的数据，或者说在大学抽样时我们几乎不可能获得 hsGPA 受限制的随机样本。如果能搜集到 hsGPA 相同的样本，就可以对这个观测数据做一个 colGPA 对 ACT 的简单回归分析。事实上，数据来自一所大学的随机样本，在获得数据过程中，对 hsGPA 和 ACT 都没有施加任何限制。多元线性回归可以有效模拟对自变量的值限制的分析。

三　多个自变量同时改变对因变量的影响

有时预测一个以上自变量同时变化，对因变量的影响。

例 3—2：小时工资方程（选自《计量经济学导论：现代观点》）

对工人的 526 个观测数据，在解释工资（wage）变异的方程中包括了 educ（受教育年限）、exper（在劳动市场上的工作经历）和 tenure（现职的任期）。估计的方程为：

$$\log(wage) = 0.284 + 0.092educ + 0.0041exper + 0.022tenure \quad (3—6)$$

在讨论一个人在同一企业多待一年，即工作经历 exper 和工作年数 tenure 都增加一年，估计对工资的影响时（保持 educ 不变的情况下），总影响是 0.0041 + 0.022 = 0.0261 或 2.6%，由于 exper 和 tenure 都增加一年，所以只要把它们的系数相加并乘以 100（对于对数模型来说，系数可作百分比解释），就得到了总影响的百分数。

四 简单回归与多元回归估计值的比较

如果将 Y 对 X_1 的简单回归和 Y 对 X_1 和 X_2 作多元回归写作：

$$Y = \tilde{\beta}_0 + \tilde{\beta}_1 X_1 \quad (3—7)$$

$$Y = \hat{\beta}_0 + \hat{\beta}_1 X_1 + \hat{\beta}_2 X_2 \quad (3—8)$$

在两种特殊情况下，Y 对 X_1 的简单回归所得到的回归估计值，等于将 Y 对 X_1 和 X_2 作多元回归时所得到的 X_1 的偏回归估计值。

（1）样本中 X_2 对 Y 的局部影响为零，即 $\hat{\beta}_2 = 0$；

（2）样本中 X_1 和 X_2 不相关。

一般情况下 $\beta \neq \hat{\beta}_1$，我们看下面的例子对比简单回归与多元回归估计值。

例 3—3：401 养老金方案的参与（选自《计量经济学导论：现代观点》）

参与率（prate）是有资格拥有一个 401 账户的工人中参与此方案的百分比；贡献率（mrate）是指企业对一个工人所贡献的 1 美元向工人养老基金贡献的数量；年岁（age）是 401 养老金的年岁。估计贡献率（match rate）对参与率（participation）的影响。数据集中有 1534 个，将 prate 对 mrate 和 age 回归，得到：

$$prate = 80.12 + 5.52mrate + 0.243age \quad (3—9)$$

如果我们去掉 age 做 prate 对 mrate 的简单回归得到：

$$prate = 80.12 + 5.86mrate \tag{3—10}$$

对比我们发现多元回归估计值和简单回归估计值明显不同，但相差不大。（简单回归值只比多元回归估计值大 6.2%。）这种情况属于上面两种特殊情况的哪一种呢？

由于 age 对 prate 的影响并不是无关紧要，不属于第一种情况；进一步分析 mrate 和 age 的相关程度为 0.12，说明两个变量之间相关度低，可以用第二种情况解释。

另外两个多元回归模型中的问题：在回归模型中包含了无关变量或遗漏了相关变量。

对于这两个问题将在以后的学习中详细讨论。

第二节　经典多元线性回归模型

我们继续引入经典线性回归模型（CLRM）：

（1）μ_i 有零均值，或：

$$E(\mu_i \mid X_i) = 0 \tag{3—11}$$

对给定自变量的任何值，误差 μ 的期望值为零。该假设可能不成立的情况之一是，方程中被解释变量和解释变量之间的函数关系被错误地设定。例如：我们在估计消费模型时，在消费函数设定中遗漏了二次项。另外一种函数形式误设的情况是，当一个变量在总体中应该以对数出现时我们却采用了其水平值，或者相反。例如：如果真正的模型以 log（*wage*）作为应变量，但在回归分析中以 *wage* 作为应变量，那么估计值就是有偏的。

漏掉一个与解释变量中任何一个相关的重要因素也可能导致该假设不成立。使用多元回归分析，方程中包含解释变量中的许多因素，漏掉一些变量在多元回归分析中发生的可能性比简单线性回归分析中要小的多。尽管如此，由于数据的局限性等其他原因，在任何一个应用研究中，总有一些因素我们不能包括进来。如果我们漏掉了这些因素且它们与解释变量相关，被包含在随机误差项里，这样就会违背该假定。随机误差项还可能以其他方式与解释变量相关。

（2）无序列相关，或：

$$\text{cov}(\mu_i,\mu_j) = 0 \quad i \neq j \tag{3—12}$$

即误差项是相互独立的，如果误差项的两个观测值相关，则通过普通最小二乘法得到的回归洗刷标准差的精确估计值会变得更加困难。在经济应用中，这个假设对时间序列模型尤其重要，该假设指某误差项的当前取值如果增加（如随机冲击）不会以任何方式影响其他观测期的取值。不过，这个假设在有些情况下不现实，因为随机冲击的影响会持续一段时间。例如，若发生了飓风灾害，这个随机事件发生后的很长一段时间内，对受灾地区会造成负面影响。

（3）同方差性，或：

$$\text{var}(\mu_i) = \sigma^2 \tag{3—13}$$

即随机误差项具有同方差，给定 X 条件下，误差项的观测值具有相同的离散度；另一种情形是误差项的离散度会随解释变量的变化而变化，方差不是一个常数。如果误差项的方差随某解释变量观测值的增加而增加，这就违背了该假设。尽管误差项的真实值不能直接观测到，但因误差项不满足同方差性，会使普通最小二乘估计量不精确。

在经济应用中，截面数据通常不能满足该假定。例如，我们研究中国31个省市教育支出的问题。因为北京、上海比其他省会城市都大，人口密度较高，所以像北京这样的大城市、比较小的西宁等城市的误差项的方差要大，使得教育支出中不能被解释的部分变化也更大。异方差的问题将在后面的章节中单独讲述。

（4）μ_i 与每一 X 变量之间都有零协方差，或：

$$\text{cov}(\mu_i,X_i) = 0 \tag{3—14}$$

所有解释变量与误差项都不相关，即假定各解释变量的观测值独立于误差项。如果一个解释变量与误差项相关，普通最小二乘估计量可能会把一些实际由误差项所引起的 Y 的变异归因于解释变量 X。例如，误差项如果和 X 正相关，则参数估计值可能比没有正相关时要大。

违背该假设的可能性之一，通常是遗漏某个重要的解释变量导致的。如果遗漏了某个重要的解释变量，它被包含在误差项中，误差项的观测值会因该变量的变化而变化，进一步考虑该遗漏变量若与包含在方程中的某个解释变量相关（经济学中经常会出现），则误差项自然也就与方程中的变量相关。

(5) 无设定偏误，或：模型设定正确。

(6) X 变量之间无完全共线性，或：解释变量之间无完全的线性关系。

任何一个解释变量都不是其他解释变量的完全线性函数。两个变量存在完全共线性，事实上意味着它们是相同的变量，或者其中一个是另一个变量的倍数，或者这两个变量之间仅差一个常数。也就是说，一个解释变量发生变动时，另一个解释变量会成倍地变化。因此，普通最小二乘估计无法区别两个变量，导致参数估计值的偏误。

例如：建立某个城市轮胎销售商店的利润模型，以各商店的年度销售额（单位：元）和年度营业税作为该模型的解释变量。因为所有商店在同一城市，所以税率相同，即商店的营业税占总销售额的百分比是一个常数。如果营业税率是 17%，那么商店缴纳的营业税额都是其销售额的 17%。因此，营业税是销售额的完全线性函数，模型存在多重共线性。

第三节 多元回归模型的参数估计

为了估计多元回归模型的参数，我们以 3 变量回归模型为例，介绍普通最小二乘法（OLS）。

一 最小二乘估计量的推导

一个多元变量的样本回归函数

$$Y_i = \beta_0 + \beta_1 X\,1i + \beta_2 X_{2i} + e_i \tag{3—15}$$

其中 e_i 是残差，是总体回归函数随机误差项 μ_i 的估计值。

在第二章讨论过，OLS 方法是选择一组待估参数值，使残差平方和（RSS）$\sum e_i^2$ 最小，用符号表示：

$$\min \sum e_i^2 = \min \sum (Y_i - \hat{Y}_i)^2 = \min \sum [Y_i - (\hat{\beta}_0 + \hat{\beta}_1 X_{1i} + \hat{\beta}_2 X_{2i})]^2 \tag{3—16}$$

引用微积分极值定理，对待估 4 个参数分别求一阶偏导，并令它们的一阶偏导同时为零，然后解这个联立方程组，得到下面的正规方程：

$$\overline{Y} = \hat{\beta}_0 + \hat{\beta}_1 \overline{X}_{1i} + \hat{\beta}_2 \overline{X}_{2i}$$

$$\sum Y_i X_{1i} = \hat{\beta}_0 \sum X_{1i} + \hat{\beta}_1 \sum X_{2i}^2 + \hat{\beta}_2 \sum X_{1i} X_{2i}$$

$$\sum Y_i X_{2i} = \hat{\beta}_0 \sum X_{2i} + \hat{\beta}_1 \sum X_{1i} X_{2i} + \hat{\beta}_2 \sum X_{3i}^2 \qquad (3—17)$$

由正规方程组可导出如下公式：

$$\begin{cases} \hat{\beta}_0 = \overline{Y}_i - \hat{\beta}_1 \overline{X}_1 - \hat{\beta}_2 \overline{X}_2 \\ \hat{\beta}_1 = \dfrac{(\sum y_i x_{1i})(\sum x_{2i}^2) - (\sum y_i x_{2i})(\sum x_{1i} x_{2i})}{(\sum x_{1i}^2)(\sum x_{2i}^2) - (\sum x_{1i} x_{2i})^2} \\ \hat{\beta}_2 = \dfrac{(\sum y_i x_{2i})(\sum x_{1i}^2) - (\sum y_i x_{1i})(\sum x_{1i} x_{2i})}{(\sum x_{1i}^2)(\sum x_{2i}^2) - (\sum x_{1i} x_{2i})^2} \end{cases} \qquad (3—18)$$

小写字母表示为样本均值的离差，2 个以上变量的情形是双变量情形的推广。

二　最小二乘估计量的性质

当给定一个样本（y_t，x_{t1}，x_{t2}，…，$x_{t_{k-1}}$），$t=1$，2，…，T 时，上述模型表示为

$$\begin{cases} y_1 = \beta_0 + \beta_1 x_{11} + \beta_2 x_{12} + \cdots + \beta_{k-1} x_{1_{k-1}} + u_1, \\ \text{经济意义：} x_{tj} \text{ 是 } y_t \text{ 的重要解释变量。} \\ y_2 = \beta_0 + \beta_1 x_{21} + \beta_2 x_{22} + \cdots + \beta_{k-1} x_{2_{k-1}} + u_2, \\ \text{代数意义：} y_t \text{ 与 } x_{tj} \text{ 存在线性关系。} \end{cases}$$

……

几何意义：y_t 表示一个多维平面。

$$y_T = \beta_0 + \beta_{1x \cdot T1} + \beta_{2x \cdot T2} + \cdots + \beta_{k-1x \cdot tk-1} + u_T \qquad (3—19)$$

此时 y_t 与 x_{ti}已知，β_j 与 u_t 未知。

$$\begin{bmatrix} y_1 \\ y_2 \\ \vdots \\ y_T \end{bmatrix}_{(T\times 1)} = \begin{bmatrix} 1 & x_{11} & \cdots & x_{1j} & \cdots & x_{1\ k-1} \\ 1 & x_{21} & \cdots & x_{2j} & \cdots & x_{2\ k-1} \\ \cdots & \cdots & \cdots & \cdots & \cdots & \cdots \\ 1 & x_{T1} & \cdots & x_{Tj} & \cdots & x_{T\ k-1} \end{bmatrix}_{(T\times k)} \begin{bmatrix} \beta_0 \\ \beta_1 \\ \vdots \\ \beta_{k-1} \end{bmatrix}_{(k\times 1)} + \begin{bmatrix} u_1 \\ u_2 \\ \vdots \\ u_T \end{bmatrix}_{(T\times 1)}$$

(3—20)

$$Y = X\beta + u \tag{3—21}$$

假定（1）随机误差项 u_t 是非自相关的，每一误差项都满足均值为零，方差 σ^2 相同且为有限值，即

$E\ (u)\ = 0 = |\ \vdots\ |,\ = Var\ (u)\ = E\ (\hat{u}\hat{u}')\ = \sigma^2 I = \sigma^2 |0\ \ \ddots\ \ 0|$

假定（2）解释变量与误差项相互独立，即

$$E\ (X'u)\ = 0$$

假定（3）解释变量之间线性无关，

$$rk\ (X'X)\ = rk\ (X)\ = k$$

其中 rk（·）表示矩阵的秩。

假定（4）解释变量是非随机的，且当 $T \to \infty$ 时

$$T^{-1}X'X \to Q$$

其中 Q 是一个有限值的非退化矩阵。

为保证得到最优估计量，回归模型应满足如下假定条件。

（1）$\hat{\beta}$ 具有线性性。

最小二乘（OLS）法的原理是求残差（误差项的估计值）平方和最小。代数上是求极值问题。

$$\begin{aligned}\min S &= (Y - X\hat{\beta})'(Y - X\hat{\beta}) = Y'Y - \hat{\beta}'X'Y - Y'X\hat{\beta} + \hat{\beta}'X'X\hat{\beta} \\ &= Y'Y - 2\hat{\beta}'X'Y + \hat{\beta}'X'X\hat{\beta}\end{aligned} \tag{3—22}$$

因为 $Y'X\hat{\beta}$ 是一个标量，所以有 $Y'X\hat{\beta} = \hat{\beta}'X'Y$，根据一阶条件：

$$\frac{\partial S}{\partial \hat{\beta}} = -2X'Y + 2X'Y\hat{\beta} = 0 \tag{3—23}$$

化简得

$$X'Y = X'X\hat{\beta} \tag{3—24}$$

因为（$X'X$）是一个非退化矩阵（见假定），所以有

$$\hat{\beta}(X'X)^{-1}X'Y \tag{3—25}$$

因为 X 的元素是非随机的，$(X'X)^{-1}X$ 是一个常数矩阵，则 $\hat{\beta}$ 是 Y 的线性组合，为线性估计量。

（2）$\hat{\beta}$ 具有无偏性。

求出 $\hat{\beta}$，估计的回归模型写为

$$Y = X\hat{\beta} + \hat{u} \tag{3—26}$$

其中 $\hat{\beta} =$（$\hat{\beta}_0\ \ \hat{\beta}_1\ \ \cdots\ \ \hat{\beta}_{k-1}$）$'$是 β 的估计值列向量，$\hat{u} =$（$Y - X\hat{\beta}$）

称为残差列向量。因为

$$\hat{u} = Y - X\beta = Y - X(X'X)^{-1}X'Y = [I - X(X'X)^{-1}X']Y \quad (3—27)$$

所以 $\hat{u}$ 也是 Y 的线性组合。$\hat{\beta}$ 的期望和方差是

$$E(\hat{\beta}) = E[(X'X)^{-1}X'Y] = E[(X'X)^{-1}X'(X\beta + u)]$$
$$= \beta + (X'X)^{-1}X' \cdot E(u) = \beta \quad (3—28)$$

(3) $\hat{\beta}$ 具有最小方差特性。

$$\mathrm{Var}(\hat{\beta}) = E[(\hat{\beta} - \beta)(\hat{\beta} - \beta)'] = E[(X'X)^{-1}X'uu'X(X'X)^{-1}]$$
$$= E[(X'X)^{-1}X'\sigma^2 IX(X'X)^{-1}] = \sigma^2(X'X)^{-1} \quad (3—29)$$

残差的方差

$$s^2 = \hat{u}'\hat{u}/(T - k) \quad (3—30)$$

s^2 是 σ^2 的无偏估计量，$E(s^2) = \sigma^2$。$\hat{\beta}$ 的估计的方差协方差矩阵是

$$\hat{\mathrm{V}}\mathrm{ar}(\hat{\beta}) = s^2(X'X)^{-1} \quad (3—31)$$

高斯－马尔可夫定理：前述假定条件成立，OLS 估计量是最优估计量，即最佳线性无偏估计量。

三　评价多元回归方程的质量

调整后的可决系数：$\overline{R}^2$

在多元回归模型中，由各个解释变量联合解释了的 Y 的变差，在 Y 的总变差中占的比重，用 $\overline{R}^2$ 表示与简单线性回归中可决系数 R^2 的区别只是 $\hat{Y}_i$ 不同，多元回归中：

$$\hat{Y}_i = \hat{\beta}_1 + \hat{\beta}_2 X_{2i} + \hat{\beta}_3 X_{3i} + \cdots + \hat{\beta}_k X_{ki} \quad (3—32)$$

调整后的可决系数也可表示为

$$R^2 = \frac{ESS}{TSS} = \frac{\sum(\hat{Y}_i - \overline{Y})^2}{\sum(Y_i - \overline{Y})^2} = \frac{TSS - RSS}{TSS} = 1 - \frac{\sum e_i^2}{\sum y_i^2} \quad (3—33)$$

可以证明：

$$R^2 = \frac{\hat{\beta}_2 \sum x_{2i}y_i + \hat{\beta}_3 \sum x_{3i}y_i + \cdots + \hat{\beta}_k \sum x_{ki}y_i}{\sum y_i^2} \quad (3—34)$$

从式（3—34）看，可决系数是模型中解释变量个数的不减函数；随着解释变量的个数增多，可决系数的分子项数增加，分子的值增大。换句话说，多一个解释变量，必然不会减少 R^2 的值。这就会给模型的诊断带

来可能的误导，即研究同一变量的变化，但解释变量个数不同的两个回归，观察可决系数时，会出现变量多的回归模型的可决系数值高，由此我们判定其拟合优度是有偏误的。因为可决系数值较大的原因是模型解释变量的个数增加，这给对比不同样本回归模型与样本点拟合优度的判定带来缺陷，所以需要修正。

如果考虑另一个判定系数，这个问题就容易处理了：

$$\bar{R}^2 = 1 - \frac{\sum e_i^2/(n-k)}{\sum y_i^2/(n-1)} = 1 - \frac{n-1}{n-k}\frac{\sum e_i^2}{\sum y_i^2} \tag{3—35}$$

如此定义的可决系数，称为调整后的可决系数 $\bar{R}^2$。

可决系数 与调整后的可决系数关系如下：

$$\bar{R}^2 = 1 - (1 - R^2)\frac{n-1}{n-k} \tag{3—36}$$

从式（3—36）可看出：对于 $k>1$，$\bar{R}^2 < R^2$。这意味着随着 X 变量个数的增加，调整后的可决系数比未调整的增加得慢。

考虑下面的模型，理解相关概念

菲利普斯曲线：1979—1982 年数据

$$Y_i = \beta_0 + \beta_1 X_{1i} + \beta_2 X_{2i} + u_i \tag{3—37}$$

式中，Y_i 是真实通货膨胀率（%）；X_1 为失业率（%）；X_2 是期望或预期通胀率（%）。此模型被称为“期望菲利普斯曲线”。

根据宏观经济理论，预期 β_1 是负的，并且预期 β_2 是正的。为了检验该模型，数据如下：

表 3—1　　1970—1982 年美国真实通货膨胀率 Y，失业率 X_1 及预期通胀率 X_2

年份	Y（%）	X_1（%）	X_2（%）
1970	5.92	4.9	4.78
1971	4.30	5.9	3.84
1972	3.30	5.6	3.13
1973	6.23	4.9	3.44
1974	10.97	5.6	6.84
1975	9.14	8.5	9.47

续表

年份	Y（%）	X_1（%）	X_2（%）
1976	5.77	7.7	6.51
1977	6.45	7.1	5.92
1978	7.60	6.1	6.08
1979	11.47	5.8	8.09
1980	13.46	7.1	10.01
1981	10.24	7.6	10.81
1982	5.99	9.7	8.00

资料来源：古扎拉蒂：《计量经济学》。

根据这些数据，估计模型如下：

$$\hat{Y}_i = 7.1933 - 1.3925X_i + 1.4700X_i$$
$$(1.5948)\quad(0.3050)\quad(0.1758)$$
$$R^2 = 0.8766$$

其中括号内的数字是估计的标准误。对此回归的解释如下：在样本时期内，如果把 X_1 和 X_2 都固定在零水平上，则平均真实通货膨胀率约为 7.19%。但这种解释，是一种机械式的解释。偏回归系数 -1.3925 的含义是，在保持 X_3（期望通货膨胀率）不变时，在 1970—1982 年，失业率每减少（增加）一单位（这里是一个百分点）真实通货膨胀率的增加（减少）1.4%。同理，在保持失业率不变时，系数 1.4700 意味着，在同时期，预期或期望通货膨胀率每增加 1 个百分点，真实通货膨胀率平均月增加 1.47%。$R^2 = 0.88$ 是说，两个解释变量合并起来，能说明真实通货膨胀率的变异 88%，这是一个非常高的解释能力了，因为拟合优度最多是 1。

第四节　多元线性回归模型实例

为了强化对回归分析基本步骤的理解，我们来看一个完整的回归分析实例，即确定 Woody's 餐厅下一个连锁店的最佳位置（选自 A. H. Studenmund 著

《应用计量经济学》)。Woody's 是一个价格适中，24 小时营业的家庭式连锁餐厅，下一个连锁店的最佳位置，有研究者决定建立回归模型来描述各个连锁店的总销售量。每家连锁店的总销售量都是地理位置的函数，如果可以找到描述这种关系的合理方程，那么，就可以用这个方程帮助餐厅选址。只有给出有关土地成本、建设成本及当地建筑和餐厅法规的数据，Woody's 餐厅的老板就可以做出理性的决定。

表 3—2　　Woody's 餐厅案例数据

变量	*Y*	*N*	*P*	*I*
1	107919	3	65044	13240
2	118866	5	101376	22554
3	98579	7	124989	16916
4	122015	2	55249	20967
5	152827	3	73775	19576
6	91259	5	48484	15039
7	123550	8	138809	21857
8	160931	2	50244	26435
9	98496	6	104300	24024
10	108052	2	37852	14987
11	144788	3	66921	30902
12	164571	4	166332	31573
13	105564	3	61951	19001
14	102568	5	100441	20058
15	103342	2	39462	16194
16	127030	5	139900	21384
17	166755	6	171740	18800
18	125343	6	149894	15289
19	121886	3	57386	16702
20	134594	6	185105	19093
21	152937	3	114520	26502
22	109622	3	52933	18760
23	149884	5	203500	33242

续表

变量	Y	N	P	I
24	98388	4	39334	14988
25	140791	3	95120	18505
26	101260	3	49200	16839
27	139517	4	113566	28915
28	115236	9	194125	19033
29	136749	7	233844	19200
30	105067	7	83416	22833
31	136872	6	183953	14409
32	117146	3	60457	20307
33	163538	2	65065	20111

资料来源：美国南加利福尼亚州 33 家 Woody's 餐厅的样本。

一　查阅文献，建立理论模型

阅读有关餐饮业的文献，但主要还是和公司里的专家交谈。他们会给出餐厅理想地址的属性。另外，Woody's 餐厅战略规划部的人提出的观点也值得重视，他们认为位置的独特性更重要。这点引起了研究者的注意，因为最初考虑变量（总销售额）会受地方价格的影响，事实上，公司会控制价格。研究数据来自最近几年 Woody's 餐厅开出的账单和发票。

二　设定模型：确定解释变量及函数形式

经过上面的准备，可能会归纳出若干可供选择的解释变量。仔细分析发现，实际上只有三个主要因素决定销售量。分别是：人口密度、收入水平和竞争对手的数量。另外，还有两个潜在的解释变量：一是每天经过的车辆数，二是连锁店的营业时间。经过认真考虑，决定舍弃最后两个变量，原因是各个连锁店都已经有足够长的营业时间，从而有稳定的顾客；另外搜集各个地方车辆数数据的成本较高，数据不易获得。

最终确定的解释变量：

N——竞争，当地 Woody's 连锁店 2 英里内的直接竞争对手数量；

P——人口，当地 Woody's 连锁店方圆 3 英里内的居住人口数；

I——收入，变量 P 度量的居住人口的平均收入水平。

三 假设参数预期符号

当决定应该包括哪些变量后，假设参数的符号就变得容易了。其中两个变量的符号很容易确定。一是竞争越大，顾客越少（假设其他两个变量不变的条件下）；二是居住在该地区的人口越密集，顾客越多（其他两个量不变的条件下）；第三个变量，考虑 Woody's 餐厅是家庭式餐厅而非高级餐厅，属于正常商品，收入水平和就餐次数正相关。综合上述考虑，确定了各参数的预期符号。

$$Y = \beta_0 + \beta_1 N_i + \beta_2 P_i + \beta_3 I_i + e_i \qquad (3—38)$$

式中，每个系数表示在其他解释变量不变的情况下，该解释变量对被解释变量预期的影响。

四 搜集、整理数据

本研究覆盖了 Woody's 餐厅的每家连锁店，得到了 33 个位置的被解释变量与解释变量。首先，对数据检查，有三个原因对数据的质量抱有信心：同一个变量在不同的餐厅测量口径相同，样本包括了所有连锁店，所有数据来自同一个年度。在计算机运行 EViews 软件，输入样本数据后回归结果如下：

$$\hat{Y}_i = 102192 - 9075N_i + 0.355P_i + 1.288I_i$$

$$(2053) \quad (0.073) \quad (0.543)$$

$$t = -4.42 \quad 4.48 \quad 2.37$$

$$N = 33 \quad \bar{R}^2 = 0.579$$

五 方程的评价

数据集录入计算机后，用 OLS 法进行回归分析。在开始计算前，要再次检查模型是否存在理论错误，直到自己认为没有问题为止。从短期看，方程中参数值的符号与预期相同。调整后的拟合优度为 0.579，拟合优度并不高，说明选取的两个解释变量对餐厅销售量的影响为 57.9%。（其他检验和评价我们会边学边应用进去。）

六　报告结果

在 EViews 回归结果中，找到所有需要报告的数据，在日后的章节中我们会慢慢学习和掌握报表中反映的信息。

第五节　实验

一　实验目的

多元线性回归模型是计量经济学最基本的模型之一，用途广泛。本次实验在于学习并使用 EViews 软件进行多元线性回归分析，使学生掌握计量经济建模与分析的基本方法和步骤。具体包括：

（1）建立新的工作簿、输入数据、数据初步分析；

（2）多元线性回归分析。

二　实验内容

影响中国税收收入增长的因素很多，主要的因素可能有：（1）经济整体增长是税收增长的基本源泉。（2）公共财政的需求。（3）物价水平。（4）税收政策因素。可以从以上几个方面，分析各种因素对中国税收增长的具体影响。建立计量经济模型，研究影响中国税收收入增长的主要原因，分析中央和地方税收收入的增长规律，预测中国税收未来的增长趋势。所需数据如表 3—3 所示。

建立影响中国税收收入增长的线性回归模型：

$$Y_i = \beta_0 + \beta_1 X_{1i} + \beta_2 X_{2i} + \beta_3 X_{3i} + \mu_i$$

表 3—3　　1978—2012 我国税收及影响因素数据

年份	税收收入（Y）	国内生产总值（X_1）	财政支出（X_2）	价格指数（X_3）
1978	519.28	3624.1	1122.09	100.7
1979	537.82	4038.2	1281.79	102.0
1980	571.7	4617.8	1228.83	106.0
1981	629.89	4862.4	1138.41	102.4

续表

年份	税收收入（Y）	国内生产总值（X_1）	财政支出（X_2）	价格指数（X_3）
1982	700.02	5294.7	1229.98	101.9
1983	775.59	5934.5	1409.52	101.5
1984	947.35	7171.0	1701.02	102.8
1985	2040.79	8964.4	2004.25	108.8
1986	2090.73	10202.2	2204.91	106.0
1987	2140.36	11962.5	2262.18	107.3
1988	2390.47	14928.3	2491.21	118.5
1989	2727.4	16909.2	2823.78	117.8
1990	2821.86	18547.9	3083.59	102.1
1991	2990.17	21617.8	3386.62	102.9
1992	3296.91	26638.1	3742.2	105.4
1993	4255.3	34634.4	4642.3	113.2
1994	5126.88	46759.4	5792.62	121.7
1995	6038.04	58478.1	6823.72	114.8
1996	6909.82	67884.6	7937.55	106.1
1997	8234.04	74462.6	9233.56	100.8
1998	9262.8	78345.2	10798.18	97.4
1999	10682.58	82067.5	13187.67	97.0
2000	12581.51	89468.1	15886.5	98.5
2001	15301.38	97314.8	18902.58	99.2
2002	17636.45	104790.6	22053.15	98.7
2003	20017.31	117251.9	24649.95	99.9
2004	24165.68	159878.3	28486.89	102.8
2005	28778.54	184937.4	33930.28	100.8
2006	34804.35	216314.4	40422.73	101.0
2007	45621.97	265810.3	49781.35	103.8
2008	54223.79	314045.4	62592.66	105.9
2009	59521.59	340902.8	76299.93	98.8
2010	73210.79	401512.8	89874.16	103.1
2011	89738.39	473104.0	109247.79	104.9
2012	100614.28	518942.1	125952.97	102.0

资料来源：《中国统计年鉴 2013 年》。

三　实验步骤

STEP1：建立工作文件。

启动 EViews，点击 File =〉New =〉Workfile，在对话框“Workfile Range”。在“Workfile frequency”中选择“Annual”（年度），并在“Start date”中输入开始时间“1978”，在“end date”中输入最后时间“2012”，点击“ok”，出现“Workfile UNTITLED”工作框。其中已有变量：“c”—截距项“resid”—剩余项。在“Objects”菜单中点击“New Objects”，在“New Objects”对话框中选“Group”，并在“Name for Objects”上定义文件名，点击“OK”出现数据编辑窗口。

STEP2：输入数据。

点击“Quik”下拉菜单中的“Empty Group”，出现“Group”窗口数据编辑框，点第一列与“obs”对应的格，在命令栏输入“Y”，点下行键“↓”，即将该序列命名为 Y，并依此输入 Y 的数据。用同样方法在对应的列命名 X3、X4，并输入相应的数据。或者在 EViews 命令框直接键入“data Y X2X3X4…”，回车出现“Group”窗口数据编辑框，在对应的 Y、X2、X3、X4 下输入响应的数据，如图 3—1 所示。

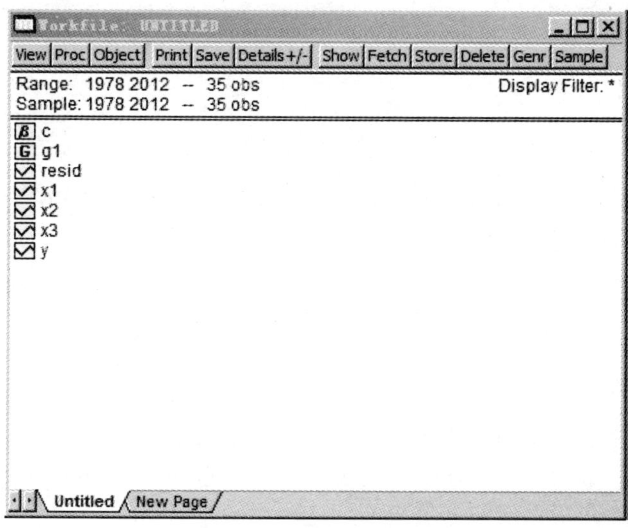

图 3—1　新建工作簿

STEP3：估计参数。

点击“Procs”下拉菜单中的“Make Equation”，在出现的对话框的“Equation Specification”栏中键入“Y C X2X3X4”，在“Estimation Settings”栏中选择“Least Sqares”（最小二乘法），点“ok”，即出现回归结果如图3—2所示。

Dependent Variable: Y
Method: Least Squares
Date: 11/09/14 Time: 14:40
Sample: 1978 2012
Included observations: 35

Variable	Coefficient	Std. Error	t-Statistic	Prob.
C	-5282.245	2730.060	-1.934846	0.0622
X1	0.053775	0.009011	5.968002	0.0000
X2	0.584002	0.039191	14.90147	0.0000
X3	45.81300	25.75556	1.778762	0.0851

R-squared	0.998989	Mean dependent var	18625.88
Adjusted R-squared	0.998891	S.D. dependent var	26645.51
S.E. of regression	887.4883	Akaike info criterion	16.52188
Sum squared resid	24416700	Schwarz criterion	16.69963
Log likelihood	-285.1329	Hannan-Quinn criter.	16.58324
F-statistic	10205.66	Durbin-Watson stat	1.445565
Prob(F-statistic)	0.000000		

图3—2 回归结果

根据图3—2中数据，模型估计的结果为：

$$Y = -5282.24452441 + 0.0537752099507 * X1 + 0.584002400731 * X2 + 45.8129979141 * X3$$

(2730.060)　　(0.009011)　　(0.039191)　　(25.75556)

$t =$ (−1.93)　　(5.97)　　(14.90)　　(1.78)

$R^2 = 0.998979$　　$F = 9788.326$

模型估计结果说明：在假定其他变量不变的情况下，当年GDP每增长1亿元，税收收入就会增长0.0537752099507亿元；在假定其他变量不变的情况下，当年财政支出每增长1亿元，税收收入会增长0.584002400731亿元；在假定其他变量不变的情况下，当年零售商品物价指数上涨一个百分点，税收收入就会增长 45.812997914 亿元。这与理论分析和经验判断相一致。

四　实验小结

线性回归模型是计量经济学中最基本的模型之一，用途广泛。本节实验在于学习并使用 EViews 软件进行多元线性回归分析，具体包括建立文件，输入数据，多元线性回归参数的普通最小二乘估计，调整后的拟合优度评价模型。

五　备择实验

表 3—4 是某公司 1996—2005 年在某市场所派出的推销员人数（X1）、产品所支付的广告费（X2）和产品销售额（Y）的资料，假定各年的其他条件相同。

表 3—4　　某公司 1996—2005 年在某市场派出的推销员人数、产品所支付广告费和产品销售额

年度	1996	1997	1998	1999	2000	2001	2002	2003	2004	2005
Y	102	137	121	123	140	148	158	170	172	180
X1	5	7	8	8	6	6	9	10	10	11
X2	1.21	1.5	1.1	1.42	1.7	1.8	1.9	2	2.1	2.5

（1）建立产品销售额 Y 对推销人员人数 X1 和广告费 X2 的线性回归模型；

（2）解释偏回归系数的含义；

（3）说明回归方程的拟合优度。

本章小结

1. 本章介绍的是多元线性回归模型。默认，“线性”一词是指参数为线性，变量不一定是线性。

2. 虽然多元回归模型在很多方面都是简单线性回归模型的推广，却涉及一些新的概念，如偏回归系数、偏相关系数、调整后的可决系数。

3. 本章推导的过程代数运算较复杂，用矩阵代数可简化，但考虑到学习范围，省略了该过程。

复 习 题

一、名词解释

1. 多元线性回归模型
2. 偏回归系数
3. 调整后的可决系数
4. 偏相关系数

二、简答题

1. 给定二元回归模型：$y_t = b_0 + b_1 x_{1t} + b_2 x_{2t} + u_t$，请叙述模型的古典假定。

2. 在多元线性回归分析中，为什么用修正的决定系数衡量估计模型对样本观测值的拟合优度？

3. 修正的决定系数 $\bar{R}^2$ 及其作用。

三、计算与分析题

1. 假设要求你建立一个计量经济模型来说明在学校跑道上慢跑一英里或一英里以上的人数，以便决定是否修建第二条跑道以满足所有的锻炼者。你通过整个学年收集数据，得到两个可能的解释性方程：

方程 A：$\hat{Y} = 125.0 - 15.0X_1 - 1.0X_2 + 1.5X_3 \bar{R}^2 = 0.75$

方程 B：$\hat{Y} = 123.0 - 14.0X_1 + 5.5X_2 - 3.7X_4 \bar{R}^2 = 0.73$

式中：Y——某天慢跑者的人数；

X_1——该天降雨的英寸数；

X_2——该天日照的小时数；

X_3——该天的最高温度（按华氏温度）；

X_4——第二天需交学期论文的班级数。

请回答下列问题：

（1）这两个方程你认为哪个更合理些，为什么？

（2）为什么用相同的数据去估计相同变量的系数得到不同的符号？

2. 下面数据是依据 10 组 X 和 Y 的观察值得到的：

$$\sum Y_i = 1110, \sum X_i = 1680, \sum X_iY_i = 204200,$$

$$\sum X_i^2 = 315400, \sum Y_i^2 = 133300$$

假定满足所有经典线性回归模型的假设，求 β_0，β_1 的估计值。

第四章

多重共线性

计量经济学模型所设定的解释变量通常基于经济理论和经验，当两个解释变量紧密相关时，由于两者互相影响，所以我们很难得到某个解释变量对应变量独立的影响。这就是多重共线性问题，从而使参数估计值的偏误、参数的解释能力变弱。

引子：我们看两个多重共线性的例子，观察估计结果的变化。

例 4—1：动工的住房数量

设 Y 为第 t 年动工的住房的数量，选取人口 X_1、国内生产总值 X_2 和新房抵押利率 X_3 三个变量为因变量。搜集数据，并估计以下三个模型，分别是：

（1）$\hat{Y}_i = -3812.93 - 198.4X_{1i} + 33.82X_{2i}$

（2）$\hat{Y}_i = 687.9 - 169.66X_{1i} + 0.91X_{3i}$

（3）$\hat{Y}_i = -1315.75 - 184.75X_{1i} + 14.9X_{2i} + 0.52X_{3i}$

我们认为动工的住房单位数量受人口数量和收入水平的影响。而在同时具有这两个变量的模型（3）中，X_2，X_3 对 Y 的影响系数与模型(1)、(2）的不同。这主要是由于人口、国内生产总值和利率高度相关造成的。计算它们两两之间的相关系数会发现：

$r(X_1, X_2) = 0.99$，$r(X_2, X_3) = 0.88$，$r(X_1, X_3) = 0.91$

从相关系数值可知，人口和国内生产总值完全线性相关，国内生产总值和利率近似完全相关。正是解释变量之间存在的线性相关性影响了模型的回归结果。

例 4—2：车辆维修费

研究车辆累积维修费用（不包括加油费）Y 的变化，选取累计行驶里

程 X_1，以千公里为单位；车辆自购买之日起的年限 X_2，以星期为单位，为解释变量。分别估计三个模型，如下：

（1）$\hat{Y}_i = -626.24 + 7.35X_{1i}$

（2）$\hat{Y}_i = -796.07 + 53.45X_{2i}$

（3）$\hat{Y}_i = 7.29 + 27.58X_{1i} - 151.15X_{2i}$

根据理论和经验，行驶里程较多的车其维修费用也较高；同理，车的购买年限越长，其维修费用就越高；如果两辆车使用年限相同，行程较多的车维修费用较高。因此，参数的预期符号都为正。但用丰田旅行轿车的实际数据得出的三个模型的系数，出现了与预期相反的结果：购买年限 X_2 的系数在模型（2）中为正，在模型（3）中却为负；行驶里程的系数在模型（1）和模型（3）中的大小差异较大。

在这个例子中，累积行驶里程和车辆购买的年限的相关系数为 0.996。

从上面的例子中可看出，如果解释变量之间存在较高的相关性，则回归系数不显著或符号相反。

第一节　多重共线性的概念

对于模型：

$$Y_i = \beta_0 + \beta_1 X_{1i} + \beta_2 X_{2i} + \cdots + \beta_k X_{ki} + \mu_i$$

其基本假定之一：解释变量之间相互独立。

如果两个或多个解释变量之间出现了相关性，则称为存在多重共线性。

如果存在：

$$X_i = \lambda X_j \quad (4\text{—}1)$$

$$(i \neq j)$$

即某一个解释变量可以用其他解释变量的线性组合表示，则称为解释变量之间存在完全共线性。

如果存在：

$$X_i = \lambda X_j + v_i \qquad (4\text{—}2)$$

则称解释变量之间为近似共线性。

观察以下数据：

表 4—1　　一个人为的数据

X_1	X_2	X_3^*
10	50	52
15	75	75
18	90	97
24	120	129
30	150	152

很明显，$X_{2i}=5X_{1i}$，因此，它们两者之间有完全的共线性，其相关系数为 1；变量 $X_{2i}^*=5X_{1i}+v_i$，或者可以写成 $X_2^*\approx 5X_{1i}$，它们之间不再是完全共线性而是近似共线性。

第二节　多重共线性产生的原因及后果

一　出现多重共线性的原因

（一）数据采集所用的方法

例如，抽样在有限的范围，使得各个变量之间具有共同的趋势。

（二）模型的总体受到约束

例如，在做电力消费对收入和住房面积的回归时，变量之间具有相关性，表现在，收入较高的家庭一般来说比收入较低的家庭有较大面积的住房。使得抽样所得的两变量的数据之间相关性较强。

（三）模型设定

例如，一些经济问题的研究，需要增加多项式，例如，税收曲线方程中有税率和税率的平方项为解释变量，它们之间具有完全相关性。

（四）一个过度决定模型

即模型中回归元个数大于观测值的次数。

二　出现多重共线性的后果

前面的例子中，我们可以看到完全多重共线性中，回归系数是不确定的，且标准误差是无穷大。为什么会有这样的结果呢？回想一下偏回归系数 $\hat{\beta}_i$ 的意义：它是在保持其他变量不变的条件下，当 X_i 每变化一单位应变量 Y 的条件均值的变化率。如果 $X_2 = \lambda X_3$，它们完全线性相关，就没有办法保证 X_3 值不变的条件：因为当 X_2 的值变化时，X_3 的值按 λ 倍改变。也就是说，没有办法将两个变量对应变量的影响分解开来。实际上，完全共线时，两个变量是无法区分的。而计量经济学应用中，是试图找到每个解释变量对应变量的独立影响，所以破坏了这个宗旨。

对于完全共线性的情形，我们无法得到个别回归系数的唯一解。

完全共线性只不过是一种极端的情形。通常，在涉及实际经济问题时，解释变量之间并无准确的线性关系。近似共线性，回归系数的估计是有可能的。

作为一个说明，考虑消费——收入例子。经济学家从理论上可知，消费者的财富也是消费支出的重要决定因素。于是，可以建立如下模型：

$$消费_i = \beta_0 + \beta_1 收入_i \beta_2 财富 + \mu_i$$

这个模型中可能会存在这样的问题：我们拿到收入和财富的数据可能高度相关，因为较富裕的人们一般收入也较高。因此，理论上两个变量都是合适的备选变量，但实际上要从数据上剥离收入和消费值是困难的，所以要分开收入和财富对消费的各自影响也是困难的。

近似多重共线性的后果：

（1）虽然 OLS 估计量是 BLUE，但有大的方差和协方差，故难以作出精确的估计。

（2）由于后果 1，置信区间将要宽得多，以至于预测检验失效。

（3）变量的显著性检验不显著。

（4）拟合优度可能会非常高。

（5）OLS 估计量及其标准误对数据的小小变化会很敏感。

以上后果中的 2、3 会在后面的章节中详细介绍。

第三节　多重共线性的诊断

在得知多重共线性的性质和后果之后，我们来探讨在任意给定的情况下，我们怎么知道有没有共线性。引用克曼塔的忠告是有帮助的：

> 多重共线性是一个程度问题而不是有没有的问题。有意义的区别不在于有与无之间，而在于它的程度如何。由于多重共线性是对非随机的解释变量而言的，所以它是样本具有的特点而非总体的特征。
>
> 因此，我们不做“多重共线性的检验”，而是测度它在任意样本中显现的程度。

由于多重共线性本质上一样本所具有的特性，大多数社会科学中所搜集的样本数据是非实验所得数据。

一　简单相关系数

诊断严重多重共线性的方法之一是考察两个解释变量之间的简单相关系数。假如相关系数的绝对值很大，那么可以得出这两个解释变量是高度相关的，我们就认为存在潜在的多重共线性问题。

那么相关系数究竟多高才算高呢？一些学者经验地选取 0.80，则任何时候都要注意简单相关系数的绝对值是否大于 0.80。注意，一个高的简单相关系数可以表明存在严重的多重共线性，但是较低的相关系数绝不意味着就没有多重共线性。因此，简单相关系数法仅仅是多重共线性存在的充分条件，而不是必要条件。

二　方差膨胀因子

在一个特定的样本中，通过检验指出多重共线性的严重性是有争议的，有些计量经济学家甚至拒绝采用简单相关系数法进行判别。另外一些计量经济学家则倾向于更正式的方法。

方差膨胀因子（variance inflation factor，VIF）是用起来容易又受欢迎的方法。方差膨胀因子是一种诊断多重共线性严重程度的方法，它是通过观察方程中一给定解释变量被方程中其他所有解释变量解释程度的方法。在方程中每一个解释变量都有一个 VIF 值，它是一个反映参数估计量方差增大程度有多大的一个指标。一个较高的 VIF 表明，多重共线性导致参数估计量方差增大的程度较大，在此基础上计算出来的 t 统计量偏小。

计算 VIF 的两个步骤：

（一）辅助回归

做每一个 X_i 对其余解释变量的回归，并计算回归方程的可决系数 R^2，记为：R_i^2。原始方程若有 k 个解释变量，就做 k 个回归方程。因此需要计算 k 个 VIF。

（二）计算 VIF

$$VIF_i = \frac{1}{1 - R_i^2} \tag{4—3}$$

因为原始方程中的每一个解释变量都有一次辅助回归，那么每个解释变量都有一个 R_i^2 及对应的 VIF_i。VIF 的值越高，多重共线性程度就越严重，究竟 VIF 多高才算高呢？一般认为 $VIF > 5$，则存在严重的多重共线性。实际研究中采用方差膨胀因子时会碰到这样的问题：两个变量的相关系数为 0.88（存在多重共线性），但方差膨胀因子仅为 4.4。方差膨胀因子大于 5 说明存在多重共线性，小于 5 不能确定不存在多重共线性。所以，VIF 只是诊断多重共线性的充分条件而非必要条件。

三　拟合优度

如果回归方程的拟合优度较高，比如说，超过 0.8，F 检验结果在大多数情形下都会拒绝所有偏回归系数同时为零的假设，但 t 检验却显示偏小，没有或很少拒绝偏回归系数为零的假设。

第四节　多重共线性的补救

怎样才能使严重的多重共线性所造成的影响减少到最小呢？没有现成的解决这个问题的方法，因为多重共线性是一种样本现象，即对于设定形式相同的经济问题的研究，不同样本多重共线性的严重程度不同。下面介绍几种可供选择的多重共线性的补救措施。

一 什么都不做

如果研究的目的不是解释单个偏回归系数的意义而是预测，那么多重共线性不是一个主要问题，我们可以忽略它。即使解释变量之间存在较高的相关系数，只要回归系数显著，符号和大小符合预期值，我们不必担心多重共线性问题。在存在多重共线性的情形下，如果一个变量仍然是显著的，说明该变量的影响较强。所以，如果一个变量基于相关理论被选作解释变量，即使存在多重共线性，我们仍然可以将它留下来。

不用修正的实例：

假如你在一家饮料公司市场部工作，并建立了一个关于该公司广告费影响产品销售额的模型：

$$\hat{S}_i = 3080 - 75000P_i + 4.23A_i - 1.04B_i \qquad (4—4)$$

式中，S_i 表示公司饮料的销售额；

P_i 表示公司饮料的平均价格；

A_i 表示公司的广告支出；

B_i 表示主要竞争对手的广告投入。

从方程估计结果看，各参数估计值都显著，且符合理论预期参数的符号和大小。但从现实经验可知，饮料业的广告竞争很激烈，企业间在广告支出时都倾向于与他们的竞争对手竞争。这使得我们怀疑两个公司之间的广告投入有相关性，经计算简单相关系数和 *VIF* 值发现，相关系数值为 0.974，*VIF* 的值大于 5。

如此大的相关系数表明方程具有严重的多重共线性，但是没有必要采取任何补救措施。因为，方程的估计值合理，统计量显著。除非多重共线性导致方程出现了很多问题，否则不需对方程进行任何调整。

如果我们剔出一个变量，会造成模型设定的偏误。去除一个变量后，该变量的影响被包含在与它相关的变量中，剩下变量参数实际包含了两个变量联合的影响程度，因为两个变量是高度相关的，进而会影响偏回归系数的应用价值。

例如，如果我们进行补救，从方程中去掉变量 B 后，得到如下估计方程：

$$\hat{S}_i = 2586 - 78000P_i + 0.52A_i \qquad (4—5)$$

对比可看出，该公司广告投入变量的参数值变小，这个变化我们可以这样解释：因为其他竞争企业广告支出对该公司销售额的影响是负的，而且这个负的影响足够大，使得与之相关性较高的该公司广告支出对饮料的销售额影响变小。

通过这个例子说明：无论从理论上还是实际操作结果来看，从一个方程中去掉一个变量是不明智的。在删除一个具有多重共线性的变量时要考虑删除该变量后对模型设定的影响和参数意义的改变。

由于多重共线性是解释变量之间具有相关性造成的，所以消除一个或多个变量，就可以减少多重共线性的影响。但从模型中剔出一个变量，会导致模型设定的偏误。即在分析中使用了不正确的模型。比如说依据经济理论，在解释消费支出时，应选择收入和财富两个解释变量；可是我们发现这两个解释变量高度相关，如果我们因此剔出其中一个变量，消费支出与任意一个变量做回归分析，就会造成模型设定的偏误。

从模型中除掉一个变量以缓解多重共线性的问题，会导致模型设定的偏误。因此，在某些情况下，补救会造成更多的问题，多重共线性虽然会影响参数估计值的准确性，但剔出变量，会对参数真值的意义造成人为的破坏。

二　逐步回归法

首先计算被解释变量对每个解释变量的回归方程，得到基本方程。再根据理论上、逻辑上的分析，参考其他先验信息以及统计检验的结果来分析基本方程，从中选出初始方程。然后逐步给基本方程添加新的解释变量，并判断多重共线性的程度。

判断依据如下：

（1）如果加入一个解释变量后新方程的拟合优度改进，且每个偏回归系数又是统计显著的，那么保留该变量；

（2）如果加入一个解释变量后新方程的拟合优度未能改进，对其他偏回归系数也没有影响，那么认为新变量是多余的，剔出该变量；

（3）如果新加入一个解释变量后，方程的拟合优度显著变化，而且也显著地影响了其他偏回归系数的符号和大小，且不能通过显著性检验，可以说明，出现严重多重共线性。这个新的解释变量是主要影响因素，不能盲目剔出该解释变量。

三 利用已知信息合并解释变量

通过经济理论及对实际问题的深刻理解，对发生多重共线性的解释变量引入附加条件从而减弱或消除多重共线性。比如有二元回归模型

$$y_t = \beta_0 + \beta_1 x_{t1} + \beta_2 x_{t2} + u_t \quad (4—6)$$

x_1 与 x_2 间存在多重共线性。如果依据经济理论或对实际问题的深入调查研究，能给出回归系数 β_1 与 β_2 的某种关系，例如

$$\beta_2 = \lambda\beta_1 \quad (4—7)$$

其中λ为常数。把上式代入模型（4—6），得

$$y_t = \beta_0 + \beta_1 x_{t1} + \lambda\beta_1 x_{t2} + u_t = \beta_0 + \beta_1(x_{t1} + \lambda x_{t2}) + u_t \quad (4—8)$$

令

$$x_t = x_{t1} + \lambda x_{t2} \quad (4—9)$$

得

$$y_t = \beta_0 + \beta_1 x_t + u_t \quad (4—10)$$

模型（4—10）是一元线性回归模型，所以不再有多重共线性问题。用普通最小二乘法估计模型（4—10），得到 $\hat{\beta}_1$，然后再利用（4—7）式求出 $\hat{\beta}_2$。

下面以道格拉斯（Douglass）生产函数为例，作进一步说明。

$$Y_t = KL_t^{\alpha} C_t^{\beta} e^{ut} \quad (4—11)$$

式中 Y_t 表示产出量，L_t 表示劳动力投入量，C_t 表示资本投入量。两侧取自然对数后，

$$LnY_t = LnK_t + \alpha LnL_t + \beta LnC_t + u_t \quad (4—12)$$

因为劳动力（L_t）与资本（C_t）常常是高度相关的，所以 LnL_t 与 LnC_t 也高度相关，致使无法求出α，β 的精确估计值。假如已知所研究的对象属于规模报酬不变型，即得到一个条件

$$\alpha + \beta = 1$$

利用这一关系把模型（4—12）变为

$$LnY_{=} LnK_t + \alpha LnL_t + (1-\alpha) LnC_t + u_t$$

整理后，

$$Ln\ (\frac{Y_t}{C_t}) = Ln\ K_t + \alpha Ln(\frac{L_t}{C_t}) + u_t \qquad (4—13)$$

变成了 $Ln\ (Y_t/C_t)$ 对 $Ln\ (L_t/C_t)$ 的一元线性回归模型，自然消除了多重共线性。估计出α后，再利用关系式$\alpha+\beta=1$，估计β。

四 合并截面数据与时间序列数据

这种方法属于约束最小二乘法（RLS）。其基本思想是，先由截面数据求出一个或多个回归系数的估计值，再把它们代入原模型中，通过用因变量与上述估计值所对应的解释变量相减从而得到新的因变量，然后建立新因变量对那些保留解释变量的回归模型，并利用时间序列样本估计回归系数。下面通过一个例子具体介绍合并数据法。

设有某种商品的销售量模型如下，

$$LnY_t = \beta_0 + \beta_1 LnP_t + \beta_2 LnI_t + u_t \qquad (4—14)$$

式中 Y_t表示销售量，P_t表示平均价格，I_t表示消费者收入，下标 t 表示时间。

在时间序列数据中，价格 P_t与收入 I_t一般高度相关，所以当用普通最小二乘法估计模型（4—14）的回归系数时，会遇到多重共线性问题。

首先利用截面数据估计收入弹性系数 β_2。因为在截面数据中，平均价格是一个常量，所以不存在对 β_1 的估计问题。

把用截面数据得到的收入弹性系数估计值 $\hat{\beta}_2$ 代入原模型(4—14)。得

$$LnY_t = \beta_0 + \beta_1 LnP_t + \hat{\beta}_2 LnI_t + u_t \qquad (4—15)$$

移项整理

$$LnY_t - \hat{\beta}_2 LnI_t = \beta_0 + \beta_1 LnP_t + u_t \qquad (4—16)$$

变换后的因变量（$LnY_t - \hat{\beta}_2 Ln\ I_t$）用 Z_t表示，则

$$Z_t = \beta_0 + \beta_1 LnP_t + u_t \qquad (4—17)$$

这时已排除收入变量的影响。模型已变换为一元线性回归模型。利用时间序列数据对模型（4—17）作普通最小二乘（OLS）估计，求出 $\hat{\beta}_0$ 和 $\hat{\beta}_1$。这样便求到相对于模型（4—14）的估计式，

$$Ln\hat{Y}_t = \hat{\beta}_0 + \hat{\beta}_1 LnP_t + \hat{\beta}_2 LnI_t \quad (4—18)$$

其中 $\hat{\beta}_2$ 是用截面数据估计的，$\hat{\beta}_0$，$\hat{\beta}_1$ 是由时间序列数据估计的。

由于把估计过程分作两步，从而避免了多重共线性问题。显然这种估计方法默认了一种假设，即相对于时间序列数据各个时期截面数据所对应的收入弹性系数估计值都与第一步求到的 $\hat{\beta}_2$ 相同。当这种假设不成立时，这种估计方法会带来估计误差。

五　其他补救措施

各种文献提出了大量的方法，如外部信息或先验信息、变量替换、重建模型、增大样本容量法等；还有因子分析、主成分分析及岭回归法等，由于这些方法超出了本书的范围，就不再讨论。

第五节　实例

例 4—3：汇率决定的问题：

假设经济变量为：中国名义有效汇率、美国货币和准货币之和、中国货币与准货币之和、美国 GDP（10 亿美元）、中国 GDP（10 亿元人民币）、美国消费价格指数（1995 年为基期）、中国消费价格指数（1995 年为基期）、美国一年期贷款利率和中国一年期贷款利率。

根据弹性价格货币模型（Flexible - price Monetary Models），取 GDP 和货币需求量的实际值，且对实际 GDP、实际货币需求量、名义有效汇率取对数，建立如下模型：

$$Y_i = \beta_0 + \beta_1 X_{1i} + \beta_2 X_{2i} + \beta_3 X_{3i} + \beta_4 X_{4i} + \beta_5 X_{5i} + \beta_6 X_{6i} + \mu_i \quad (4—19)$$

式中，Y_i 是中国名义有效汇率的对数（1995 年为基期）；X_{1i} 是美国实际货币和准货币之和的对数；X_{2i} 是中国实际货币和准货币之和的对数；X_{3i} 是美国实际国民收入的对数；X_{4i} 是中国实际国民收入的对数；X_{5i} 是美国一年期贷款利率；X_{6i} 是中国一年期贷款利率。

将表 4—2 的数据输入 EViews 软件，计算得到 OLS 估计方程如下：

$$Y_i = 0.25X_{1i} - 1.06X_{2i} + 0.28X_{3i} + 0.89X_{4i} + 0.84X_{5i} - 0.09X_{6i} - 2.18$$

$$t = \quad (2.81) \quad (-4.67) \quad (0.67) \quad (2.83) \quad (0.55)$$

$(-7.22)\qquad(-0.75)$

$R^2=0.949\quad n=31$

表 4—2　　　　1982—2007 年中国名义有效汇率及影响因素

年份	中国名义有效汇率	美国货币+准货币	中国货币+准货币	美国 GDP	中国 GDP	美国消费价格指数	中国消费价格指数	美国一年期利率	中国一年期利率
1982	3.8918	2095.6	226.57	3259.2	548.9	0.663	0.292	0.149	7.2
1983	4.0868	2312.9	271.28	3534.9	607.6	0.654	0.297	0.108	7.2
1984	3.8851	2567.4	359.85	3932.7	716.4	0.682	0.305	0.12	7.2
1985	3.2249	2802.2	487.49	4213.0	879.2	0.706	0.332	0.099	7.92
1986	2.4254	3098.7	634.86	4452.9	1013.3	0.719	0.352	0.083	7.92
1987	2.0746	3194.5	795.74	4742.5	1178.4	0.746	0.377	0.082	7.92
1988	1.5923	3395.2	960.21	5108.3	1470.4	0.776	0.448	0.093	9
1989	1.7902	3591	1139.31	5489.1	1646.6	0.814	0.53	0.109	11.34
1990	1.7383	3767.4	1468.19	5803.2	1832	0.857	0.546	0.1	9.36
1991	1.574	3890	1859.89	5986.2	2128	0.894	0.565	0.084	8.64
1992	1.3929	3954.7	2432.73	6318.9	2586.4	0.921	0.601	0.063	8.64
1993	1.1183	4013.7	3568.08	6642.3	3450.1	0.948	0.689	0.06	10.98
1994	1.0123	4015.3	4692.03	7054.3	4669.1	0.973	0.855	0.071	10.98
1995	1	4241.7	6074.35	7500.5	5851.1	1	1	0.088	12.06
1996	1.0423	4500.9	7609.53	7813.2	6833	1.029	1.083	0.083	10.08
1997	1.1108	4796.8	9186.78	8318.4	7489.5	1.053	1.113	0.084	8.64
1998	1.1615	5281.1	10556.01	8781.5	7985.3	1.07	1.104	0.084	6.39
1999	1.1365	5712.1	12104.21	9274.3	8205.4	1.093	1.089	0.08	5.85
2000	1.1679	6110.7	13596.02	9824.6	8904.4	1.13	1.092	0.092	5.85
2001	1.2202	6961.1	15641.9	10082.2	9861.8	1.162	1.098	0.069	5.85
2002	1.2098	7268.8	18679.06	10445.6	10239.8	1.18	1.089	0.047	5.31
2003	1.2135	8457.2	22122.8	11512.2	13582.2	1.229	1.012	0.045	5.43
2004	1.2205	8963.1	25410.7	12277.0	15987.8	1.234	1.039	0.044	5.58
2005	1.2506	9367.3	29875.5	13095.4	18308.4	1.291	1.018	0.041	5.58
2006	1.2637	12741.1	34560.3	13857.9	21192.3	1.327	1.015	0.047	6.12
2007	1.2549	14369.2	40344.2	14480.3	25730.5	1.343	1.048	0.051	7.47

续表

年份	中国名义有效汇率	美国货币+准货币	中国货币+准货币	美国 GDP	中国 GDP	美国消费价格指数	中国消费价格指数	美国一年期利率	中国一年期利率
2008	1.2668	20143.2	47516.6	14720.3	30067	1.349	1.059	0.042	5.31
2009	1.3001	27910.4	60622.5	14417.9	34090.2	1.387	0.993	0.037	5.43
2010	1.2983	33469.7	72577.4	14958.3	40120.2	1.421	1.033	0.034	5.81
2011	1.3302	39146.5	85159	15533.8	47310.4	1.477	1.054	0.031	6.56
2012	1.3141	46284.3	97415.9	16244.6	51894.2	1.483	1.026	0.00	6

资料来源：《中国金融统计年鉴》《国际金融统计年鉴》2013。

从统计值来看，拟合优度很高，但 t 值较小且大部分都不能通过检验。为此我们考虑是否存在多重共线性。

1. 多重共线性诊断

表 4—3　　　　计算各个解释变量之间的相关系数得到

	X_1	X_2	X_3	X_4	X_5	X_6
X_1	1.00	0.91	0.91	0.92	-0.85	-0.54
X_2	0.91	1.00	0.99	1.00	-0.88	-0.49
X_3	0.91	0.99	1.00	0.99	-0.88	-0.51
X_4	0.92	1.00	0.99	1.00	-0.87	-0.49
X_5	-0.85	-0.88	-0.88	-0.87	1.00	0.44
X_6	-0.54	-0.49	-0.51	-0.49	-0.44	1.00

从上表计算结果可以看出，解释变量之间的简单相关系数的值较大，大部分都大于 0.80。说明它们之间具有较高的相关性。

2. 多重共线性的补救

（1）剔出不重要的变量。

剔出不重要的变量是解决多重共线性最简单的办法，但这样会出现一些问题，所保留变量参数估计值的意义发生改变，它不能独立反映该变量与被解释变量之间的关系，因为它与剔出变量相关，该变量的样本数据中隐含剔出变量的信息。剔出部分变量后，可以得到新的回归方程为：

$$Y_i = 0.42X_{1i} - 1.48X_{3i} - 0.09X_{6i} + 10.80$$

$$t = (5.45)\ (-11.13)\ (-5.66)\ (14.62)$$

$$R^2 = 0.88 \quad n = 31$$

剔出变量后的方程的 t 统计量的值得到改进，但显著性不强。与初始方程对比解释变量的参数值发生变化，方程失去了原理论意义。因为，从理论上来讲，无论是利率、货币供应量还是国民生产总值，对实际有效汇率都是有着很重要的作用。

（2）逐步回归法。

确定初始方程：当被解释变量逐一与 6 个解释变量回归后，比较发现：美国国民总产值的对数 X_3 与中国名义有效汇率的对数 Y 的回归方程的拟合优度最高，所以选择其为初始方程。根据回归结果，本例中的初始方程为：$Y_i = \beta_2 X_{2i} + C$。

逐步回归并判断：以初始方程为基本方程，逐步引入其他解释变量。观察增加新变量后，新的回归方程拟合优度和 t 统计量的变化。在逐步引入新变量美国货币供应量、中国贷款利率、美国贷款利率、中国国民生产总值和美国国民生产总值的过程中，R^2 的值最好的是引入美国货币供应量，$R^2 = 0.815$。因此，在此基础上继续引入剩余变量，观察方程的拟合优度和 t 统计量的变化。再次引入新变量美国国民生产总值、中国国民生产总值、美国贷款利率和中国贷款利率后，拟合优度最好的是中国贷款利率，$R^2 = 0.925$。继续引入新变量，经观察后可知，在引入中国国民生产总值后，方程拟合优度最好，$R^2 = 0.95$。由此，可以剔出引起多重共线性的变量，得出最终方程，方程结果如下：

$$Y_i = 0.23X_{1i} - 1.04X_{2i} + 0.97X_{4i} - 0.09X_{6i} - 0.16$$

$$t = (2.99)\ (-5.53)\ (3.47)\ (-8.2)\ (-0.39)$$

$$R^2 = 0.95$$

（3）重建模型法。

我们可以采用弹性货币理论重新建立模型如下：

$$Y_i = \beta_0 + \beta_1(X_{1i} - X_{2i}) + \beta_2(X_{3i} - X_{4i}) + \beta_3(X_{5i}/X_{6i}) + \mu_i \qquad (4\text{—}20)$$

对上式回归得到：

$$Y = -0.09\ (X_1 - X_2)\ + 0.22\ (X_3 - X_4)\ - 0.99\ (X_5/X_6)\ + 4.02$$

$$t = (-2.36)\ (5.22)\ (-6.81)\ (7.01)$$

$$R^2 = 0.70$$

第八节 实验

一 实验目的

多重共线性是违背线性回归模型基本假定的情形之一，本次实验旨在让学生掌握如何用 EViews 软件解决模型中的多重共线性问题，具体包括：

1. 多重共线性的诊断
2. 多重共线性的补救

二 实验内容

例 4—3：影响国内旅游市场收入 Y 的主要因素，除了国内旅游人数和旅游支出以外，还可能与相关基础设施有关。为此，考虑的影响因素主要有国内旅游人数 X_1，城镇居民人均旅游支出 X_2，农村居民人均旅游支出 X_3，并以公路里程 X_4 和铁路里程 X_5 作为相关基础设施的代表。为此设定了如下形式的计量经济模型：

$$Y_i = \beta_0 + \beta_1 X_{1i} + \beta_2 X_{2i} + \beta_3 X_{3i} + \beta_4 X_{4i} + \beta_5 X_{5i} + \beta_6 X_{6i} + \mu_i$$

为估计模型参数，收集旅游事业 1994—2012 年的统计数据，如表 4—4所示：

表 4—4　　1994—2002 中国国内旅游收入及影响因素

年份	Y	X_1	X_2	X_3	X_4	X_5
1994	1023.5	52400	414.7	54.9	111.78	5.9
1995	1375.7	62900	464	64.5	115.7	5.97
1996	1638.4	63900	534.1	70.5	118.58	6.49
1997	2112.7	64400	599.8	145.7	122.64	6.6
1998	2391.2	69450	607	197	127.85	6.64
1999	2831.9	71900	614.8	249.5	135.17	6.74
2000	3175.7	74400	678.6	226.6	140.27	6.87
2001	3522.4	78400	708.3	212.7	169.8	7.01
2002	3878.4	87800	739.7	209.1	176.52	7.19

续表

年份	Y	X_1	X_2	X_3	X_4	X_5
2003	3442. 3	87000	684. 9	200	180. 98	7. 3
2004	4710. 71	1102	731. 8	210. 2	187. 07	7. 44
2005	5285. 86	1212	737. 1	227. 6	334. 52	7. 54
2006	6229. 74	1394	766. 4	221. 9	345. 7	7. 71
2007	7770. 62	1610	906. 9	222. 5	358. 37	7. 8
2008	8749. 3	1712	849. 4	275. 3	373. 02	7. 97
2009	10183. 69	1902	801. 1	295. 3	386. 08	8. 55
2010	12579. 77	2103	883	306	400. 82	9. 12
2011	19305. 39	2641	877. 8	471. 4	410. 64	9. 32
2012	22706. 22	2957	914. 5	491	423. 75	9. 76

资料来源：《中国统计年鉴》2013 年。

三　实验步骤

STEP1：利用 Eviews 软件，输入 Y、X_1、X_2、X_3、X_4、X_5 等数据，采用这些数据对模型进行 OLS 回归，结果如图 4—1。

Dependent Variable: Y
Method: Least Squares
Date: 11/06/14 Time: 13:25
Sample: 1994 2012
Included observations: 19

Variable	Coefficient	Std. Error	t-Statistic	Prob.
X1	-0.007113	0.022560	-0.315284	0.7575
X2	-18.12092	6.643405	-2.727656	0.0173
X3	22.49288	9.637143	2.333978	0.0363
X4	6.540415	12.25185	0.533831	0.6025
X5	4437.209	1564.048	2.837002	0.0140
C	-20251.10	8273.493	-2.447709	0.0293

R-squared	0.947111	Mean dependent var	6469.132
Adjusted R-squared	0.926769	S.D. dependent var	6028.487
S.E. of regression	1631.379	Akaike info criterion	17.88433
Sum squared resid	34598161	Schwarz criterion	18.18257
Log likelihood	-163.9011	Hannan-Quinn criter.	17.93480
F-statistic	46.55973	Durbin-Watson stat	1.235370
Prob(F-statistic)	0.000000		

图 4—1　回归结果

由此可见，该模型，可决系数 $R^2=0.9471$，但是部分回归系数的 t 检验不显著，而且系数的符号与预期的相反，这表明很可能存在严重的多重共线性。

STEP2：计算各解释变量的相关系数，选择 X_1、X_2、X_3、X_4、X_5 数据，点“view =〉correlations”得相关系数矩阵，如表 4—5：

表 4—5　　相关系数矩阵

变量	X_1	X_2	X_3	X_4	X_5
X_1	1.00	-0.67	-0.53	-0.86	-0.71
X_2	-0.67	1.00	0.83	0.88	0.90
X_3	-0.53	0.83	1.00	0.78	0.92
X_4	-0.86	0.88	0.78	1.00	0.91
X_5	-0.71	0.90	0.92	0.91	1.00

由相关系数矩阵可以看出：各解释变量相互之间的相关系数较高，证实确实存在严重多重共线性。

STEP3：采用逐步回归的办法，检验和解决多重共线性问题。分别作 Y 对 X_1、X_2、X_3、X_4、X_5 的一元回归，结果如表 4—6 所示：

表 4—6　　拟合优度计算结果

变量	X_1	X_2	X_3	X_4	X_5
拟合优度	0.432	0.615	0.849	0.715	0.897

STEP4：按拟合优度的大小排序为：$X_5>X_3>X_4>X_2>X_1$。以与 X_5 的回归方程为基础，顺次加入其他变量逐步回归，加入过程中观察拟合优度的变化是否显著，t 统计量是否通过检验，确定方程为：

$$Y=-16.22X_2+17.79X_3+5502.004X_5-27165.68$$

该方程中 X_2 的系数为负，不符合经济意义。

结果说明：在其他因素不变的情况下，当城镇居民人均旅游支出和农村居民人均旅游支出分别增长 1 元时，国内旅游收入将分别增长 0.664 亿元和 0.088 亿元。在其他因素不变的情况下，作为旅游设施的代表，铁路里程每增加 1 万公里时，国内旅游收入将增长 4.752 亿元。

四　实验小结

本节主要介绍多重共线性问题的诊断与修正，在分析过程中要注意：

（1）一般地，如果模型的拟合优度接近 1，F 检验通过，但有些系数不能通过 t 检验；或模型的自变量之间的简单相关系数较高；或回归系数的符号与实际经济意义不符，都有理由怀疑存在多重共线性。

（2）多重共线性在多元计量模型中普遍存在，要完全消除并不可能，一般只是尽量减弱多重共线性的程度。

五　备择实验

1985—2002 年中国私人轿车拥有量以年增长率 23%、年均增长 55 万辆的速度增长。不考虑农村家庭轿车购买。我们建立城镇私人轿车拥有量 Y（万辆）及其影响因素城镇居民家庭人均可支配收入 X_1（元）、全国城镇人口 X_2（亿人）、全国汽车产量 X_3（万辆）、全国公路长度 X_4（万公里）的模型。数据见表 4—7。

（1）估计模型

$$Y = \beta_0 + \beta_1 X_1 + \beta_2 X_2 + \beta_3 X_3 + \beta_4 X_4 + \mu$$

（2）检验是否存在多重共线性；

（3）如果存在多重共线性，采用适当的方法补救。

表 4—7　　　　中国私人轿车拥有量及其影响因素的数据

年份	Y	X_1	X_2	X_3	X_4
1985	28.49	739.1	2.51	43.72	92.24
1986	34.71	899.6	2.64	36.98	96.28
1987	42.29	1002.2	2.77	47.18	98.22
1988	60.42	1181.4	2.87	64.47	99.96
1989	73.12	1375.7	2.95	58.35	101.43
1990	81.62	1510.2	3.02	51.4	102.83
1991	96.04	1700.6	3.05	71.42	104.11
1992	118.2	2026.6	3.24	106.67	105.67

续表

年份	Y	X_1	X_2	X_3	X_4
1993	155.77	2577.4	3.34	129.85	108.35
1994	205.42	3496.2	3.43	136.69	111.78
1995	249.96	4283	3.52	145.27	115.7
1996	289.67	4838.9	3.73	147.52	118.58
1997	358.36	5160.3	3.94	158.25	122.64
1998	425.63	5425.1	4.16	163	127.85
1999	533.88	5854	4.37	183.2	135.17
2000	625.33	6280	4.59	207	140.27
2001	770.78	6859.6	4.81	234.17	169.8
2002	968.98	7702.8	5.02	325.1	176.52

本章小结

1. 完全多重共线性违背了古典假定——一个解释变量不能与其他一个或多个解释变量相关。完全多重共线性会导致回归参数估计值的不确定性，并使得这些估计值具有无穷大的标准差。

2. 使用“多重共线性”时，一般是指近似（不完全）共线性。近似共线性指的是两个或多个解释变量之间存在较强的线性关系，以至于能够显著地影响方程中偏回归系数的估计。多重共线性是一种样本现象，同时也是一种理论现象。不同的样本可能存在不同程度的多重共线性。

3. 严重的多重共线性产生的主要结果是增大了偏回归系数估计值的方差，同时使得这些参数估计值的 t 统计量变小。多重共线性不会导致参数估计值有偏，它对回归方程的整体显著性或者任何一个不具有多重共线性的参数估计值几乎没有影响。

4. 由于不同的样本多重共线性程度不同，所以在诊断多重共线性时需要注意，在一个给定的样本中，多重共线性有多严重。

5. 用来诊断严重多重共线性的两种有用的方法是：

(1) 解释变量之间的简单相关系数是否很高？

（2） VIF 是否很高？

如果两个答案中任意一个是“是”，则存在多重共线性，但答案为“否”时，也可能存在多重共线性。

6. 针对多重共线性有如下三种最常用的补救措施

（1） 什么都不做（这样可以避免导致模型设定偏误的问题）。

（2） 去掉多余的变量。

（3） 增大样本容量。

7. 针对多重共线性什么都不做是最好的补救措施。假如多重共线性没有使 t 统计量减少到不显著的程度，那么就不需要对多重共线性实施补救措施。即使 t 统计量不显著，针对多重共线性所采取的补救措施也必须谨慎，因为补救带来的参数估计值偏误的成本，可能比方程中消除多重共线性所获得的收益还要大。

复　习　题

一、名词解释

1. 多重共线性
2. 完全共线性
3. 近似共线性
4. 方差膨胀因子
5. 逐步回归法

二、简答题

1. 什么是多重共线性？
2. 产生多重共线性的原因是？
3. 多重共线性的危害是什么？
4. 检验多重共线性的方法和思路有什么？
5. 如何降低或补救多重共线性问题？

三、计算与分析题

假设要求你建立一个计量经济模型来说明在学校跑道上慢跑一英里或一英里以上的人数，以便决定是否修建第二条跑道以满足所有的锻炼者。

你通过整个学年收集数据，得到两个可能的解释性方程：

方程 A：$\hat{Y}=125.0-15.0X_1-1.0X_2+1.5X_3 \quad \bar{R}^2=0.75$

方程 B：$\hat{Y}=123.0-14.0X_1+5.5X_2-3.7X_4 \quad \bar{R}^2=0.73$

其中：Y——某天慢跑者的人数

X_1——该天降雨的英寸数

X_2——该天日照的小时数

X_3——该天的最高温度（按华氏温度）

X_4——第二天需交学期论文的班级数

请回答下列问题：

（1）这两个方程你认为哪个更合理些，为什么？

（2）为什么用相同的数据去估计相同变量的系数得到不同的符号？

（3）如何修正该模型？

第二篇

扩充篇

第五章

可化为线性的多元非线性回归模型

引子：

柯布－道格拉斯生产函数形式：

$$Q = AL^{\alpha}K^{\beta}e^{u}$$

式中：Q——产出量，K——资本投入量，L——劳动投入量，A，α，β 为未知参数。对于该生产函数，现阶段我们学习的参数估计法是否无法解决问题呢？

前面介绍了线性回归模型，计量经济学中“线性”概念指模型中系数呈线性关系，而并非指变量间呈线性关系。这是因为选择模型参数估计方法时，鉴于参数“线性”与否可选择不同的估计方法。变量之间的关系可以是线性的，也可以是非线性的。例如：

$$y_t = \alpha_0 + \alpha_1 x_t^{\beta_1} + u_t$$

$$y_t = \alpha_0 e^{\alpha_1 x_t} + u_t$$

上述变量间表现为非线性的回归模型是无法利用最小二乘法来进行参数估计，可采用非线性方法进行估计，然而该方法估计过程非常复杂和困难，在 20 世纪 40 年代之前几乎不可能实现。计算机的出现大大方便了非线性回归模型的估计，专用软件使这种计算变得非常容易，但本章并不是介绍这类模型的估计。

第一节　双对数线性模型

在变量间表现为非线性的回归模型中，有一些模型经过适当的变量变换或函数变换就可以转化成变量间表现为线性关系的回归模型，从而将非线性回归模型的参数估计问题转化成线性回归模型的参数估计，称这类模型为可线性化模型。在计量经济分析中经常使用的可线性化模型有对数线性模型、半对数线性模型、倒数线性模型、多项式线性模型、成长曲线模型等。所有这些模型的一个重要的特征是：它们都是参数线性模型，但变量却不一定是线性的。

一 何为双对数线性模型

现在我们考虑如下形式的需求函数：

$$Y_i = AX_i^{B_1} \quad （将在下面估计式中引进随机项） \tag{5—1}$$

在这个模型中，变量 X_i 和 B_1 之间是非线性的，但可将上式做恒等变换表示成另一种形式：

$$\ln Y_i = \ln A + B_1 \ln X_i \tag{5—2}$$

令

$$B_0 = \ln A \tag{5—3}$$

将式（5—3）代入式（5—2）中，可得

$$\ln Y_i = B_0 + B_1 \ln X_i \tag{5—4}$$

为了估计，将模型（5—4）引入随机项，可得

$$\ln Y_i = B_0 + B_1 \ln X_i + \mu_i \tag{5—5}$$

式（5—5）是一个线性模型，因为参数 B_0 和 B_1 是以线性形式进入模型的，而且还是以对数形式变量为变量的线性模型。因此，我们将形如式（5—5）的模型称为双对数（double - log）模型（因为两个变量都是以对数形式出现），或称为对数—线性（log - liner）模型。

二 双对数模型线性化方法

那么如何使非线性回归模型转化为线性模型呢？在这里，对数线性回归模型就是通过对数变换而实现的。具体变换方法如下：

令

$$Y^* = \ln Y, \quad X^* = \ln X$$

代入模型（5—5）中得

$$Y_i^* = B_0 + B_1 X_i^* + \mu_i \tag{5—6}$$

可以发现模型（5—6）与我们前面讨论的线性回归模型是一样的，因为模型中不仅参数是线性的，而且通过变换后的变量 Y^* 与 X^* 之间也是

线性的。

对于变形后的模型（5—6），如果它满足古典线性回归模型的基本假定，则非常容易用普通最小二乘法来估计它，并且得到的估计量是最优的线性无偏估计量。

三　如何度量弹性：双对数模型的一个应用

在实际的经济活动分析中，双对数模型的应用是非常广泛的，其原因在于，它有一个很吸引人的特点，也就是斜率 B_1 度量了 Y 对 X 的弹性，即给 X 一个（很小）的变动所引起的 Y 变动的百分比。用公式表示如下：

$$E = Y\text{的变动}\%/X\text{变动的}\%$$

$$= \frac{(\Delta Y/Y)\times 100\%}{(\Delta X/X)\times 100\%} = \frac{\Delta Y}{\Delta X}\cdot\frac{X}{Y}$$

$$= \text{斜率}\times\frac{X}{Y} \qquad (5—7)$$

如果在式（5—7）中 Y 代表商品的需求量，X 代表商品的单位价格，则 E 就是需求的价格弹性。

另外，还应对幂函数模型的图形加以回顾，假设有以下幂函数

$$y_t = ax_t^b e^{u_t} \qquad y_t = ax_t^b e^{u_t}$$

b 取不同值的图形分别见图 5—1。

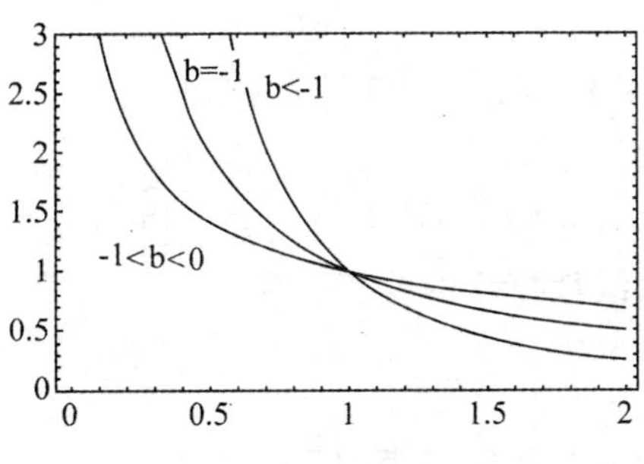

图 5—1　幂函数模型

此模型适用对象为对观测值取对数，将取对数后的观测值（lnx，lny）描成散点图，如果近似为一条直线，则适合于对数线性模型来描述 x 与 y 的变量关系。

四 多元对数线性回归模型

前面我们介绍了两个变量的对数线性回归模型，这很容易推广到模型中存在多个解释变量的情形。例如，我们可将三变量的对数线性模型表示如下：

$$\ln Y_i = B_0 + B_1 \ln X_{1i} + B_2 \ln X_{2i} + \mu_i \tag{5—8}$$

在这个模型中，偏斜率系数 B_1 和 B_2 又称为偏弹性系数。因此，B_1 是 Y 对 X_1 的弹性（X_2 保持不变），即在 X_2 为常量时，X_1 每变动 1%，Y 变化的百分比。由于此时 X_2 为常量，所以我们称此弹性为偏弹性。类似地，B_2 是 Y 对 X_2 偏弹性（X_1 保持不变）。概括地说，在多元对数线性模型中，每一个偏斜率系数度量了在其他变量保持不变的条件下，因变量对某一解释变量的偏弹性。

例如，柯布－道格拉斯生产函数形式：

$$Q = AL^{\alpha} K^{\beta} e^{\mu}$$

式中：Q——产出量，K——资本投入量，L——劳动投入量，A，α，β 为未知参数。对于这样的非线性模型，可以通过对数变换，使之线性化。对上式两边取对数得到如下模型：

$$\ln Q = \ln A + \alpha \ln L + \beta \ln K + u$$

再令：$Q^* = \ln Q$，$L^* = \ln L$，$A^* = \ln A$，$K^* = \ln K$，得到线性模型：

$$Q^* = A^* + \alpha L + \beta K + u$$

模型中的 α、β 分别为劳动、资本的产出弹性：

$$\alpha = \frac{d\ (\ln Q)}{d\ (\ln L)} = \frac{dQ/Q}{dL/L};\ \beta = \frac{d\ (\ln Q)}{d\ (\ln K)} = \frac{dQ/Q}{dK/K}$$

另外，对于对数线性模型的检验，应采用同线性回归模型一样的方法进行。

五 比较线性和双对数回归模型

下面讨论一个实证中非常重要的问题。当无法得知解释变量与被解释变量之间具体的函数形式时，究竟采用线性模型、双对数模型还是其他形式的模型？回归模型的函数形式是一个经验性问题，在模型选择过程中，要遵循哪些经验规律呢？

1. 可根据散点图判断

如果散点图表明两个变量之间的关系近似线性（即呈一条直线），那么线性设定就比较合适。但如果散点图表明是非线性的，则需要做出 $\log Y$ 和 $\log X$ 的图形，如果这个图形是近似线性的，则双对数模型就比较合适。遗憾的是，这个经验做法仅仅适用于双变量的情况，对于多元对数线性回归模型就不太合适。因为在多维空间中做散点图比较困难，因而需要其他规则。

2. 切忌仅凭 R^2 选择模型

选择 R^2 值较高的模型，虽然直观感觉是可行的，但这个标准有其自身的问题。首先，要比较两个模型的 R^2 值，应变量的形式必须是相同的。但在（5—5）中我们可以看到，因变量为 $\ln Y$，与线性回归模型中因变量 Y 显然不同。因此，我们并不能仅凭 R^2 的值就断定线性模型和双对数模型的优劣问题。

为什么不能比较这两个模型对应的 R^2 值呢？原因也不难解释。根据定义，R^2 度量了解释变量对被解释变量变动解释的比例。线性模型中 R^2 度量了 X 对 Y 变动解释的比例，但双对数模型中的 R^2 值则度量了 $\log X$ 对 $\log Y$ 变动解释的比例。Y 的变动与 $\log Y$ 的变动从概念上说是不同的。数值的对数变换度量了相对或比例变化（如果乘以 100，则是百分比变化），而数值变化则度量了绝对变化。

另外，即使两个模型中应变量相同，两个 R^2 值可以直接进行比较，但也并不建议根据较高 R^2 值这一标准来选择模型。这是因为 R^2 可以通过增加解释变量的个数而不断增大。模型选择的重点并不在 R^2 上，而是应当考虑进入模型中的解释变量之间的相关性（即理论基础）、解释变量系数的预期符号、统计显著性以及类似弹性系数这样的度量工具。这些应该成为选择模型的基本准则。如果按照这些标准，所选模型比其他模型好，并且恰好有较高的 R^2 值，则认为模型是合适的。切记避免仅仅根据 R^2 值选择模型。

3. 不能仅凭斜率进行比较

线性模型的斜率度量了应变量的绝对变化率，而双对数模型的斜率则度量了 Y 对 X 的弹性，因而无法仅凭斜率判断选择线性模型还是双对数模型。

4. 可根据弹性判断

如果能计算出线性模型弹性，则可以比较这两个斜率系数。式（5—7）表明弹性等于斜率乘以 X 与 Y 的比值。虽然线性模型的斜率是一个常数，但是线上不同点之间的弹性是不同的，因为不同点之间 X 与 Y 的比值不同。在实践中，线性模型的弹性系数通常是通过 X 与 Y 的样本均值得到的平均弹性，即

$$平均弹性 = \frac{\Delta Y}{\Delta X} \cdot \frac{\overline{X}}{\overline{Y}}$$

其中，和是样本均值。

线性模型的弹性系数随着不同点而变化，而双对数模型在任何一点上的弹性系数都是相同的。这正是为什么双对数模型称为不变弹性模型的原因。因此，在这两个模型之间进行选择比较时，可根据这个特点进行判断。因为，在实践中这些假定都是极端的。很可能曲线在一小段上的弹性不变，但其他部分的弹性又是个变量。

第二节 半对数模型

一 何为半对数模型

我们把形如式

$$X_i = A \cdot B^{Y_i} \tag{5—9}$$

或

$$Y_i = A \cdot B^{X_i} \tag{5—10}$$

的回归模型称为半对数模型（semilog models），因为经过线性化处理后仅有一个变量以对数形式出现。线性化的半对数模型包含两种形式，分别为

$$Y_i = \alpha_0 + \alpha_1 \ln X_i + u_i \tag{5—11}$$

或

$$\ln Y_i = \beta_0 + \beta_1 X_i + u_i \tag{5—12}$$

其中，（5—11）是因变量为对数形式而解释变量为线性形式的增长模型，为了描述方便，称之为对数—线性模型（log - lin model）或增长模型（growth modei）。（5—12）是因变量为线性形式而解释变量为对数

形式的模型，相应地，称之为线性—对数模型（lin - log model）。半对数模型也是线性模型，因为参数是以线性形式出现在模型中的。而且，虽然原来的变量 x 和 y 之间是非线性关系，但变量 x（或 y）经过对数变换后，变量 ln（x）和 y 之间［或变量 x 和 ln（y）之间］是线性关系，因此可以称其为半对数线性模型。类似双对数模型，半对数模型也可以使用 OLS 估计。

二　半对数模型线性化方法

我们来对形如（5—10）的半对数模型进行线性化处理。首先将式（5—10）的两边取对数，得到

$$\ln Y_i = \ln A + X_i \ln B \quad (5—13)$$

我们令 $\beta_0 = \ln A, \beta_1 = \ln B$，

则模型（5—13）可表示为：$\ln Y_i = \beta_0 + \beta_1 X_i$

若引进随机误差项后，得到：$\ln Y_i = \beta_0 + \beta_1 X_i + u_i$

即为式（5—12），同样的方法，我们可以将形如（5—9）的半对数模型进行线性化处理，处理结果即为式（5—11）。

三　如何测度增长率：半对数模型的一个应用

通常经济学家、工商业家和政府在分析经济现象时，都会对某一经济变量的增长率感兴趣。比如说，政府预算赤字规划就是根据预计的 GNP 增长率这一最重要的经济活动指标而确定的。类似地，联储根据未偿付消费者信贷的增长率（自动贷款、分期偿还贷款等）这一指标来监视其货币政策的运行效果。在回归分析中，我们就是用半对数模型来测度这些增长率的。

半对数模型式（5—11）和式（5—12）中的回归系数具有直观的意义：

$$\alpha_1 = \frac{dy}{d(\ln x)} = \frac{dy}{dx/x}, \beta_1 = \frac{d(\ln y)}{dx} = \frac{dy/y}{dx} \quad (5—14)$$

即：α_1 表示 x 变化 1% 导致 y 绝对量的变化量；β_1 表示 x 变化 1 单位导致 y 变化的百分比。特别地，如果在半对数模型式（5—12）中 x 取为 t（年份），变量 t 按时间顺序依次取值为 1，2，…，T，则 t 的系数度量了

y 的年均增长速度，因此，半对数模型（5—12）又称增长模型。对于增长模型，如果 β_1 为正，则 y 有随着时间向上增长的趋势；如果 β_1 为负，则 y 有随着时间向下变动的趋势，因此 t 可称为趋势变量。宏观经济模型表达式中常有时间趋势，在研究经济长期增长性趋势成分时，常常将产出取对数，然后用时间 t 作解释变量建立回归方程。

四 对数—线性模型实例

我们来推导一下如何测度未偿付消费者信贷的增长率。首先先来回忆一下在货币、银行以及金融等课程中介绍过的复利计算公式：

$$Y_t = Y_0(1+r)^t \tag{5—15}$$

其中，Y_0：Y 的初始值（消费者在银行的初期存款额）

Y_t：第 t 年的 Y 值

r：Y 的增长率（复利率）

首先将式（5—15）的两边取对数，得到

$$\ln Y_t = \ln Y_0 + t\ln(1+r) \tag{5—16}$$

我们令 $B_0 = lnY_0$，$B_1 = \ln(1+r)$，

则模型（5—16）可表示为：

$$\ln Y_t = B_0 + B_1 t$$

若引进随机误差项后，得到未偿付消费者信贷的增长模型：

$$\ln Y_t = B_0 + B_1 t + \mu_i \tag{5—17}$$

五 线性—对数模型实例

以上我们讨论了被解释变量是对数形式而解释变量是线性形式的对数—线性模型或增长模型。下面我们来考虑被解释变量是线性形式而解释变量是对数形式的模型。相应地，称之为线性—对数模型。

我们用一个具体的例子来介绍线性—对数模型。

例 5—1 表 5—1 给出了中国 1995—2013 年之间的实际 GDP（支出法）数据。请据此估计我国实际 GDP 的长期平均增长率。

表 5—1　　中国 1995—2013 年之间的实际 GDP（支出法）　（单位：亿元）

年份	实际 GDP (gdp)	年份	实际 GDP (gdp)	年份	实际 GDP (gdp)	年份	实际 GDP (gdp)
1995	159.2766	2000	227.5323	2005	403.9298	2010	751.3831
1996	172.5136	2001	249.4920	2006	472.8504	2011	836.4941
1997	184.7895	2002	277.9138	2007	540.1118	2012	913.2297
1998	197.3805	2003	311.4051	2008	604.5046	2013	986.3366
1999	210.8399	2004	353.1299	2009	672.0136		

资料来源：2014 年《中国统计年鉴》。

为了估计我国实际 GDP 的长期平均增长率，现考虑建立下面的模型：

$$\ln(gdp_t) = \beta_0 + \beta_1 t + u_t$$

其中，$gdp_t = GDP_t/P_t$ 表示剔出价格因素的实际 GDP_t。利用 OLS 法估计得到如下图 5—2 所示结果。

Dependent Variable: LOG(GDP)
Method: Least Squares
Date: 02/02/15 Time: 00:30
Sample: 1995 2013
Included observations: 19

Variable	Coefficient	Std. Error	t-Statistic	Prob.
C	4.848840	0.029450	164.6445	0.0000
T	0.108206	0.002583	41.89217	0.0000

R-squared	0.990406	Mean dependent var	5.930902
Adjusted R-squared	0.989842	S.D. dependent var	0.611852
S.E. of regression	0.061668	Akaike info criterion	-2.634818
Sum squared resid	0.064649	Schwarz criterion	-2.535404
Log likelihood	27.03077	Hannan-Quinn criter.	-2.617993
F-statistic	1754.954	Durbin-Watson stat	0.196757
Prob(F-statistic)	0.000000		

图 5—2　回归结果

根据图 5—2，我们得到

$$\ln(\mathrm{gdp})_t = 4.8488 + 0.1082 t_t$$

$$(0.0295)\quad(0.0026)$$

$$t = (164.6445)\quad(41.8922)$$

$$R^2 = 0.9904 \quad F = 1754.954$$
$$D.W. = 0.1968$$

方程中时间趋势变量的系数估计值为 0.1082，说明我国实际 GDP（支出法）1995—2013 年的年平均增长率为 10.82%。F 值与 R^2 表明模型拟合效果很好，$D.W.$ 统计量显示模型存在（正的）自相关。

第三节 倒数模型

一 何为倒数模型

我们把形如式（5—18）的模型称为倒数（又称为双曲线函数）模型：

$$Y_i = B_0 + B_1(\frac{1}{X_i}) + \mu_i \tag{5—18}$$

式（5—18）是一个变量之间是非线性的模型，因为解释变量 X 是以倒数的形式出现在模型中，而模型中参数之间是线性的，因此如果满足 OLS 法的基本假定的要求，则可以运用 OLS 法进行参数估计，进而进行检验及应用。模型（5—18）的一个显著特征是，随着 X 的无限增大（1/X 将接近于零），Y 将逐渐接近 B_0 渐近值（asymptotic value）或极值。因此，当变量 X 无限增大时，形如式（5—18）的回归模型将逐渐靠近其渐近值或极值。

二 倒数模型线性化方法

我们令式（5—18）中 $X^* = 1/X$，则模型就变为

$$Y_i = B_0 + B_1 X_i^* + \mu_i \tag{5—19}$$

这样就完成了对倒数模型进行线性化处理。

三 倒数模型在经济活动中的应用

下图给出了双曲线函数模型的一些可能的形状。

在形如图 5—3（a）的倒数模型中，若用 Y 表示生产的固定成本（AFC）（也就是总固定成本除以产出），X 代表产出，则根据经济理论，

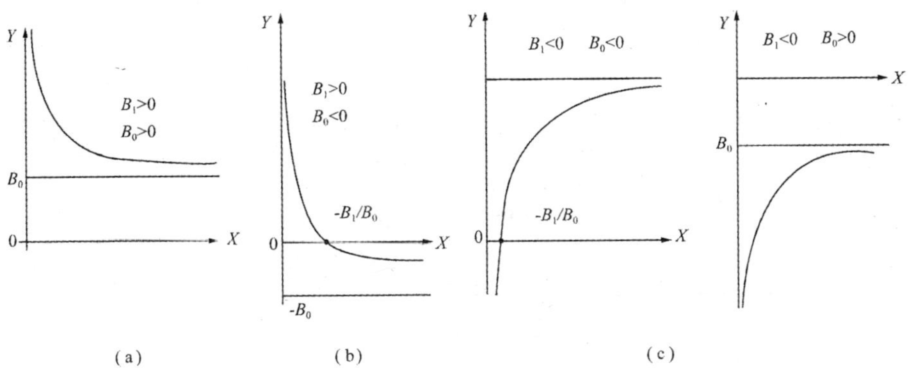

图 5—3　双曲线函数模型图像

随着产出的不断增加，AFC 将逐渐降低（因为总固定成本不变），最终接近其渐近线（$X=B_0$）。

形如图 5—3（b）的倒数模型，它的一个重要用途就是用来描述宏观经济学中著名的菲利普斯曲线（Philips curve），菲利普斯根据英国货币工资变化的百分比（Y）与失业率（X）的数据，得到了形如图 5—3（a）中的一条曲线。从图中可以看出，工资的变化对失业水平的反映是不对称的，在图 5—3（b）中 U^N 表示自然失业率水平，当失业率每变化一个单位，则在失业率低于 U^N 时工资上升得比在失业率高于 U^N 时要快。在图 5—3（b）中，B_0 表示渐近线水平或位置。

形如图 5—3（c）的倒数模型，它的一个重要用途就是可以用来描绘恩格尔消费曲线（Engel expenditure curve）（以德国统计学家恩格尔的名字命名）。该曲线表明：消费者对某一商品的支出占其总收入或总消费支出的比例。

如果用 Y 表示消费者在某一商品上的消费支出，X 表示消费者总收入，则该商品有如下特征：

（1）收入有一个临界值，在此临界值之下，不能购买该种商品（比如汽车）。在图 5—3（c）中，收入的临界值水平是 -（B_1/B_0）。

（2）一个满足水平，在此水平之上，无论消费者的收入水平有多高，也不会有任何消费（即使是百万富翁通常也不会在同一时间内拥有两辆以上的汽车）。在图 5—3（c）中，消费的满足水平为渐近线 $X=B_0$。倒数函数模型是描述这类商品最合适的模型。

我们来看这样一个例子：

例5—2　根据表5—2提供的1958—1969年美国小时收入指数年变化的百分比（Y）与失业率（X），建立1958—1969年美国的菲利普斯曲线。

表5—2　1958—1969年美国小时收入指数年变化的百分比（Y）与失业率（X）

年份	Y（%）	X（%）	年份	Y（%）	X（%）
1958	4.2	6.8	1964	2.8	5.2
1959	3.5	5.5	1965	3.6	4.5
1960	3.4	5.5	1966	4.3	3.8
1961	3.0	6.7	1967	5.0	3.8
1962	3.4	5.5	1968	6.1	3.6
1963	2.8	5.7	1969	6.7	3.5

资料来源：《总统经济报告》1989年。

根据表5—2提供的数据，运用OLS法进行回归分析，结果如下：

$$\hat{Y}_i = -0.2594 + 20.5880\left(\frac{1}{X_i}\right) \qquad (5\text{—}20)$$

$$(1.0086) \quad (4.6795)$$

$$t = (-0.2572) \quad (4.3996)$$

$$R^2 = 0.6594$$

从运算结果可以看出，在1958—1969年，美国的最低工资增长率为-0.26%，也就是说，无论失业率有多高，工资的增长率至多为零。

为了比较，我们根据表5—2的数据，运用OLS法得到变量之间的线性回归结果如下：

$$\hat{Y}_i = 8.0417 - 0.7883X_i \qquad (5\text{—}21)$$

$$(1.2402) \quad (0.2418)$$

$$t = (6.4625) \quad (-3.2605)$$

$$R^2 = 0.5153$$

观察这两个模型，在线性模型（5—21）中，斜率为负，因为在其他条件保持不变时，失业率越高，收入的增长率越低。然而，在倒数模型中，斜率却为正，这是因为 X 是以倒数的形式进入模型的。换句话说，在倒数模型中的正的斜率与线性模型中的负的斜率的作用相同。线性模型表明，失业率每上升 1%，平均而言，无论 X 如何，收入的变化率却不是常数，它依赖于 X（即失业率）的水平。因此，后一种模型更符合经济理论。另外，由于在两个模型中因变量相同，我们可以比较 R^2 值，倒数模型的 R^2 值比线性模型的大，这也表明了前者比后者更好地拟合了样本数据。

这个例子表明，一旦遇到的不是 LIV/LIP 模型，只是参数线性而变量却不一定是线性的模型，我们需要根据具体情况来仔细地选择合适的模型。在选择时，现象背后的经济理论对选择适当的模型是有很大的帮助的。不可否认，建立模型需要经济理论和实际经验。

第四节 其他典型模型

一 指数函数模型

$$y_t = ae^{bx_t + u_t} \tag{5—22}$$

$b > 0$ 和 $b < 0$ 两种情形的图形分别见图 5—4。显然 x_t 和 y_t 的关系是非线性的。对上式等号两侧同取自然对数，得

$$Lny_t = Lna + bx_t + u_t \tag{5—23}$$

令 $Lny_t = y_t*$，$Lna = a*$，则

$$y_t* = a* + bx_t + u_t \tag{5—24}$$

变量 y_t* 和 x_t 已变换成线性关系。其中 u_t 表示随机误差项。

$$y_t = ae^{bx_t + u_t}, (b > 0)$$

$$y_t = ae^{bx_t + u_t}, (b < 0)$$

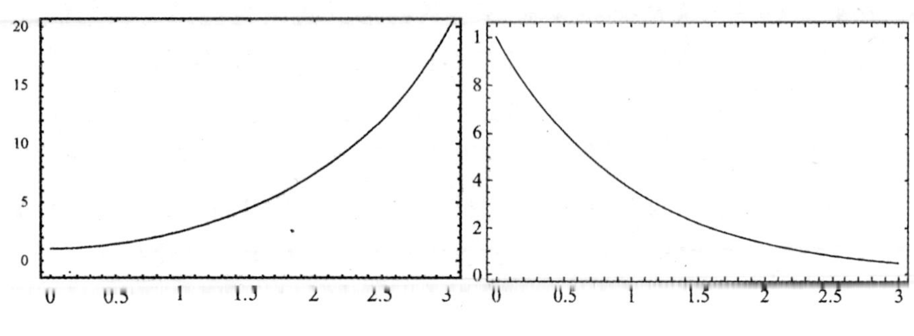

图 5—4 指数函数模型图像

二 多项式模型

多项式回归模型在生产与成本函数这个领域中被广泛地使用。多项式回归模型可表示为

$$y = b_0 + b_1 x + b_2 x^2 + \cdots + b_k x^k + u \quad (5—25)$$

设：$x_t = x^t$（$t = 1, 2, \cdots, k$），则

$$y = b_0 + b_1 x_1 + b_2 x_2 + \cdots + b_k x_k + u \quad (5—26)$$

模型转化成多元线性回归模型。

第五节 案例

为了分析某行业的生产成本情况，从该行业中选取了 10 家企业，下表中列出了这些企业总产量 y（吨）和总成本 x（万元）的有关资料，试建立该行业的总成本函数和边际成本函数。

表 5—3 某行业产量与总成本统计资料

总成本 y	总产量 x	总成本 y	总产量 x
19.3	10	22.6	20
24.4	40	25.7	50
27.4	70	29.7	80

续表

总成本 y	总产量 x	总成本 y	总产量 x
24.0	30	42.0	100
26.0	60	35.0	90

根据边际成本的 U 形曲线理论，总成本函数可以用产量的三次多项式近似表示，即

$$y = b_0 + b_1x_+ b_2x^2 + b_3x^3 + u$$

设：$x_t = x^t$（$t = 1, 2, 3$），则将其转化为三元线性回归模型。在 EViews 软件的命令窗口依次键入：GENR $X_1 = X$；GENR $X_2 = X^2$；GENR $X_3 = X^3$；$LS\ Y\ C\ X_1\ X_2\ X_3$，得到总成本函数的估计式为

$$\hat{y} = 14.17667 + 0.634777x - 0.012962x^2 + 0.000094x^3$$

$$s = (0.637532)\ (0.047786)\ (0.000986)\ (0.00000591)$$

$$t = (22.23678)\ (13.28372)\ (-13.15005)\ (15.89677)$$

$$R^2 = 0.998339 \quad \bar{R}^2 = 0.997509 \quad S.E = 0.328491$$

$$D.W. = 2.00212 \quad F = 1202.220$$

如果边际成本的曲线和平均成本的曲线为 U 形，根据价格理论可知，模型中的系数有如下先验值：

（1）B_0，B_1 和 B_3 都大于零。

（2）$B_2 < 0$。

（3）$B_2^2 < 3B_1B_3$。

以上的回归结果与这些预期是一致的。

对总成本函数求导数，得到边际成本函数的估计式为

$$\frac{d\hat{y}}{dx} = 0.634777 - 0.025934x + 0.000272x^2$$

因此，当产量低于 0.025934/（2 × 0.000272） = 47.673（吨）时，边际成本是递减的；而产量超过这个水平时，边际成本又呈上升趋势。

第六节 实验

一 实验目的

1. 对比线性回归模型和双对数线性模型；
2. 掌握双对数线性模型线性化处理的原理；
2. 掌握可化为线性的非线性回归模型的估计方法。

二 实验内容

表 5—4 给出 1995—2013 年中国的国内生产总值、劳动力投入和固定资本投入的实际数据。

表 5—4 1995—2013 年我国国内生产总值、劳动力投入和固定资本投入数据 （单位：亿元）

年份	国内生产总值（Y）	从业人员（X_1）	固定资本投入（X_2）	年份	国内生产总值（Y）	从业人员（X_1）	固定资本投入（X_2）
1995	60793.7	68065	20019.3	2005	184937.4	74647	88773.6
1996	71176.6	68950	22913.5	2006	216314.4	74978	109998.2
1997	78973.0	69820	24941.1	2007	265810.3	75321	137323.9
1998	84402.3	70637	28406.2	2008	314045.4	75564	172828.4
1999	89677.1	71394	29854.7	2009	340902.8	75828	224598.8
2000	99214.6	72085	32917.7	2010	401512.8	76105	251683.8
2001	109655.2	72797	37213.5	2011	473104.0	76420	311485.1
2002	120332.7	73280	43499.9	2012	519470.1	76704	374694.7
2003	135822.8	73736	55566.6	2013	568845.2	76977	446294.1
2004	159878.3	74264	70477.4				

资料来源：2014 年《中国统计年鉴》。

1. 利用数据资料，进行线性回归模型分析；
2. 利用数据资料，进行双对数线性模型回归分析；
3. 中国概念的制造总体呈现规模报酬不变状态吗？

三　实验步骤

（1）建立工作文件并导入全部数据，建立线性回归模型

$$Y_i = \beta_0 + \beta_1 X_{1i} + \beta_2 X_{2i} + u_i$$

根据表 5—4 给出的 1978—1998 年总产出（用国内生产总值 GDP 度量）、劳动投入（用从业人员度量，单位为万人）以及资本投入（用固定资本度量），利用 EViews 软件对其进行线性回归，点击主界面菜单 Qucik/Estimate Equation，在弹出的对话框中输入“ls y c x1x2”，得到回归结果，如图 5—5 所示。

Dependent Variable: Y
Method: Least Squares
Date: 02/01/15 Time: 20:44
Sample: 1995 2013
Included observations: 19

Variable	Coefficient	Std. Error	t-Statistic	Prob.
C	-641424.9	147229.2	-4.356641	0.0005
X1	9.879893	2.060837	4.794116	0.0002
X2	1.076742	0.042789	25.16375	0.0000

R-squared	0.993044	Mean dependent var	226045.7
Adjusted R-squared	0.992175	S.D. dependent var	164087.8
S.E. of regression	14515.01	Akaike info criterion	22.14769
Sum squared resid	3.37E+09	Schwarz criterion	22.29682
Log likelihood	-207.4031	Hannan-Quinn criter.	22.17293
F-statistic	1142.165	Durbin-Watson stat	1.128685
Prob(F-statistic)	0.000000		

图 5—5　回归结果

由上图我们可以得到以下样本回归函数

$$\hat{Y}_i = -641424.9 + 9.8799X_1 + 1.0767X_2$$

$$(147229.2)\ (2.0608)\ (0.0428)$$

$$t = (-4.3566)\ (4.7941)\ (25.1638)$$

$$\bar{R}^2 = 0.9922 \quad F = 1142.165 \quad n = 19$$

通过图 5—5 我们可以看到该模型接近 1，且 F 统计量对应的 P 值为 0，远小于显著性水平 0.05；t 统计量对应的 P 值均远远小于显著性水平 0.05。应该说，模型拟合程度较高，被解释变量与解释变量之间称高度线

性相关关系。

（2）用双对数函数来解决以上问题，得到双对数线性回归模型。

在 EViews 软件下，点击主界面菜单 Qucik/Estimate Equation，在弹出的对话框中输入 log（Y） C log（X_1） log（X_2），点击确定即可得到回归结果，如图 5—6 所示。

Dependent Variable: LOG(Y)
Method: Least Squares
Date: 02/01/15 Time: 20:40
Sample: 1995 2013
Included observations: 19

Variable	Coefficient	Std. Error	t-Statistic	Prob.
C	-14.47131	6.513320	-2.221803	0.0411
LOG(X1)	1.721130	0.601683	2.860524	0.0113
LOG(X2)	0.643621	0.021763	29.57366	0.0000

R-squared	0.998017	Mean dependent var	12.07912
Adjusted R-squared	0.997769	S.D. dependent var	0.728501
S.E. of regression	0.034406	Akaike info criterion	-3.757232
Sum squared resid	0.018940	Schwarz criterion	-3.608110
Log likelihood	38.69370	Hannan-Quinn criter.	-3.731995
F-statistic	4026.914	Durbin-Watson stat	1.532157
Prob(F-statistic)	0.000000		

图 5—6 回归结果

运用 OLS 法建立我国的柯布－道格拉斯生产函数为：

$$\ln Y_i = -14.47131 + 1.7211 \ln X_i + 0.6434 X_2$$

$$(6.51332) \quad (0.6017) \quad (0.0218)$$

$$t = (-2.2218) \quad (2.8605) \quad (29.5737)$$

$$\bar{R}^2 = 0.9978 \quad F = 4026.914 \quad n = 19$$

对以上回归方程解释如下：

参数以及总体性都通过显著性检验，$\bar{R}^2$ 值为 0.998，表明（对数）劳动力和资本解释了大约 99.8% 的（对数）产出的变动，很高的解释程度表明模型很好地拟合了样本数据。偏斜率系数 1.7211 表示产出对劳动投入的弹性，也就是说，1.7211 表示在资本投入保持不变的条件下，劳动投入每增加一个百分点，平均产出将增加 1.72%。类似地，在劳动投入保持不变的条件下，资本投入每增加一个百分点，产出将平均增加 0.64%。

（3）如果将两个弹性系数相加，我们将得到一个重要的经济参数——规模报酬参数，它反映了产出对投入的比例变动。如果两个弹性系数之和为 1，则称规模报酬不变（如同时增加劳动和资本为原来的两倍，则产出也是原来的两倍）；如果两个弹性系数之和大于 1，则称规模报酬递增（如同时增加劳动和资本为原来的两倍，则产出是原来的两倍多）；如果两个弹性系数之和小于 1，则称规模报酬递减（如同时增加劳动和资本为原来的两倍，则产出小于原来的两倍）。在本例中，两个弹性系数之和为 2.36，表明中国经济的特征是规模报酬递增的。

四　实验小结

该实验所设模型为对数模型，对于对数模型线性化处理方法通常采用取对数的形式，简单易行。但在处理问题时一定要考虑到模型的经济意义，例如：本实验中涉及的规模报酬问题。

五　备择实验

表 5—5 是 1990—2003 年厦门市贷款总额（LOND，亿元）和国内生产总值（GDP，亿元）的数据资料，试建立合理的模型对两者关系进行探讨（提示：多项式方程）。

表 5—5　　厦门市贷款总额与 GDP　　（单位：亿元）

年份	LOAN	GDP	年份	LOAN	GDP
1990	63.70	57.10	1997	352.30	370.30
1991	78.00	72.00	1998	397.30	418.10
1992	112.70	97.70	1999	435.30	458.30
1993	151.80	132.30	2000	488.30	501.20
1994	209.60	187.00	2001	552.00	556.00
1995	260.80	250.60	2002	646.00	648.00
1996	306.80	306.40	2003	898.00	760.00

资料来源：《2004 年厦门市统计年鉴》。

本章小结

1. 当经济变量之间呈现非线性关系时，可通过观察图形、估计结果、残差分布等方法确定回归模型。

2. 本质上是线性回归模型的非线性回归模型

原模型	变换模型
$y=\dfrac{1}{a+bx}$	$y'=1/y$，$x'=x$
$y=\sqrt{a+bx}$	$y'=y^2$，$x'=x$
$y=a+bx+cx^2$	$y'=y^2$，$x_2'=x^2$
$y=a+b\ln x$	$x'=\ln x$
$y=a+bx+cx^2+dx^3$	$y'=y^2$，$x_2'=x^2$，$x_3'=x^3$
$y=ax^b$	$y'=\ln y$，$x'=\ln x$，$\beta_1=\ln a$，$\beta_2=b$
$y=ae^{bx}$	$y'=\ln y$，$x'=x$，$\beta_1=\ln a$，$\beta_2=b$
$y=k\ (1-ae^{-x})^3$	$y'=y^{1/3}$，$x'=e^{-x}$，$\beta_1=k^{1/3}$，$\beta_2=-ak^{1/3}$

3. 回归的不同函数形式模型比较

表 5—6　　不同函数形式模型比较

模型	形式	斜率（$\frac{dY}{dX}$）	弹性（$\frac{dY}{dX}\cdot\frac{X}{Y}$）
线性模型	$Y_i=B_0+B_2X_i$	B_1	$B_1\left(\frac{X}{Y}\right)$*
双对数模型	$\ln Y_i=B_0+B_2\ln X_i$	$B_1\left(\frac{X}{Y}\right)$	B_1
对数—线性模型	$\ln Y_i=B_0+B_1X_i$	B_1Y	$B_1\ (X)$ *
线性—对数模型	$Y_i=B_0+B_1\ln X_i$	$B_1\left(\frac{1}{X}\right)$	$B_1\left(\frac{1}{X}\right)$*
倒数模型	$Y_i=B_0+B_1\left(\frac{1}{X_i}\right)$	$-B_1\left(\frac{1}{X^2}\right)$	$-B_1\left(\frac{1}{XY}\right)$*

注：* 表示弹性系数是一个变量，其值依赖于 X 或 Y 或 X 与 Y。在实际运用中，若没有给出具体的 X，Y，则用 $\overline{X}$，$\overline{Y}$ 来测度弹性系数。

从表中可以看出，对变量之间是线性的模型，其斜率为一常数，而弹性系数是一个变量，但是，在双对数模型中，其弹性系数是一常数，而斜率为一变量。表中的其他模型，斜率和弹性系数都是变量。

复 习 题

一、名词解释

1. 半对数模型
2. 指数函数模型
3. 全对数模型
4. 双曲线函数模型
5. 多项式模型
6. 生长曲线函数
7. 龚伯斯（Gompertz）曲线

二、简答

1. 全对数函数模型与半对数函数模型有哪些区别？

2. 指数函数模型、双曲线函数模型的模型形式具体为什么？它们各自有怎样的特点？适用范围是什么？

3. 简述可线性化的非线性函数模型有哪些？

4. 简述非线性函数可线性化的步骤。

三、计算与分析

1. 观察下列方程并判断其变量是否呈线性？系数是否呈线性？或都是？或都不是？

（1）$Y_i=\beta_0+\beta_1X_i^3+\varepsilon_i$

（2）$Y_i=\beta_0+\beta_1\log X_i+\varepsilon_i$

（3）$\log Y_i=\beta_0+\beta_1\log X_i+\varepsilon_i$

（4）$Y_i=\beta_0+\beta_1（\beta_2X_i）+\varepsilon_i$

（5）$Y_i=\dfrac{\beta_0}{\beta_1X_i}+\varepsilon_i$

（6）$Y_i=1+\beta_0（1-X_i^{\beta_1}）+\varepsilon_i$

（7）$Y_i=\beta_0+\beta_1X_{1i}+\beta_2X_{2i}/10+\varepsilon_i$

2. 下表给出了德国 1971—1987 年消费者价格指数 Y（1980 年 = 100）及货币供给 X（10 亿德国马克）的数据。

（1）作如下回归：

a. Y 对 X　　b. $\ln Y$ 对 $\ln X$　　c. $\ln Y$ 对 X　　d. Y 对 $\ln X$

（2）解释各回归结果；

（3）对每一个模型求 Y 对 X 的变化率；

（4）对每一个模型求 Y 对 X 的弹性，对其中的一些模型，求 Y 对 X 的均值弹性；

（5）根据这些回归结果，你将选择哪个模型？为什么？

表 5—7　　德国 1971—1987 年消费者价格指数（Y）（1980 年 = 100）与货币供给（X）

年份	Y	X	年份	Y	X
1971	64.1	110.02	1980	100.0	237.97
1972	67.7	125.02	1981	106.3	240.77
1973	72.4	132.27	1982	111.9	249.25
1974	77.5	137.17	1983	115.6	275.08
1975	82.0	159.51	1984	118.4	283.89
1976	85.6	176.16	1985	121.0	296.05
1977	88.7	190.80	1986	120.7	325.73
1978	91.1	216.20	1987	121.1	354.93
1979	94.9	232.41			

3. 根据下面的数据估计模型：

$$\left(\frac{1}{Y_i}\right) = B_1 + B_2 Z_i X_i + U_i$$

表 5—8　　X、Y 的数据

Y	86	79	76	69	65	62	52	51	51	48
X	3	7	12	17	25	35	45	55	70	120

(1) 解释 B_2 的含义；

(2) 求 Y 对 X 的变化率；

(3) 求 Y 对 X 的弹性；

(4) 用相同的数据，估计下面的回归模型：$Y_i = B_1 + B_2 \left(\frac{1}{Z_i}\right) X_i + U_i$

(5) 能否比较两个模型的 R^2 值？为什么？

(6) 如何判定哪一个模型更好？

第六章

多元回归模型的推断问题

引子：

我们用 64 个国家构成的样本将儿童死亡率（每千名儿童中不足 5 岁便死亡的儿童人数）对人均 GNP（PGNP）、妇女识字率（FLFP）进行回归。得出如下回归结果：

$$\widehat{CM}_i = 263.6416 - 0.0056PGNP - 2.2316FLR_i$$
$$se = (11.5932)\ (0.0019)\qquad (0.2099)$$
$$t = (22.7411)\ (-2.8187)\ (-10.6293)$$
$$p\text{ 值} = (0.0000)\quad (0.0065)\qquad (0.0000)$$
$$R^2 = 0.7077, \qquad (6—1)$$

在方程（6—1）中，我们可以观察到 se（估计标准误）、相关系数为零的虚拟假设下的 t 值、估计的 p 值、拟合优度 R^2 值以及调整后 $\bar{R}^2$ 的拟合优度值。所观察到的这些结论的统计显著性如何呢？比方考虑 PGNP 的系数 -0.0056，这个系数是统计显著的吗？即它统计显著地异于零吗？类似地，FLR 的系数 -2.2316 是统计显著的吗？这两个系数都是统计显著的吗？为回答这个及与此相关的问题，让我们首先考虑在多元回归模型中可能会遇到的假设检验类型。

一旦我们走出简单的一元线性回归模型的范围，假设检验就会以多种有趣的形式出现。诸如：

（1）检验关于个别偏回归系数的假设。

（2）检验所估计的多元回归模型的总显著性，也就是要判明是否全部偏回归系数同时为零。

（3）检验两个或多个系数是否相等。

（4）检验诸偏回归系数是否满足某种约束条件。

（5）检验所估计的回归模型在时间上或在不同横截面单元上的稳定性。

（6）检验回归模型的函数形式。

在初等计量研究中，我们仅讨论以上第（1）、（2）、（5）类型的检验。

第一节　关于个别偏回归系数的假设检验

在对一元线性回归模型进行检验的时候，我们知道虽然拟合优度 R^2 度量了估计的回归直线与样本观察值之间的拟合程度，但是 R^2 本身却不能告诉我们估计的回归系数是否在统计上是显著的，也就是是否显著不为零。如果回归系数显著不为零，则其对应的解释变量对被解释变量的影响是重要的，否则就是不重要的，需要进一步分析影响被解释变量的其他因素。

同一元线性回归模型相比，如果多元线性回归模型中某个偏回归系数显著不为零，则其对应的解释变量对被解释变量的影响是重要的，否则就是不重要的，应该把这个解释变量从模型中剔出，重新建立更为简单的模型。鉴于偏回归系数的假设检验对多元回归模型设立的重要性，必须对偏回归系数的显著性进行检验。

一　个别偏回归系数的 t 检验

同一元线性回归模型一样，在多元线性回归模型中，如果随机项 μ_i 和解释变量 X_i 满足基本假定的要求，同样可以证明参数估计量服从其均值和方差的正态分布。

由于总体方差 σ^2 未知，在前面我们已经证明了 σ^2 的无偏估计量为 $\hat{\sigma}^2$，因此可用 $\hat{\sigma}^2$ 代替 σ^2，则 OLS 估计量服从自由度为（$n-k-1$）的 t 分布，而不是正态分布。即 $t=\dfrac{\hat{\beta}_i-\beta_i}{S(\hat{\beta}_i)}\sim t(n-k-1)$

二 t 检验步骤

具体检验步骤如下：

1. 提出假设：零假设 H_0：$\beta_i=0$

备择假设 H_1：$\beta_i\neq 0$

2. 在 H_0 成立的条件下，计算 t 统计量

$$t=\frac{\hat{\beta}_i-\beta_i}{S(\beta_i)}=\frac{\hat{\beta}_i}{\hat{\sigma}\sqrt{C_{ii}}}$$

3. 在给定显著性水平 α 的条件下，查表得临界值 $t_{\frac{\alpha}{2}}(n-k-1)$

4. 判断

若 $|t|\geqslant t_{\frac{\alpha}{2}}(n-k-1)$，则拒绝 H_0：$\beta_i=0$，接受 H_1：$\beta_i\neq 0$。这是因为接受 H_1 的概率保证程度很大，也就是说接受犯错误的概率很小，说明 β_i 所对应的解释变量 X_i 对因变量 Y_i 有显著影响。

若 $|t|\leqslant t_{\frac{\alpha}{2}}(n-k-1)$，则接受 H_0：$\beta_i=0$，即 β_i 与 0 的差异不显著，这种情况下，只有接受 H_0，犯错误的概率才会小。说明 β_i 对应的解释变量 X_i 对因变量 Y_i 没有影响。

三 个别偏回归系数的 P 值检验

对参数的显著性检验，同样可以通过 P 值来检验。检验方法同一元线性回归模型一样，即如果 β_i 的检验值的 P 值都很小，说明 β_i 显著异于零，也就是说在拒绝零假设的过程中，犯错误的概率很小。

例 6—1 以企业研发支出（R&D）占销售额的比重为被解释变量（Y），以企业销售额（X_1）与利润占销售额的比重（X_2）为解释变量，一个有 32 容量的样本企业的估计结果如下：

$Y=0.472+0.32log(Z_1)+0.05Z_2$

(1.37)　　(0.22)　　(0.046)

$R^2=0.099$

其中括号中为系数估计值的标准差。

（1）解释 log（X_1）的系数。如果 X_1 增加 10%，估计 Y 会变化多少个百分点？这在经济上是一个很大的影响吗？

（2）针对 R&D 强度随销售额的增加而提高这一备择假设，检验它

不随 X_1 而变化的假设。分别在 5% 和 10% 的显著性水平上进行这个检验。

（3）利润占销售额的比重 X_2 对 R&D 强度 Y 是否在统计上有显著的影响？

解答：

（1）log（X_1）的系数表明在其他条件不变时，log（X_1）变化 1 个单位，引起 Y 变化的单位数，即 $\Delta Y = 0.32\ \Delta\log(X_1) \approx 0.32\ (\Delta X_1/X_1) = 0.32 \times 100\%$，换言之，当企业销售 X_1 增长 100% 时，企业研发支出占销售额的比重 Y 会增加 0.32 个百分点。由此，如果 X_1 增加 10%，Y 会增加 3.2%，即企业销售额提高 10%，可使企业研发强度（研发支出占销售额的比重）提高 3.2%，这在经济上并不是一个较大的影响。

（2）根据题目要求，我们可以得到备择假设 H_1：$\beta_1 > 0$，检验原假设 H_0：$\beta_1 = 0$。根据 t 统计量的计算公式有 $t = \dfrac{\hat{\beta}_i - \beta_i}{S(\hat{\beta}_i)} = \dfrac{0.32}{0.22} = 1.468$。在 5% 的显著性水平下，自由度为 $32 - 3 = 29$ 的 t 分布的临界值为 1.699（单侧），计算的 t 值小于该临界值，所以不拒绝原假设。意味着 R&D 强度不随销售额的增加而变化。在 10% 的显著性水平下，自由度为 29 的 t 分布的临界值为 1.311，计算的 t 值小于该值，拒绝原假设，意味着 R&D 强度随销售额的增加而增加。

（3）对 X_2，参数估计值的 t 统计值为 $t = \dfrac{\hat{\beta}_i - \beta_i}{S(\hat{\beta}_i)} = \dfrac{0.05}{0.046} = 1.087$，它比在 10% 的显著性水平下的自由度为 29 的 t 分布临界值小，因此可以认为它对 Y 在统计上没有显著的影响。也就是说，利润占销售额的比重对企业研发强度并无显著性影响，因而该变量应做删除处理。

例 6—2　某地区城镇居民人均全年耐用消费品支出、人均年可支配收入及耐用消费品价格指数的统计资料如表 6—1 所示：

表 6—1　　某地区城镇居民人均全年耐用消费品支出、人均年可支配收入及耐用消费品价格指数

年份	人均耐用消费品支出 Y（元）	人均年可支配收入 X_1（元）	耐用消费品价格指数 X_2（2000 年 = 100）
2001	137.16	1181.4	115.96
2002	124.56	1375.7	133.35
2003	107.91	1501.2	128.21
2004	102.96	1700.6	124.85
2005	125.24	2026.6	122.49
2006	162.45	2577.4	129.86
2007	217.43	3496.2	139.52
2008	253.42	4283.0	140.44
2009	251.07	4838.9	139.12
2010	285.85	5160.3	133.35
2011	327.26	5425.1	126.39

资料来源：《中国统计年鉴》2012 年。

分析：

利用表中数据，建立该地区城镇居民人均全年耐用消费品支出关于人均年可支配收入和耐用消费品价格指数的回归模型，进行回归分析，并检验人均年可支配收入及耐用消费品价格指数对城镇居民人均全年耐用消费品支出是否有显著影响。

（1）建立该地区城镇居民人均全年耐用消费品支出关于人均年可支配收入和耐用消费品价格指数的回归模型：

$$Y_t = \beta_1 + \beta_2 X_T + \beta_3 T_3 + u_t$$

（2）估计参数结果，如图 6—1 所示。

Dependent Variable: Y
Method: Least Squares
Date: 02/08/15 Time: 00:56
Sample: 2001 2011
Included observations: 11

Variable	Coefficient	Std. Error	t-Statistic	Prob.
C	158.5398	121.8071	1.301564	0.2293
X1	0.049404	0.004684	10.54786	0.0000
X2	-0.911684	0.989546	-0.921316	0.3838

R-squared	0.947989	Mean dependent var	190.4827
Adjusted R-squared	0.934986	S.D. dependent var	79.29127
S.E. of regression	20.21757	Akaike info criterion	9.077982
Sum squared resid	3270.001	Schwarz criterion	9.186499
Log likelihood	-46.92890	Hannan-Quinn criter.	9.009577
F-statistic	72.90647	Durbin-Watson stat	1.035840
Prob(F-statistic)	0.000007		

图 6—1　回归结果

由估计和检验结果可看出，该地区人均年可支配收入的参数的 t 检验值为 10.54786，其绝对值大于临界值 $t_{0.025}$（11 − 3） = 2.306；而且对应的 P 值为 0.0000，也明显小于 $\alpha = 0.05$。说明人均年可支配收入对该地区城镇居民人均全年耐用消费品支出确实有显著影响。

但是，该地区耐用消费品价格指数的参数的 t 检验值为 − 0.921316，其绝对值小于临界值 $t_{0.025}$（11 − 3） = 2.306；而且对应的 P 值为 0.3838，也明显大于 $\alpha = 0.05$。这说明该地区耐用消费品价格指数对城镇居民人均全年耐用消费品支出并没有显著影响。

第二节　关于总体显著性的假设检验

前面我们讨论了多元线性回归模型中个别偏回归系数的假设检验问题，如果某个偏回归系数未通过 t 检验，则认为该偏回归系数后面所跟解释变量与被解释变量并无显著关系，应将该解释变量剔出。那么，每个偏回归系数都通过 t 检验的多元线性回归模型就可以认定为正确的吗？当然不。我们还需对其进行总体显著性假设检验，即检验多元线性回归模型中所有解释变量在回归系数作用下对被解释变量的联合效应，如果该多元线性回归模型通过总体显著性的假设检验，则认为该模型解释变量联合起来与被解释变量显著相关，也就是方程总体具有线性关系。对于多元线性回归模型的总体显著性检验，可以运用 F 检验的方法进行显著性检验，也可以运用 P 值进行检验。

一 总体显著性的 F 检验

F 检验步骤及具体做法如下：

1. 提出假设 零假设 H_0：$B_1=B_2=\cdots=B_k=0$

备择假设 H_1：B_1（$i=1, 2, \cdots, k$）不全为 0

2. 在 H_0 成立的前提条件下，由样本观察值计算 F 统计量

$$F=\frac{ESS}{k}\Big/\frac{RSS}{n-k-1} \tag{6—2}$$

$$=\frac{b'X'Y-n\overline{Y}^2}{k}\Big/\frac{Y'Y-b'X'Y}{n-k-1} \tag{6—3}$$

3. 在给定显著性水平 α 时，查表得临界值 F_α（$k, n-k-1$）

4. 检验，若 $F>F_\alpha$（$k, n-k-1$），拒绝 H_0，即回归方程显著成立。若 $F<F_\alpha$（$k, n-k-1$），接受 H_0，即回归方程不显著成立。

二 总体显著性的P 值检验

对于多元线性回归方程总体性的显著性检验，同样可以运用 F 统计量的 P 值进行检验。如果 F 统计量的 P 值很小，说明拒绝零假设犯错误的概率很小，也就是说拒绝零假设的概率保证程度很大。

三 F 与 R^2 的重要关系

判定系数 R^2 与 F 值之间有如下重要关系：

$$F=\frac{R^2/(K-1)}{(1-R^2)/(n-k)} \tag{6—4}$$

式中，n 为观察值的个数，k 为包括截距在内的解释变量的个数。

式（6—4）表明了 F 与 R^2 之间的关系。这两个统计量同方向变动。当 $R^2=0$（即 Y 与解释变量 X 不相关）时，F 为 0。R^2 值越大，F 值也越大。当 R^2 取其极限值 1 时，F 值趋于无穷大。

因此，F 检验（用于度量总体回归直线显著性）也可用于检验 R^2 的显著性——R^2 是否显著不为零。换句话说，检验零假设式 H_0 与检验零假设（总体的）R^2 为零是等价的。

用 R^2 的形式进行 F 检验的优点在于便于计算。仅仅需要知道 R^2 值即可，许多统计软件都给出了 R^2 的值。因此，对总体回归方程显著性的 F 检验可采用 R^2 的形式。

例 6—3　为研究中国各地区入境旅游状况，建立了各省市旅游外汇收入（Y，百万美元）、旅行社职工人数（X_1，人）、国际旅游人数（X_2，万人次）的模型，用某年 31 个省市的截面数据估计结果如下：

$$\hat{Y}_i = -151.0263 + 0.1179X_{1i} + 1.5452X_{2i}$$

$$t = (-3.066806)\ (6.652983)\ (3.378064)$$

$$R^2 = 0.934331 \quad \bar{R}^2 = 0.92964 \quad F = 191.1894 \quad n = 31$$

（1）从经济意义上考察估计模型的合理性；

（2）在 5% 显著性水平上，分别检验参数 β_1，β_2 的显著性；

（3）在 5% 显著性水平上，检验模型的整体显著性。

分析：（1）由模型估计结果可看出：旅行社职工人数和国际旅游人数均与旅游外汇收入正相关。平均说来，旅行社职工人数增加 1 人，旅游外汇收入将增加 0.1179 百万美元；国际旅游人数增加 1 万人次，旅游外汇收入增加 1.5452 百万美元。

（2）取 $\alpha = 0.05$，查表得 $t_{0.025}(31-3) = 2.048$

因为 3 个参数 t 统计量的绝对值均大于 $t_{0.025}(31-3) = 2.048$，说明经 t 检验 3 个参数均显著不为 0，即旅行社职工人数和国际旅游人数分别对旅游外汇收入都有显著影响。

（3）取 $\alpha = 0.05$，查表得 $F_{0.05}(2, 28) = 3.34$，由于 $F = 199.1894 > F_{0.05}(2, 28) = 3.34$，说明旅行社职工人数和国际旅游人数联合起来对旅游外汇收入有显著影响，线性回归方程显著成立。

第三节　实例

以我国国内生产总值（支出法）为被解释变量（Y），最终消费支出

（X_1）、资本形成总额（X_2）、货物和服务净出口（X_3）为解释变量构造线性回归方程，并对该线性回归模型进行检验。

表 6—2　　我国国内生产总值与最终消费、资本形成总额　（单位：亿元）

年份	国内生产总值（Y）	最终消费（X_1）	资本形成总额（X_2）	年份	国内生产总值（Y）	最终消费（X_1）	资本形成总额（X_2）
1978	3605.6	2239.1	1377.9	1996	74163.6	43919.5	28784.9
1979	4092.6	2633.7	1478.9	1997	81658.5	48140.6	29968.0
1980	4592.9	3007.9	1599.7	1998	86531.6	51588.2	31314.2
1981	5008.8	3361.5	1630.2	1999	91125.0	55636.9	32951.5
1982	5590.0	3714.8	1784.2	2000	98749.0	61516.0	34842.8
1983	6216.2	4126.4	2039.0	2001	109028.0	66933.9	39769.4
1984	7362.7	4846.3	2515.1	2002	120475.6	71816.5	45565.0
1985	9076.7	5986.3	3457.5	2003	136613.4	77685.5	55963.0
1986	10508.5	6821.8	3941.9	2004	160956.6	87552.6	69168.4
1987	12277.4	7804.6	4462.0	2005	187423.4	99357.5	77856.8
1988	15388.6	9839.5	5700.2	2006	222712.5	113103.8	92954.1
1989	17311.3	11164.2	6332.7	2007	266599.2	132232.9	110943.2
1990	19347.8	12090.5	6747.0	2008	315974.6	153422.5	138325.3
1991	22577.4	14091.9	7868.0	2009	348775.1	169274.8	164463.2
1992	27565.2	17203.3	10086.3	2010	402816.5	194115.0	193603.9
1993	36938.1	21899.9	15717.7	2011	472619.2	232111.5	228344.3
1994	50217.4	29242.2	20341.1	2012	529399.2	261993.6	252773.2
1995	63216.9	36748.2	25470.1	2013	586673.0	292165.6	280356.1

资料来源：2014 年《中国统计年鉴》。

根据表 6—2 提供的数据，现在用 OLS 法建立 Y 与 X_1、X_2 之间的线性回归方程，运用 EVIEWS 统计软件得到的回归运算结果如下：

Dependent Variable: Y
Method: Least Squares
Date: 02/07/15 Time: 17:28
Sample: 1978 2013
Included observations: 36

Variable	Coefficient	Std. Error	t-Statistic	Prob.
C	-812.0721	1169.356	-0.694461	0.4923
X1	1.147835	0.080788	14.20807	0.0000
X2	0.924326	0.082418	11.21512	0.0000

R-squared	0.999373	Mean dependent var	128144.1
Adjusted R-squared	0.999335	S.D. dependent var	161732.0
S.E. of regression	4171.461	Akaike info criterion	19.58958
Sum squared resid	5.74E+08	Schwarz criterion	19.72154
Log likelihood	-349.6124	Hannan-Quinn criter.	19.63563
F-statistic	26289.41	Durbin-Watson stat	0.399903
Prob(F-statistic)	0.000000		

图 6—2　回归结果

根据图 6—2 得到回归结果如下：

$$\hat{Y}_i = -812.0721 + 1.1478X_1 + 0.9243X_2 \quad (6—5)$$

$$S(b_i) = (1169.356) \quad (0.0808) \quad (0.0824)$$

$$t = (-0.6945) \quad (14.2081) \quad (11.2151)$$

$$R^2 = 0.9994 \quad F = 26289.41$$

对根据表 6—5 得到的国内生产总值与最终消费、资本形成之间的回归模型的总体显著性的检验如下：

根据回归分析运算结果可知

$\alpha = 0.05$　$F = 26289.41$　$F_\alpha(k, n-k-1) = F_{0.05}(2, 33) = 3.3$

显然 $F > F_\alpha(k, n-k-1)$，即国内生产总值与最终消费、资本形成之间的回归模型是显著成立的。

对于总体方程的显著性检验，同样可以运用 F 统计量的 P 值进行检验。得出的结论是相同的。从图 6—2 得到的回归分析运算结果表中可知，当 $F=26289.41$ 时，$P=(0.000000)$，也就是说拒绝零假设，犯错误的概率几乎没有。

接下来对该模型偏回归系数进行显著性检验：

根据回归分析运算结果可知

$\alpha = 0.05$　$t_1 = -0.6945$　$t_2 = 14.2081$　$t_3 = 11.2151$　$t_{\frac{\alpha}{2}} = 0.683$

显然 $|t_1| > t_{\frac{\alpha}{2}}$，$|t_2| > t_{\frac{\alpha}{2}}$，$|t_3| > t_{\frac{\alpha}{2}}$。即最终消费、资本形成对国内生产总值均有显著性影响。另外，从 P 值检验也能得到相同结论。

第四节 实验

一 实验目的

1. 掌握多元线性回归模型的估计方法；
2. 模型方程的 F 检验，参数的 t 检验。

二 实验内容

1963—2013 年我国国内生产总值的数据如下：

表 6—3 1963—2013 年我国国内生产总值 （单位：亿元）

年份	时间（X）	GDP（Y）	年份	时间（X）	GDP（Y）	年份	时间（X）	GDP（Y）
1963	1	1233.3	1980	18	4545.6	1997	35	78060.9
1964	2	1454.0	1981	19	4889.5	1998	36	83024.3
1965	3	1716.1	1982	20	5330.5	1999	37	88479.2
1966	4	1868.0	1983	21	5985.6	2000	38	98000.5
1967	5	1773.9	1984	22	7243.8	2001	39	108068.2
1968	6	1723.1	1985	23	9040.7	2002	40	119095.7
1969	7	1937.9	1986	24	10274.4	2003	41	134977.0
1970	8	2252.7	1987	25	12050.6	2004	42	159453.6
1971	9	2426.4	1988	26	15036.8	2005	43	183617.4
1972	10	2518.1	1989	27	17000.9	2006	44	215904.4
1973	11	2720.9	1990	28	18718.3	2007	45	266422.0
1974	12	2789.9	1991	29	21826.2	2008	46	316030.3
1975	13	2997.3	1992	30	26937.3	2009	47	340320.0
1976	14	2943.7	1993	31	35260.0	2010	48	399759.5
1977	15	3201.9	1994	32	48108.5	2011	49	468562.4
1978	16	3645.2	1995	33	59810.5	2012	b	518214.7
1979	17	4062.6	1996	34	70142.5	2013	51	566130.2

资料来源：1999 年、2014 年《中国统计年鉴》。

请根据表 6—3 中的数据建立一个国内生产总值的长期趋势模型。

三　实验步骤

1. 回归分析

从表 6—3 中数据可以发现，1963—2013 年我国国内生产总值确实经历了 1963—1977 年（称为改革开放前）和 1978—2013 年（称为改革开放以后）两个不同时期。也就是说，国内生产总值的长期趋势模型在这两个时期之间经历了一个结构性变化，为了观察这种变化是否真实我们把数据分为两个时期：1963—1977 年和 1978—2013 年。得到三种可能的回归模型如下：

时期 1963—2013 年

$$Y_t = \gamma_0 + \gamma_1 X_t + \mu_{1t} \tag{6—6}$$

时期 1963—1977 年

$$Y_t = \alpha_0 + \alpha_1 X_t + \mu_{2t} \tag{6—7}$$

时期 1978—2013 年

$$Y_t = \beta_0 + \beta_1 X_t + \mu_{3t} \tag{6—8}$$

式（6—6）回归假定了两个时期没有差别，估计整个时期的 Y 与 X 之间的关系，而式（6—7）与式（6—8）回归假定了 Y 与 X 之间的关系在这两个时期是不同的。利用表 6—3 中的数据，得到了如下回归结果：

时期 1963—2013 年：利用 EViews 软件回归结果图 6—3。

Dependent Variable: Y
Method: Least Squares
Date: 02/08/15 Time: 00:37
Sample: 1963 2013
Included observations: 51

Variable	Coefficient	Std. Error	t-Statistic	Prob.
C	-107909.2	25892.18	-4.167636	0.0001
X	7587.448	866.6107	8.755313	0.0000

R-squared	0.610045	Mean dependent var	89364.45
Adjusted R-squared	0.602087	S.D. dependent var	144414.5
S.E. of regression	91097.23	Akaike info criterion	25.71567
Sum squared resid	4.07E+11	Schwarz criterion	25.79143
Log likelihood	-653.7495	Hannan-Quinn criter.	25.74462
F-statistic	76.65550	Durbin-Watson stat	0.040298
Prob(F-statistic)	0.000000		

图 6—3　回归结果

根据图 6—3，我们有

$$\hat{Y}_t = -107909.2 + 7587.448X_t$$
$$t = (-4.1676) \quad (8.7553)$$
$$R^2 = 0.6100 \quad \sum e_t^2 = 4.07E + 11 \quad D.W. = 0.0393 \quad n = 50$$

我们可以看到，变量 C、X 的 t 统计量对应的 P 值都非常小，接近于零，证明这两个变量均通过 t 检验，对 Y 有显著性影响。但现行模型的拟合优度并不高，仅为 0.6100，证明线性模型总体拟合度并不高。

时期 1963—1977 年：利用 EViews 软件，我们可以得到图 6—4。

Dependent Variable: Y
Method: Least Squares
Date: 02/07/15 Time: 22:30
Sample: 1963 1977
Included observations: 15

Variable	Coefficient	Std. Error	t-Statistic	Prob.
C	1159.104	63.04265	18.38603	0.0000
X	134.7554	6.933767	19.43465	0.0000

R-squared	0.966727	Mean dependent var	2237.147
Adjusted R-squared	0.964167	S.D. dependent var	612.9275
S.E. of regression	116.0241	Akaike info criterion	12.46904
Sum squared resid	175000.7	Schwarz criterion	12.56345
Log likelihood	-91.51779	Hannan-Quinn criter.	12.46803
F-statistic	377.7058	Durbin-Watson stat	1.244816
Prob(F-statistic)	0.000000		

图 6—4 回归结果

$$\hat{Y}_t = 1159.104 + 134.7554X_t$$
$$(63.0427) \quad (6.9338)$$
$$t = (18.3860) \quad (19.4347)$$
$$R^2 = 0.9667 \quad \sum e_t^2 = 175000.7 \quad D.W. = 1.2448 \quad n = 15$$

我们可以看到，变量 C、X 的 t 统计量对应的 P 值均为零，证明这两个变量均通过 t 检验，对 Y 有显著性影响。且线性模型的拟合优度达 0.9667，接近于 1，证明线性模型总体拟合度高。

时期 1976—1998 年：利用 EViews 软件，有图 6—5。

Dependent Variable: Y
Method: Least Squares
Date: 02/08/15 Time: 00:42
Sample: 1978 2013
Included observations: 36

Variable	Coefficient	Std. Error	t-Statistic	Prob.
C	-309594.3	45838.42	-6.754035	0.0000
X	12992.89	1306.916	9.941640	0.0000

R-squared	0.744046	Mean dependent var	125667.5
Adjusted R-squared	0.736518	S.D. dependent var	158696.5
S.E. of regression	81459.77	Akaike info criterion	25.50756
Sum squared resid	2.26E+11	Schwarz criterion	25.59553
Log likelihood	-457.1361	Hannan-Quinn criter.	25.53826
F-statistic	98.83621	Durbin-Watson stat	0.059268
Prob(F-statistic)	0.000000		

图 6—5　回归结果

根据图 6—5，有

$$\hat{Y}_t = -309594.3 + 12992.89X_t$$

$$t = (-6.7540) \quad (9.9416)$$

$$R^2 = 0.7440 \quad \sum e_t^2 = 2.26E + 11 \quad D.W. = 0.0593 \quad n = 35$$

此时，变量 C、X 的 t 统计量对应的 P 值均为零，证明这两个变量均通过 t 检验，对 Y 有显著性影响。且线性模型的拟合优度为 0.7440，证明线性模型总体拟合度较高。

2. 稳定性检验

究竟模型（6—7）和模型（6—8）是否存在结构性变化，如果没有结构性变化，就应该合并全部观察值，只估计一个国民经济长期趋势模型即可，即只估计模型（6—6）就可以了。那么，怎样才能知道模型的结构是否具有稳定性呢？目前有一种应用非常广泛的检验方法，称邹至庄检验（Chow）。

在进行邹至庄检验时，随机项 μ_{it} 必须还要遵循以下两个基本假定：

（1）随机项 $\mu_{1t} \sim N(0, \sigma^2)$，随机项 $\mu_{2t} \sim N(0, \sigma^2)$，即随机项 μ_{1t} 和 μ_{2t} 是具有相同方差（具有同方差性）的正态分布变量。

（2）随机项 μ_{1t} 和 μ_{2t} 的分布是相互独立的。

邹至庄检验的具体步骤如下：

1. 提出假设 H_0：回归模型（6—7）和（6—8）存在结构稳定性，即 $\alpha_0 = \beta_0$，$\alpha_1 = \beta_1$。

H_1：回归模型（6—7）和（6—8）不存在结构稳定性。

H_0 成立的条件下，构造构造 F 统计量。

$$F=\frac{[\sum e_1{}^2-(\sum e_2{}^2+\sum e_3{}^2)]/k}{(\sum e_2{}^2+\sum e_3{}^2)/(n_2+n_3-2k)}\sim F(k,n_2+n_3-2k) \tag{6—9}$$

其中，k 为模型中参数的个数，n_1，n_2 分别为模型（6—7）和（6—8）中的观察值的项数。

在给定显著性水平 α 的条件下，查临界表得到 F_α（k，n_2+n_3-2k）。

检验，如果 $F\geqslant F_\alpha$（k，n_2+n_3-2k），拒绝 H_0，即模型（6—7）和（6—8）不存在结构稳定性。如果 $F\leqslant F_\alpha$（k，n_2+n_3-2k），接受 H_0，即模型（6—7）和（6—8）存在结构稳定性。

再回到我们的例子，结果如下：

$$F=\frac{[(4.07E+11)-175000.7-(2.26E+11)]/2}{[175000.7+(2.26E+11)]/(51-4)}=18.82$$

当 $\alpha=0.05$ 时，F_α（k，n_2+n_3-2k）$=F_{0.05}=$（2，47）$=3.32$

所以，$F\geqslant F_\alpha$（k，n_2+n_3-2k），即模型（6—7）和（6—8）不存在结构稳定性，也就是说两时期的长期趋势模型不相同。

四 实验小结

本章实验主要介绍多元回归建模中的推断问题，在计量分析中，以下几点应引起注意：

（1）为了保证线性模型的合理性，只有与因变量高度相关的自变量才适合引入模型，所以在进行参数估计之前，必须对变量之间的相关关系进行分析；

（2）在实验输出的结果图表中有许多重要信息，这些信息将帮助我们判断模型的优劣，如从输出的回归结果中判断显著性水平、变量显著性等，在实际实验操作中，利用伴随概率 P 值来判断是否通过相应检验显得尤为重要。

五 备择实验

下表是某公司 1996—2005 年在某市场所派出的推销人员人数（X_1）、产品所支付的广告费（X_2）和产品的销售额（Y）的资料，假定各年的其他条件相同。

表 6—4　　某公司 1996—2005 年在某市场派出推销员人数、产品支付广告费用和产品销售额

年度	1996	1997	1998	1999	2000	2001	2002	2003	2004	2005
销售额（万元）Y	102	137	121	123	140	148	158	170	172	180
推销人数（人）X_1	5	7	8	8	6	6	9	10	10	11
广告费（万元）X_2	1.21	1.5	1.1	1.42	1.7	1.8	1.9	2	2.1	2.5

注：假想的数据

（1）拟合产品销售额 Y 对推销员人数 X_1 和广告费 X_2 作线性回归模型；

（2）对回归方程的线性关系及回归系数进行检验（$\alpha=0.05$），并解释回归系数的含义；

（3）计算判定系数，并估计标准误差，说明回归直线的拟合程度。

本章小结

1. 若 $|t|\geqslant t_\alpha$（$n-k-1$），说明 B_i 所对应的解释变量 X_i 对因变量 Y_i 有显著影响；若 $|t|\leqslant t_\alpha$（$n-k-1$），说明 B_i 对应的解释变量 X_i 对因变量 Y_i 没有影响。对参数的显著性检验，同样可以通过 P 值来检验。检验方法同一元线性回归模型一样，即如果 B_i 的检验值的 P 值都很小，说明 B_i 显著异于零，也就是说在拒绝零假设的过程中，犯错误的概率很小。

2. 若 $F>F_\alpha$（k，$n-k-1$），拒绝 H_0，即回归方程显著成立；若 $F<F_\alpha$（k，$n-k-1$），接受 H_0，即回归方程不显著成立。对于多元线性回归方程总体性的显著性检验，同样可以运用 F 统计量的 P 值进行检验。如果 F 统计量的 P 值很小，说明拒绝零假设犯错误的概率很小，也就是说拒绝零假设的概率保证程度很大。

复　习　题

一、名词解释

1. 单个假设检验　　　　2. 联合假设检验

3. t 检验　　4. F 检验

5. P 值检验　　6. 显著性水平

二、简答

1. 为什么要对多元线性回归模型进行 t 检验？t 检验的步骤是哪些？

2. 为什么对多元线性回归模型既要进行 t 检验还要进行 F 检验？

3. F 检验与 R^2 检验有何区别与联系？

4. t 检验、F 检验分别对应的伴随概率 P 值检验该如何操作？

三、计算与分析

1. 有 10 户家庭的收入（X，百元）和消费（Y，百元）数据如表 6—5：

表 6—5　　10 户家庭的收入（X）与消费（Y）的资料

X	20	30	33	40	15	13	26	38	35	43
Y	7	9	8	11	5	4	8	10	9	10

若建立的消费 Y 对收入 X 的回归直线的 EViews 输出结果如下：

Dependent Variable：Y			
Variable	Coefficient		Std. Error
X	0. 202298		0. 023273
C	2. 172664		0. 720217
R – squared	0. 904259	S. D. dependent var	2. 233582
Adjusted R – squared	0. 892292	F – statistic	75. 55898
Durbin – Watson stat	2. 077648	Prob（F – statistic）	0. 000024

（1）说明回归直线的代表性及解释能力；

（2）在 95% 的置信度下检验参数的显著性。

2. 假设某国的货币供给量 Y 与国民收入 X 的历史数据如表6—6所示。

表 6—6　　某国的货币供给量 *Y* 与国民收入 *X* 的历史数据

年份	*X*	*Y*	年份	*X*	*Y*	年份	*X*	*Y*
1985	2.0	5.0	1989	3.3	7.2	1993	4.8	9.7
1986	2.5	5.5	1990	4.0	7.7	1994	5.0	10.0
1987	3.2	6	1991	4.2	8.4	1995	5.2	11.2
1988	3.6	7	1992	4.6	9	1996	5.8	12.4

根据以上数据估计货币供给量 *Y* 对国民收入 *X* 的回归方程，利用 EViews 软件输出结果为：

表 6—7　　货币供给量 *Y* 与国民收入 *X* 回归结果

Dependent Variable：Y				
Variable	Coefficient	Std. Error	t – Statistic	Prob.
X	1.968085	0.135252	14.55127	0.0000
C	0.353191	0.562909	0.627440	0.5444
R – squared	0.954902	Mean dependent var		8.258333
Adjusted R – squared	0.950392	S. D. dependent var		2.292858
S. E. of regression	0.510684	F – statistic		211.7394
Sum squared resid	2.607979	Prob（F – statistic）		0.000000

问：（1）写出回归模型的方程形式，并说明回归系数的显著性（$\alpha = 0.05$）；

（2）解释回归系数的含义。

第三篇

一些特殊问题

计量经济学模型的回归分析，是在对线性回归该模型提出若干基本假设的条件下，应用普通最小二乘法得到了无偏且有效的参数估计量。但是，在实际的计量经济学问题中，完全满足这些假定的情况并不多见，这就带来了计量经济学线性回归模型的一些特殊问题。不满足基本假定的情况，称为基本假定违背，主要包括：

（1）随机干扰项序列存在异方差性；

（2）随机干扰项序列存在序列相关性；

（3）解释变量之间存在多重共线性；

（4）解释变量是随机变量且与随机干扰项相关。

除此之外，还有模型设定有偏误和解释变量的方差随着样本容量的增加而不断增加这两类基本假定的违背。

在进行计量经济学模型的回归分析时，必须对研究对象是否满足普通最小二乘法下的基本假定进行检验，即检验是否存在一种或多种违背基本假定的情况，这种检验称为计量经济学检验。经过计量经济学检验发现出现一种或多种基本假定违背时，则不能直接使用普通最小二乘法进行参数估计，而必须采取补救措施或发展新的估计方法。本章主要从概念、原因、后果、检验和修正五个方面讨论基本假定违背的情况。

第七章

截面数据的异方差性

第一节　异方差性

引子：

更为接近真实的结论是什么？

改革开放以来，各地区的医疗机构都有了较快发展，不仅政府建立了一批医疗机构，还有不少民营医疗机构相继建立。各地医疗机构的发展状况，除了其他因素外主要取决于对医疗服务的需求量，而医疗服务需求与人口数量有关。为了给制定医疗机构的规划提供依据，分析比较医疗机构与人口数量的关系，我们建立了卫生医疗机构数与人口数的回归模型。根据四川省 2000 年 21 个地市州医疗机构数与人口数资料对模型估计的结果如下：

$$\hat{Y}_i = -563.0548 + 5.7338X_i$$

$$(291.5778)(0.644284)$$

$$t = (-1.931062)(8.340265)$$

$$R^2 = 0.785456, \bar{R}^2 = 0.774146, F = 69.5603$$

式中 Y 表示卫生医疗机构数（个），X 表示人口数量（万人）。从回归模型估计的结果看，人口数量对应参数的标准误差较小，t 统计量远大于临界值，说明人口数量对医疗机构确有显著影响，可决系数和修正的可决系数还可以，F 检验结果也明显显著。表明该模型的估计效果还不错，可以认为人口数量每增加 1 万人，平均说来医疗机构将增加 5.3735 个。

然而，这里得出的结论可能是不可靠的，平均说来每增加 1 万人口可能并不需要增加这样多的医疗机构，所得结论并不符合真实情况。那么，有什么充分的理由说明这一回归结果不可靠呢？更为接近真实的结论又是什么呢？

一 异方差的概念

第二章提出的基本假定中，要求对所有的 i（$i=1, 2, \cdots, n$）都有

$$Var(u_i) = \sigma^2 \tag{7—1}$$

也就是说 u_i 具有同方差性。这里的方差 σ^2 度量的是随机误差项围绕其均值的分散程度。由于 $E(u_i)=0$，所以等价地说，方差 σ^2 度量的是被解释变量 Y 的观测值围绕回归线 $E(Y_i)=\beta_1+\beta_2X_{2i}+\cdots+\beta_kX_{ki}$的分散程度，同方差性实际指的是相对于回归线被解释变量所有观测值的分散程度相同。

设模型为

$$Y_i = \beta_1 + \beta_2X_{2i} + \cdots + \beta_kX_{ki} + u_i i = 1,2,\cdots,n \tag{7—2}$$

如果其他假定均不变，但模型中随机误差项 u_i 的方差为

$$Var(u_i^2) = \sigma_i^2,(i = 1,2,3,\cdots,n) \tag{7—3}$$

即对于不同的样本点，随机误差项的方差不再是常数，且互不相同，则认为出现了异方差性（Heteroskedasticity）。

由于异方差性指的是被解释变量观测值的分散程度是随解释变量的变化而变化的，如图 7—1 所示，所以进一步可以把异方差看成由于某个解释变量的变化而引起的，则

$$Var(u_i^2) = \sigma_i^2 = \sigma^2 f(X_i) \tag{7—4}$$

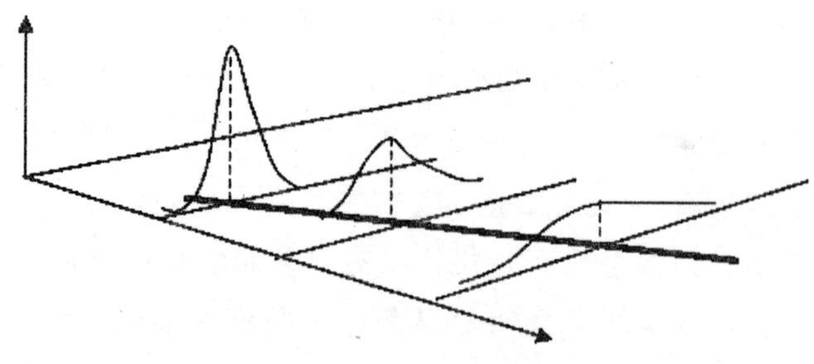

图 7—1 异方差

二　异方差的类型

在现实的经济生活中，同方差的假设大多时候是很难满足的。根据对同方差假设违反产生的原因的不同，异方差有以下三种类型。

（一）递增型

σ_i^2 随 X 的增大而增大，即在 X 和 Y 的散点图中，表现为随着 X 值的增大 Y 值的波动越来越大（图 7—2）。

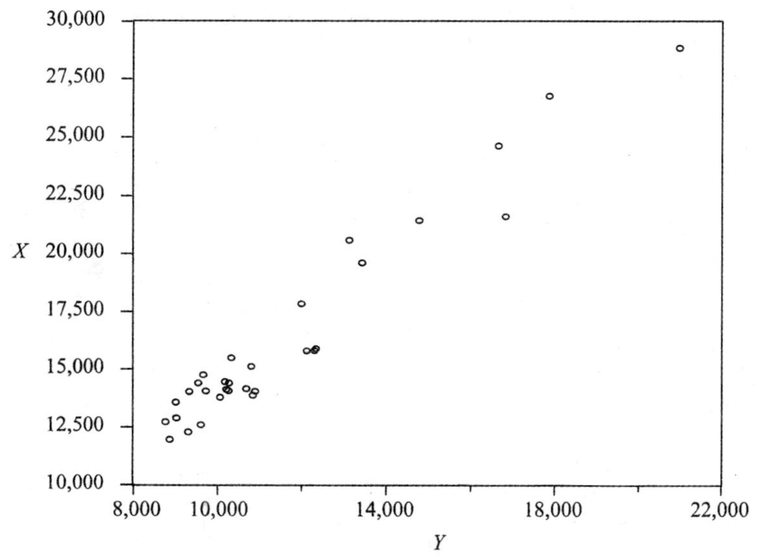

图 7—2　递增型异方差

（二）递减型

σ_i^2 随 X 的增大而减小，即在 X 和 Y 的散点图中，表现为随着 X 值的增大 Y 值的波动越来越小（图 7—3）。

（三）复杂型

σ_i^2 随 X 的变化呈复杂形式，即在 X 和 Y 的散点图中，表现为随着 X 值的增大 Y 值的波动复杂多变，没有系统关系（图 7—4）。

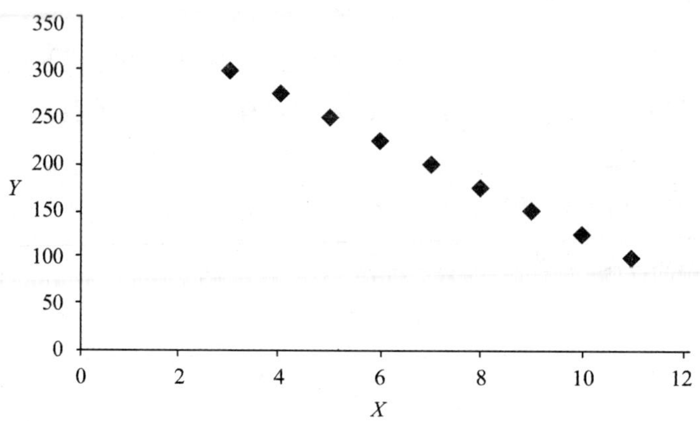

图 7—3 递减型异方差

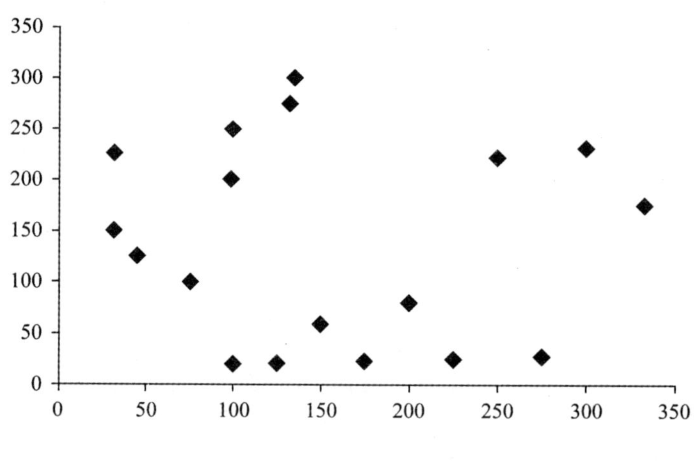

图 7—4 复杂型异方差

三 实际经济问题中的异方差性

例 7—1：截面数据资料下研究居民家庭的储蓄行为

$$Y_i = \beta_0 + \beta_1 X_i + \mu_i$$

Y_i：第 i 个家庭的储蓄额；X_i：第 i 个家庭的可支配收入；

高收入家庭：储蓄的差异较大；

低收入家庭：储蓄更有规律性，差异较小；

μ_i的方差呈现单调递增型变化。

例 7—2：以绝对收入假设为理论假设、以截面数据为样本建立居民消费函数：

$$C_i = \beta_0 + \beta_1 Y_i + \mu_i$$

将居民按照收入等距离分成 n 组，取组平均数为样本观测值。

一般情况下，居民收入服从正态分布：中等收入组人数多，两端收入组人数少。而人数多的组平均数的误差小，人数少的组平均数的误差大。

所以样本观测值的观测误差随着解释变量观测值的不同而不同，往往引起异方差性。

例 7—3：以某一行业的企业为样本建立企业生产函数模型

$$Y_i = A_i^{\beta 1} K_i^{\beta 2} L_i^{\beta 3} e^{\mu i}$$

被解释变量：产出量 Y；

解释变量：资本 K、劳动 L、技术 A。

那么：每个企业所处的外部环境对产出量的影响被包含在随机误差项中。

每个企业所处的外部环境（国际国内环境、行业地位、市场占有率、企业性质、企业规模、所处区域等）对产出量的影响程度不同，造成了随机误差项的异方差性。

这时，随机误差项的方差并不随某一个解释变量观测值的变化而呈规律性变化，呈现复杂型变化。

第二节　异方差的原因

由于现实经济活动的错综复杂性，一些经济现象的变动与同方差性的假定经常是相悖的。所以在计量经济分析中，往往会出现某些因素随其观测值的变化而对被解释变量产生不同的影响，导致随机误差项的方差相异。通常产生异方差有以下几个主要原因。

一　模型中省略了某些重要的解释变量

异方差性表现在随机误差上，但它的产生却与解释变量的变化有紧密的关系。如果计量模型本来应当为 $Y_i = \beta_1 + \beta_2 X_{2i} + \beta_3 X_{3i} + u_i$，假如被略去了 X_{3i}，而采用了

$$Y_i = \beta_1 + \beta_2 X_{2i} + u_i^* \tag{7—5}$$

当被略去的 X_{3i} 与 X_{2i} 有呈同方向或反方向变化的趋势时，X_{3i} 随 X_{2i} 的有规律变化会体现在（7—5）式的 u_i^* 中。如果将某些未在模型中出现的重要影响因素归入随机误差项，而且这些影响因素的变化具有差异性，则会对被解释变量产生不同的影响，从而导致误差项的方差随之变化，即产生异方差性。在第四章已经讨论过，可以通过剔除变量的方法去避免多重共线性的影响，但是如果删除了重要的变量又有可能引起异方差性。这是在建模过程中应当引起注意的问题。

二　模型设定误差

模型的设定主要包括变量的选择和模型数学形式的确定。模型中略去了重要解释变量常常导致异方差，实际就是模型设定问题。除此之外，模型的函数形式不正确，如把变量间本来为非线性的关系设定为线性，也可能导致异方差。

三　测量误差的变化

样本数据的观测误差有可能随研究范围的扩大而增加，或随时间的推移逐步积累，也可能随着观测技术的提高而逐步减小。例如，生产函数模型，由于生产要素投入的增加与生产规模相联系，在其他条件不变的情况下，测量误差可能会随生产规模的扩大而增加，随机误差项的方差会随资本和劳动力投入的增加而变化；另外当用时间序列数据估计生产函数时，由于抽样技术和数据收集处理方法的改进，观测误差有可能会随着时间的推移而降低。

四　截面数据中总体各单位的差异

通常认为，截面数据较时间序列数据更容易产生异方差。例如，运用截面数据研究消费和收入之间的关系时，如果采取不同家庭收入组的数据，低收入组的家庭用于购买生活必需品的比例相对较大，消费的分散程度不大，组内各家庭消费的差异也较小。高收入组的家庭有更多自由支配

的收入，家庭消费有更广泛的选择范围，消费的分散程度较大，组内各家庭消费的差异也较大。这种不同收入组家庭的消费偏离均值程度的差异，最终反映为随机误差项偏离其均值的程度有变化，而出现异方差。异方差性在截面数据中比在时间序列数据中可能更常出现，这是因为同一时点不同对象的差异，一般说来会大于同一对象不同时间的差异。不过，在时间序列数据发生较大变化的情况下，也可能出现比截面数据更严重的异方差。

以上只是对产生异方差的经验总结，在建立计量经济学模型的过程中，具体是什么原因产生异方差，应对变量的经济意义和数据所表现出的特征进行认真的分析。

第三节　异方差性的后果

在计量经济分析中，如果模型里存在异方差，则会对模型产生以下后果。

一　对参数估计式统计特性的影响：参数估计量非有效

由第二章参数估计的统计特性可知，参数 OLS 估计的无偏性仅依赖于基本假定中随机误差项的零均值假定（即 $E(u_i)=0$），以及解释变量的非随机性，异方差的存在并不影响参数估计式的线性性和无偏性，但不具有有效性。

证明：我们以一元线性回归模型为例来证明。

$$\hat{\beta}_1 = \frac{\sum \Delta X_i \Delta Y_i}{\sum \Delta X_i^2} = \frac{\sum \Delta X_i (Y_i - \overline{Y})}{\sum \Delta X_i^2}$$

$$= \frac{\sum \Delta X_i [(\beta_0 + \beta_1 X_i + u_i) - (\beta_0 + \beta_1 \overline{X})]}{\sum \Delta X_i^2}$$

$$= \beta_1 + \sum k_i u_i,\ 其中\ k_i = \frac{\Delta X_i}{\sum \Delta X_i^2} \qquad (7—6)$$

证明无偏性时只使用到两个假设：解释变量是外生的，误差的均值为零。

下面证明 OLS 估计量方差在同方差与异方差情况下不相等。

当假设为同方差时，$\hat{\beta}_1$ 的方差为

$\text{var}(\hat{\beta}_1) = \text{var}(\beta_1 + \sum k_i u_i) = \text{var}(\sum k_i u_i)$（由随机扰动项的无自相关性假设）

$$= \sum \text{var}(k_i u_i) = \sum k_i^2 \text{var}(u_i) \text{（由同方差假设）}$$

$$= \sum k_i^2 \sigma^2 = \sum \left[\frac{\Delta X_i^2}{(\sum \Delta X_i^2)^2} \sigma^2 \right] = \frac{\sigma^2}{\sum \Delta X_i^2} \tag{7—7}$$

当方差为异方差是，$\hat{\beta}_1$ 的方差为

$$\text{var}(\hat{\beta}_1) = \sum k_i^2 \text{var}(u_i) = \sum k_i^2 \sigma_i^2$$

$$= \sum \left[\frac{\Delta X_i^2}{(\sum \Delta X_i^2)^2} \sigma_i^2 \right] = \frac{\sum (\Delta X_i^2 \sigma_i^2)}{(\sum \Delta X_i^2)^2} \tag{7—8}$$

在模型参数的所有线性估计式中，OLS 估计方差最小的重要前提条件之一是随机误差项为同方差，如果随机误差项是异方差，将不能再保证最小二乘估计的方差最小。也就是说，在异方差存在时，虽然 OLS 估计仍保持线性无偏性和一致性，但已失去了有效性，即参数的 OLS 估计量不再具有最小方差。

二 对参数显著性检验的影响

在 u_i 存在异方差时，OLS 估计式不再具有最小方差，如果仍用不存在异方差性时的 OLS 方式估计其方差，例如，在一元回归时仍用 $\text{Var}(\hat{\beta}_2) = \sigma^2 / \sum x_i^2$ 去估计参数估计式的方差，将会低估存在异方差时的真实方差，从而低估 SE（$\hat{\beta}_2$），这将导致夸大用于参数显著性检验的 t 统计量。如果仍用夸大的 t 统计量进行参数的显著性检验，可能造成本应接受的原假设被错误地拒绝，从而夸大所估计参数的统计显著性，t 检验也就失去了意义。

三 对预测的影响

尽管参数的 OLS 估计量仍然无偏，并且基于此的预测也是无偏的，但是由于参数估计量不是有效的，从而对 Y 的预测也将不是有效的。在 u_i

存在异方差时，σ_i^2 与 X_i 的变化有关，参数 OLS 估计的方差 Var（$\hat{\beta}_k$）不能唯一确定，Y 预测区间的建立将发生困难。而且 Var（$\hat{\beta}_k$）会增大，Y 预测值的精确度也将会下降。

异方差性的存在，会对回归模型的正确建立和统计推断带来严重后果，因此在计量经济分析中，有必要检验模型是否存在异方差。

第四节　异方差性检验

要检验模型中是否有异方差，需要了解随机误差项 u_i 的概率分布。由于随机误差很难直接观测，只能对随机误差的分布特征进行某种推测，因此对异方差性的检验还没有完全可靠的准则，只能针对产生异方差不同原因的假设，提出一些检验异方差的经验办法。本节只介绍一些最常用的方法。

一　图示检验法

（一）相关图形分析

方差描述的是随机变量相对其均值的离散程度，而被解释变量 Y 与随机误差项 u 有相同的方差，所以分析 Y 与 X 的相关图形，可以粗略地看到 Y 的离散程度及与 X 之间是否有相关关系。如果随着 X 的增加，Y 的离散程度有逐渐增大（或减小）的变化趋势，则认为存在递增型（或递减型）的异方差。通常在建立回归模型时，为了判断模型的函数形式，需要观测 Y 与 X 的相关图形，同时也可利用相关图形大致判断模型是否存在异方差。例如，用 2013 年我国各地区城镇居民人均总收入与城镇居民家庭人均现金消费支出的散点图（图 7—4），其中用 Y_i 表示城镇居民家庭人均现金消费支出，X_i 表示城镇居民人均总收入。

从散点图（图 7—5）可以看到，随着 X 的增加，Y 的离散程度有逐渐增大的变化趋势，则认为存在递增型的异方差。

（二）残差图形分析

虽然随机误差项无法观测，但样本回归的残差一定程度上反映了随机误差的某些分布特征，可通过残差的图形对异方差性作观察。例如，一元

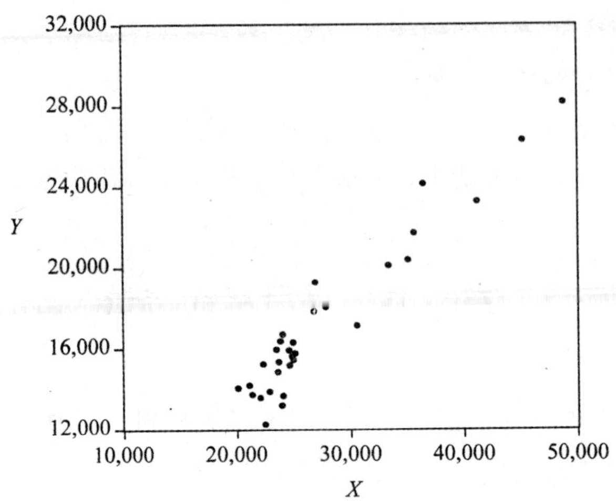

图 7—5　消费支出对纯收入的散点图

线性回归模型 $Y_i=\beta_1+\beta_2X_i+u_i$，在 OLS 估计基础上得到残差的平方 e_i^2，然后绘制出 e_i^2 对 X_i 的散点图，如果 e_i^2 不随 X_i 而变化，如图 7—6（a）所示，则表明 u_i 不存在异方差；如果 e_i^2 随 X_i 而变化，如图 7—6（b）（c）（d）所示，则表明 u_i 存在异方差。

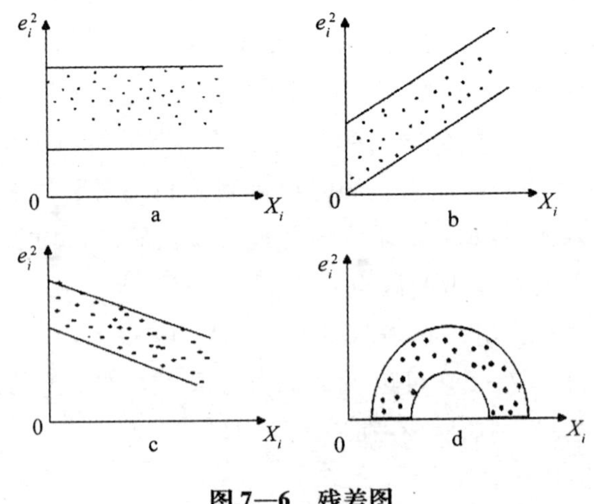

图 7—6　残差图

图形法的特点是简单易操作，不足是对异方差的判断比较粗糙，由于引起异方差的原因错综复杂，仅靠图形法有时很难准确对是否存在异方差下结论，还需要采用其他统计检验方法。

二　戈德菲尔德-夸特（GOLDFELD－QUANADT）检验

该检验方法是戈德菲尔德和夸特于 1965 年提出的，可用于检验递增型或递减型异方差。此检验的基本思想是将样本分为两部分，然后分别对两个样本进行回归，并计算比较两个回归的剩余平方和是否有明显差异，以此判断是否存在异方差。

（一）检验的前提条件

（1）此检验只适用于大样本；

（2）除了同方差假定不成立外，其他假定均满足。

（二）检验的具体做法

（1）将观测值按解释变量 X_i 的大小顺序排序。

（2）将排列在中间的 C 个（约 1/4）的观察值删除，再将剩余的观测值分为两个部分，每个部分观察值的个数为 $(n-c)/2$。

（3）提出假设。即 H_0：两部分数据的方差相等；H_1：两部分数据的方差不相等。

（4）构造 F 统计量。分别对上述两个部分的观察值作回归，由此得到的两个部分的残差平方和，以 $\sum e_{1i}^2$ 表示前一部分样本回归产生的残差平方和，以 $\sum e_{2i}^2$ 表示后一部分样本回归产生的残差平方和，它们的自由度均为 $[(n-c)/2]-k$，k 为参数的个数。在原假设成立的条件下，因 $\sum e_{1i}^2$ 分别服从自由度均为 $[(n-c)/2]-k$ 的 $\sum e_{2i}^2$ 分布，可导出

$$F^* = \frac{\sum e_{2i}^2/[\frac{n-c}{2}-k]}{\sum e_{1i}^2/[\frac{n-c}{2}-k]} = \frac{\sum e_{2i}^2}{\sum e_{1i}^2} \sim F(\frac{n-c}{2}-k,\frac{n-c}{2}-k) \quad (7\text{—}9)$$

（5）判断。给定显著性水平 α，查 F 分布表，得临界值 $F_{(\alpha)} = F_{(\alpha)}(\frac{n-c}{2}-k,\ \frac{n-c}{2}-k)$。计算统计量 F^*，如果 $F^* > F_{(\alpha)}$，则拒绝原假设，不拒绝备择假设，即认为模型中的随机误差存在异方差。反之，若 $F^* <$

$F_{(\alpha)}$，则不拒绝原假设，认为模型中随机误差项不存在异方差。

戈德菲尔德－夸特检验的功效，一是与对观测值的正确排序有关；二是与删除数据的个数 c 的大小有关。经验认为，当 $n=30$ 时，取 $c=4$；当 $n=60$ 时，取 $c=10$ 为宜。该方法得到的只是异方差是否存在的判断，在多个解释变量的情况下，对判断是哪一个变量引起异方差还存在局限。

三　White 检验

White 检验的基本思想是，如果存在异方差，其方差 σ_t^2 与解释变量有关系，分析 σ_t^2 是否与解释变量的某些形式有联系可判断异方差性。但是 σ_t^2 一般是未知的，可用 OLS 估计的残差平方 e_t^2 作为其估计值。在大样本的情况下，作 e_t^2 对常数项、解释变量、解释变量的平方及其交叉乘积等所构成辅助回归，利用辅助回归相应的检验统计量，即可判断是否存在异方差性。

例如，二元线性回归模型为

$$Y_t = \beta_1 + \beta_2 X_{2t} + \beta_3 X_{3t} + u_t \qquad (7—10)$$

并且，设异方差与 X_{2t}，X_{3t}的一般关系为

$$\sigma_t^2 = \alpha_1 + \alpha_2 X_{2t} + \alpha_3 X_{3t} + \alpha_4 X_{2t}^2 + \alpha_5 X_{3t}^2 + \alpha_6 X_{2t} X_{3t} + v_t \qquad (7—11)$$

其中 v_t 为随机误差项。White 检验的基本步骤如下：

（1）用 OLS 法估计（7—10）式，计算残差 $e_t = Y_t - \hat{Y}_t$，并求残差的平方 e_t^2。

（2）用残差平方 e_t^2 作为异方差 σ_t^2 的估计，并作 e_t^2 对 X_{2t}，X_{3t}，X_{2t}^2，X_{3t}^2，$X_{2t}X_{3t}$的辅助回归，即

$$\hat{e}_t^2 = \hat{\alpha}_1 + \hat{\alpha}_2 x_{2t} + \hat{\alpha}_3 x_{3t} + \hat{\alpha}_4 x_{2t}^2 + \hat{\alpha}_5 x_{3t}^2 + \hat{\alpha}_6 x_{2t} x_{3t} \qquad (7—12)$$

式中 $\hat{e}_t^2$ 表示 e_t^2 的估计。

（3）计算统计量 nR^2，其中 n 为样本容量，R^2 为辅助回归的可决系数。

（4）在 H_0：$\alpha_2 = \cdots = \alpha_6 = 0$，$H_1$：$\alpha_j$（$j=2$，3，…，6）中至少有一个不为零的原假设下，可证明，nR^2 渐近地服从自由度为 5 的χ^2 分布。给定显著性水平 α，查χ^2 分布表得临界值χ_α^2（5），如果 $nR^2 > \chi_\alpha^2$（5），则拒

绝原假设，表明模型中随机误差存在异方差。

White 检验的特点是，不仅能够检验异方差的存在性，同时在多变量的情况下，还能判断出是哪一个变量引起的异方差。此方法不需要异方差的先验信息，但要求观测值为大样本。

四　ARCH 检验①

通常，人们在做计量经济分析时对截面数据产生异方差给予足够的关注，而放松了对时间序列数据产生异方差的警惕。恩格尔（Engel）于 1982 年提出了在时间序列背景下也有可能出现异方差性，并从理论上提出了一种观测时间序列方差变动的方法，这就是所谓的 ARCH（AutoRegressive Conditional Heteroscedasticity）检验方法。ARCH 检验的思想是，在时间序列数据中，可认为存在的异方差性为 ARCH（自回归条件异方差）过程，并通过检验这一过程是否成立去判断时间序列是否存在异方差。

（一）ARCH 过程

设 ARCH 过程为

$$\sigma_t^2 = \alpha_0 + \alpha_1\sigma_{t-1}^2 + \cdots + \alpha_p\sigma_{t-p}^2 + v_t \tag{7—13}$$

式中 p 为 ARCH 过程的阶数，并且 $\alpha_0>0$，$\alpha_i\geqslant 0$，（$i=1, 2, \cdots, p$）；v_t 为随机误差。

（二）ARCH 检验的基本步骤

（1）提出原假设：

H_0：$\alpha_1=\alpha_2=\cdots=\alpha_p=0$；$H_1$：$\alpha_j$（$j=1, 2, \cdots, p$）中至少有一个不为零。

（2）对原模型作 OLS 估计，求出残差 e_t，并计算残差平方序列 e_t^2，e_{t-1}^2，…，e_{t-p}^2，以分别作为对 σ_t^2，σ_{t-1}^2，…，σ_{t-p}^2的估计。

（3）作辅助回归

$$\hat{e}_t^2 = \hat{\alpha}_0 + \hat{\alpha}_1 e_{t-1}^2 + \cdots + \hat{\alpha}_p e_{t-p}^2 \tag{7—14}$$

式中 $\hat{e}_t^2$ 表示 e_t^2 的估计。

---

① 参见陆懋祖《高等时间序列经济计量学》，上海人民出版社 1999 年版，第 300 页。

(4) 计算式 (7—14) 辅助回归的可决系数 R^2，可以证明在 H_0 成立下，基于大样本，$(n-p)R^2$ 渐近服从 $\chi^2(p)$，p 为自由度，亦即式 (7—14) 中变量的滞后期数；给定显著性水平 α，查 χ^2 分布表得临界值 $\chi_\alpha^2(p)$，如果 $(n-p)R^2>\chi_\alpha^2(p)$，则拒绝原假设，表明模型中的随机误差项存在异方差。

ARCH 检验的特点是，要求变量的观测值为大样本，并且是时间序列数据；它只能判断模型中是否存在异方差，而不能诊断出是哪一个变量引起的异方差。

五 Glejser 检验

Glejser 检验的基本思想是，由 OLS 法得到残差 e_i，取 e_i 的绝对值 $|e_i|$，然后将 $|e_i|$ 对某个解释变量 X_i 回归，根据回归模型的显著性和拟合优度来判断是否存在异方差。该检验的特点是不仅能对异方差的存在进行判断，而且还能对异方差随某个解释变量变化的函数形式进行诊断。该检验要求变量的观测值为大样本。

Glejser 检验的具体步骤：

(1) 根据样本数据建立回归模型，并求残差序列 $e_i=Y_i-\hat{Y}_i$。

(2) 用残差绝对值 $|e_i|$ 对 X_i 进行回归，由于 $|e_i|$ 与 X 的真实函数形式并不知道，可用各种函数形式去试验，从中选择最佳形式。Glejser 曾提出如下一些假设的函数形式：$|e_i|=\beta X_i+v_i$；$|e_i|=\alpha+\beta X_i+v_i$；$|e_i|\beta\sqrt{X_i}+v_i$；$|e_i|=\beta\frac{1}{X_i}+v_i$；$|e_i|=\beta\frac{1}{\sqrt{X_i}}+v_i$，其中 v 为随机误差项。

(3) 根据选择的函数形式作 $|e_i|$ 对 X_i 的回归，用回归所得到的 R^2、t、F 等信息判断，若表明参数 β 显著不为零，即认为存在异方差性。

上述各种检验方法，很难说哪一种方法最为有效。这些检验方法的共同思想是，基于不同的假定，分析随机误差项的方差与解释变量之间的相关性，以判断随机误差项的方差是否随解释变量而变化。其中有的检验方法还能提供随机误差项的方差与解释变量之间关系的某些信息，这些信息对补救异方差性可能是有价值的。

第五节 异方差的修正

通过检验如果证实存在异方差，则需要采取措施对异方差性进行修正，基本思想是采用适当的估计方法，消除或减小异方差对模型的影响。

一 对模型变换

当可以确定异方差的具体形式时，将模型作适当变换有可能消除或减轻异方差的影响。

以一元线性回归模型为例

$$Y_i = \beta_1 + \beta_2 X_i + u_i \qquad (7—15)$$

经检验 u_i 存在异方差，并已知 var（ui）$=\sigma_i^2$，$\sigma^2 f(X_i)$，其中 σ^2 为常数，$f(X_i)$ 为 X_i 的某种函数。显然，当 $f(X_i)$ 是常数时，u_i 为同方差，当 $f(X_i)$ 不是常数时，u_i 为异方差。为变换模型，用 $\sqrt{f(X_i)}$ 去除（7—15）式的两端，得

$$\frac{Y_i}{\sqrt{f(X_i)}} = \frac{\beta_1}{\sqrt{f(X_i)}} + \beta_2 \frac{X_i}{\sqrt{f(X_i)}} + \frac{u_i}{\sqrt{f(X_i)}} \qquad (7—16)$$

记 $Y_i^* = \frac{Y_i}{\sqrt{f(X_i)}}$；$X_i^* = \frac{X_i}{\sqrt{f(X_i)}}$；$\beta_1^* = \frac{\beta_1}{\sqrt{f(X_i)}}$；$v_i = \frac{u_i}{\sqrt{f(X_i)}}$，

则有

$$Y_i^* = \beta_i^* + \beta_2 X_i^* + v_i \qquad (7—17)$$

（7—17）式的随机误差项 v_i 的方差为

$$\text{var}(v_i) = \text{var}\left(\frac{u_i}{\sqrt{f(X_i)}}\right) = \frac{1}{f(X_i)}\text{var}(u_i) = \sigma^2 \qquad (7—18)$$

可见，经变换后的（7—18）式的随机误差项 $v_i = \frac{u_i}{\sqrt{f(X_i)}}$ 已是同方差。

根据图示法或 Glejser 检验所得到的相应信息，可以对 $f(X_i)$ 的函数形式作出各种假定，常见的 $f(X_i)$ 形式有以下几种：

（一）设 $f(X_i) = X_i$，即 var（u_i）$=\sigma^2 X_i$，这时对式（7—15）两

端同除以$\sqrt{X_i}$，得

$$\frac{Y_i}{\sqrt{X_i}} = \frac{\beta_1}{\sqrt{X_i}} + \beta_2 \frac{X_i}{\sqrt{X_i}} + \frac{u_i}{\sqrt{X_i}} \tag{7—19}$$

令 $v_i = \frac{u_i}{\sqrt{X_i}}$，则 var（$v_i$）为同方差。因为

$$\mathrm{var}(v_i) = \mathrm{var}(\frac{u_i}{\sqrt{X_i}}) = \frac{1}{X_i}\mathrm{var}(u_i) = \sigma^2 \tag{7—20}$$

（二）设 f（X_i）$=X_i^2$，则 var（v_i），同理，得

$$\frac{Y_i}{X_i} = \beta_1 \frac{1}{X_i} + \beta_2 \frac{X_i}{X_i} + \frac{u_i}{X_i} \tag{7—21}$$

令 $v_i = \frac{u_i}{X_i}$，则 var（v_i）为同方差。因为

$$\mathrm{var}(vi) = \mathrm{var}(\frac{u_i}{X_i}) = \frac{1}{X_i^2}\mathrm{var}(u_i) = \sigma^2 \tag{7—22}$$

（三）设 f（X_i）$=$（$a_0 + a_1X_i$）^{2}，则 var（u_i）$=\sigma^2$（$a_0 + a_1X_i$）^{2}。同理有

$$\frac{Y_i}{a_0 + a_1X_i} = \beta_1 \frac{1}{a_0 + a_1X_i} + \beta_2 \frac{X_i}{a_0 + a_1X_i} + \frac{u_i}{a_0 + a_1X_i} \tag{7—23}$$

令 $v_i = \frac{u_i}{a_0 + a_1X_i}$，则 var（$v_i$）为同方差。因为

$$\mathrm{var}(v_i) = \mathrm{var}(\frac{u_i}{a_0 + a_1X_i}) = \frac{1}{(a_0 + a_1X_i)^2}\mathrm{var}(u_i) = \sigma^2 \tag{7—24}$$

二 模型的对数变换

在经济意义成立的情况下，如果对（7—15）式的模型作对数变换，其变量 Y_i 和 X_i 分别用 $\ln Y_i$ 和 $\ln X_i$ 代替，即

$$\ln Y_i = \beta_1 + \beta_2 \ln X_i + u_i \tag{7—25}$$

对数变换后的模型通常可以降低异方差性的影响。

首先，运用对数变换能使测定变量值的尺度缩小。它可以将两个数值之间原来 10 倍的差异缩小到只有 2 倍的差异。例如，100 是 10 的 10 倍，但在常用对数情况下，lg100 = 2 是 lg10 = 1 的两倍；再例如，80 是 8 的 10 倍，但在自然对数情况下，ln80 = 4. 3820 是 ln8 = 2. 0794 的两倍多。

其次，经过对数变换后的线性模型，其残差 e 表示相对误差，而相对误差往往比绝对误差有较小的差异。

但是特别要注意的是，对变量取对数虽然能够减少异方差对模型的影响，但应注意取对数后变量的经济意义。如果变量之间在经济意义上并非呈对数线性关系，则不能简单地对变量取对数，这时只能用其他方法对异方差进行修正。

三 加权最小二乘法

为了便于说明问题，以一元线性回归模型为例

$$Y_i = \beta_1 + \beta_2 X_i + u_i \tag{7—26}$$

且存在异方差的形式为 $\text{var}(u_i) = \sigma_i^2 = \sigma^2 f(X_i)$，其中 σ^2 为常数，$f(X_i)$ 为 X_i 的某种函数。对（7—26）式按照最小二乘法的基本原则，使残差平方和 $\sum e_i^2 = \sum (Y_i - \hat{\beta}_1 - \hat{\beta}_2 X_i)^2$ 为最小。在同方差性假定下，普通最小二乘法是把每个残差平方 $e_i^2(i = 1,2,\cdots,n)$ 都同等看待，都赋予相同的权数 1。但是，当存在异方差时，方差 σ_i^2 越小，其样本值偏离均值的程度越小，其观测值越应受到重视。即方差越小，在确定回归线时的作用应当越大；反之方差 σ_i^2 越大，其样本值偏离均值的程度越大，其观测值所起的作用应当越小。也就是说，在拟合存在异方差的模型的回归线时，对不同的 σ_i^2 应该区别对待。从样本的角度，对较小的 e_i^2 给予较大的权数，对较大的 e_i^2 给予较小的权数，从而使 $\sum e_i^2$ 更好地反映 σ_i^2 对残差平方和的影响。通常可将权数取为 $w_i = 1/\sigma_i^2(i = 1,2,\cdots,n)$，由此，当 σ_i^2 越小时，w_i 越大，当 σ_i^2 越大时，w_i 就越小。将权数与残差平方相乘以后再求和，得

$$\sum w_i e_i^2 = \sum w_i (Y_i - \beta_1^* - \beta_2^* X_i)^2 \tag{7—27}$$

（7—27）式称为加权的残差平方和。根据最小二乘原理，若使得加权的残差平方和最小，即

$$\min: \sum w_i e_i^2 = \sum w_i (Y_i - \beta_1^* - \beta_2^* X_i)^2 \tag{7—28}$$

可得

$$\hat{\beta}_1^* = \bar{Y}^* - \hat{\beta}_2^* \bar{X}^*$$

$$\hat{\beta}_2^* = \frac{\sum w_i(X_i - \overline{X}^*)(Y_i - \overline{Y}^*)}{\sum w_i(X_i - \overline{X}^*)^2} \tag{7—29}$$

其中 $\overline{X}^* = \dfrac{\sum w_i X_i}{\sum w_i}, \overline{Y}^* = \dfrac{\sum w_i Y_i}{\sum w_i}$。这样估计的参数 β_1^* 和 β_2^* 称为加权最小二乘估计。这种求解参数估计式的方法为加权最小二乘法（Weighted Least Square，简称 WLS）。

容易证明，对原模型变换的方法与加权最小二乘法实际上是等价的。例如，以（7—26）式的一元线性模型为例，如果已知存在异方差，且 var（u_i）$=\sigma_i^2 = f\sigma^2 f$（$X_i$），变换后的模型为

$$\frac{X_i}{\sqrt{f(X_i)}} = \frac{\beta_1}{\sqrt{f(X_i)}} + \beta_2 \frac{X_i}{\sqrt{f(X_i)}} + \frac{u_i}{\sqrt{f(X_i)}} \tag{7—30}$$

由前面的讨论知，（7—26）式的随机误差项 $u_i/\sqrt{f(X_i)}$已是同方差的。用 OLS 法估计（7—26）式的参数，其剩余平方和为

$$\sum e_i^2 = \sum \left(\frac{Y_i}{\sqrt{f(X_i)}} - \frac{\hat{\beta}_1}{\sqrt{f(X_i)}} - \hat{\beta}_2 \right)^2 = \sum \frac{1}{f(X_i)}(Y_i - \hat{\beta}_1 - \hat{\beta}_2 X_i)^2 \tag{7—31}$$

当对（7—22）式采用加权最小二乘法时，其权数为 $w_i = 1/\sigma_i^2 = 1/\sigma^2 f(X_i)$（$i=1, 2, \cdots, n$），其残差平方和为

$$\sum \left(\frac{e_i^{*2}}{\sigma_i^2}\right) = \sum \frac{1}{\sigma_i^2}(Y_i - \beta_1^* - \beta_2^* X_i)^2 = \sum \frac{1}{\sigma^2 f(X_i)}(Y_i - \beta_1^* - \beta_2^* X_i)^2 \tag{7—32}$$

将（7—30）式模型变换的残差平方和与（7—32）式加权最小二乘的残差平方和加以对比，可以看出两者的剩余平方和只相差常数因子 σ^2，能使其中一个最小时必能使另一个最小。对模型变换后用 OLS 估计其参数，实际与应用加权最小二乘法估计的参数是一致的。这也间接证明了加权最小二乘法可以消除异方差。只是对原模型变换后的模型拟合优度有可能变小，这是由于对样本观测值加权的结果。

四 可行的广义最小二乘法（FGLS）

实施加权最小二乘法的关键是寻找适当的“权”，或者说是寻找模型

中随机干扰项 u 的方差与解释变量的适当的函数形式。如果发现

$$\operatorname{var}(u_i \mid X_{1i}, X_{2i}, \cdots, X_{ki}) = \sigma^2 f(X_{1i}, X_{2i}, \cdots, X_{ki}) \qquad (7\text{—}33)$$

则加权最小二乘法总的权即为 $1/\sqrt{f(X_{1i}, X_{2i}, \cdots, X_{ki})}$。但如何寻找 u 的方差与各 X 之间的关系呢？

假设 u 的方差具有如下指数函数的形式：

$$\operatorname{var}(u_i \mid X_{1i}, X_{2i}, \cdots, X_{ki}) = \sigma^2 \exp(\alpha_0 + \alpha_1 X_{1i} + \alpha_2 X_{2i} + \cdots + \alpha_k X_{ki}) \qquad (7\text{—}34)$$

则可等价地写出

$$u_i^2 = \sigma^2 \exp(\alpha_0 + \alpha_1 X_{1i} + \alpha_2 X_{2i} + \cdots + \alpha_k X_{ki}) \varepsilon_i \qquad (7\text{—}35)$$

其中，ε_i 是条件均值为 1 的随机项。

如果假设 ε_i 与各 X 独立，进一步有

$$\ln u_i^2 = \delta_0 + \alpha_1 X_{1i} + \alpha_2 X_{2i} + \cdots + \alpha_k X_{ki} + v_i \qquad (7\text{—}36)$$

其中，v_i 为独立于各 X，且条件均值为 0 的随机项。

上式满足普通最小二乘法的基本假设，当用可观测的值 e_i 代替不可观测的 u_i 时，用普通最小二乘法估计

$$\ln e_i^2 = \delta_0 + \alpha_1 X_{1i} \alpha_2 X_{2i} + \cdots + \alpha_k X_{ki} + v_i \qquad (7\text{—}37)$$

得到 $\hat{\delta}_0$，$\hat{\alpha}_1$，$\hat{\alpha}_2$，…，$\hat{\alpha}_k$

得到 u 的方差的估计：

$$\hat{\sigma}_i^2 = e_i^2 = \exp(\delta_0 + \hat{\alpha}_1 X_{1i} + \hat{\alpha}_2 X_{2i} + \cdots + \hat{\alpha}_k X_{ki}) \qquad (7\text{—}38)$$

从而，估计的权为

$$\hat{w}_i = 1/\hat{\sigma}_i^2 = 1/\sqrt{\exp(\delta_0 + \hat{\alpha}_1 X_{1i} + \hat{\alpha}_2 X_{2i} + \cdots + \hat{\alpha}_k X_{ki})} \qquad (7\text{—}39)$$

由于加权最小二乘法中的权，或者说原模型中 u 的方差与各 X 间适当的函数关系是估计出来的，因此，这一广义最小二乘法也被称为可行的广义最小二乘法。

五　异方差的稳健估计

达摩达尔·N. 古扎拉蒂在《计量经济学基础》（11.8 节）中，提醒我们牢记约翰·福克斯的警告："只有在问题严重的时候，误差方差不相等的问题才值得去修正。"作为一个经验的法则，福克斯建议，在普通最小二乘法下得到的斜率的方差比广义最小二乘法下得到的斜率方差的 10

倍还大时，异方差才是我们需要担心的严重问题。

由于在存在异方差时，采用 OLS 方法得到的参数估计量仍然是无偏的，只是由于参数的方差是有偏的，导致假设检验失效，因此，可以考虑修正普通最小二乘法得到的各参数的相应方差。White 提出的一种修正方法，被称为异方差稳健标准误（heteroscedasticity - robust standard error），就是用来解决这个问题的。

一元回归模型下，异方差稳健标准误的求法

$$Y_i = \beta_0 + \beta_1 X_i + u_i \qquad \text{var}(u_i) = \sigma_i^2 \tag{7—40}$$

$var(\hat{\beta}_1) = \dfrac{\sum(\Delta X_i^2 \sigma_i^2)}{(\sum \Delta X_i^2)^2}$。由于 σ^2 不能直接观测，White 建议用残差平方 e_i^2 来代替 σ_i^2，即 var $(\hat{\beta}_1) = \dfrac{\sum(\Delta X_i^2 e_i^2)}{(\sum \Delta X_i^2)^2}$。White 证明了，var $(\hat{\beta}_1) = \dfrac{\sum(\Delta X_i^2 e_i^2)}{(\sum \Delta X_i^2)^2}$ 是 var $(\hat{\beta}_1) = \dfrac{\sum(\Delta X_i^2 \sigma_i^2)}{(\sum \Delta X_i^2)^2}$ 的一致估计量，即随着样本容量的无限增加，前者收敛于后者。

多元回归模型下，异方差稳健标准误的求法。

$$Y_i + \beta_0 + \beta_1 X_{1i} + \beta_2 X_{2i} + \cdots + \beta_k X_{ki} + u_i \quad \text{var}(u_i) = \sigma_i^2 \tag{7—41}$$

任何一个偏回归系数 $\hat{\beta}_j (j = 1,\cdots,k)$ 的方差都可以通过如下方式求得：

$$\text{var}(\hat{\beta}_j) = \frac{\sum(r_{ji}^2 e_i^2)}{(\sum r_{ji}^2)^2} \tag{7—42}$$

其中，r_{ji} 为将回归元 X_j 对其余回归元做（辅助）回归得到的残差。

James Stock 和 Mark Watson 针对异方差性提出了一种不同建议。他们描述道："一般情况下，经济理论几乎不能给出原因来说明为什么误差项是同方差的。所以除非你有充足的理由相信误差是同方差的，否则，谨慎的做法还是接受异方差的假设。"因此，在 James Stock 和 Mark Watson 的教科书体系中，并没有将同方差列入古典假设中，而是对每个模型都进行异方差标准误检验。①

① A. H. 施图德蒙德：《应用计量经济学》，第 210 页。

第六节　实例

一　问题提出

随着经济的发展，地区财政收入与当地的 GDP 存在密切关系，本书以 2012 年中国 31 个省的 GDP 和财政收入的数据为例，通过建立模型，分析了 GDP 对地方财政收入的影响情况，并检验模型是否存在异方差性，如若存在进行修正。

$$Y_i = \beta_0 + \beta_1 X_i + u_i$$

其中 Y_i 代表我国 31 个地区财政收入，X_i 表示各地区 GDP，μ_i 为随机误差项。

表 7—1　　2012 年我国 31 个省区市 GDP 及财政决算收入　（单位：亿元）

省份	GDP	财政决算收入
北京市	17801.02	2896.20
天津市	12885.18	1012.91
上海市	20101.33	1721.00
重庆市	11459.00	1703.50
河北省	26575.01	1959.50
山西省	12112.81	2650.40
陕西省	14451.18	2800.09
山东省	50013.24	4059.40
河南省	29810.14	2040.33
辽宁省	24801.30	3105.40
吉林省	11937.82	1041.30
黑龙江省	13691.57	1073.30
江苏省	54058.22	5860.69
浙江省	34606.30	3420.00
安徽省	17212.05	3026.00
江西省	12948.48	2046.00
福建省	19701.78	3008.91

续表

省份	GDP	财政决算收入
湖北省	22250.16	3115.63
湖南省	22154.23	2931.80
四川省	23849.80	2421.27
贵州省	6802.20	1644.48
云南省	10309.80	1338.00
广东省	57067.92	9705.18
海南省	2855.26	770.00
甘肃省	5650.20	2215.00
青海省	1884.54	1307.50
内蒙古自治区	15988.34	2677.20
新疆维吾尔自治区	7466.32	909.10
西藏自治区	695.58	1205.70
广西壮族自治区	13031.04	1165.98
宁夏回族自治区	2326.64	460.10

资料来源：2013 年《中国统计年鉴》。

二 异方差性检验

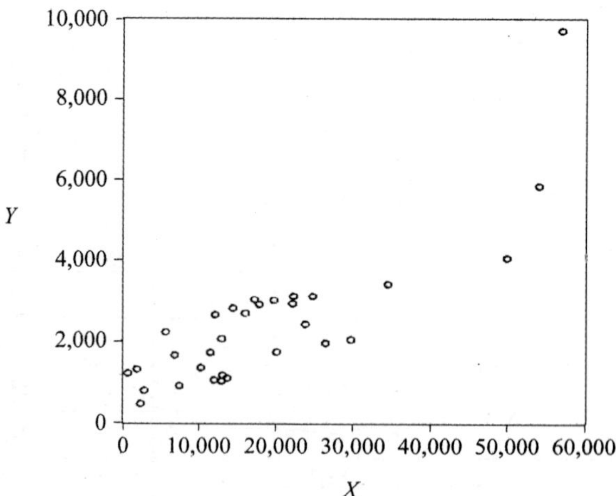

图 7—7 X 与 Y 的散点图

(一) 图示法

通过绘制 X 与 Y 的散点图，从图 7—7 可以看出，随着 GDP 的增长，地区财政收入的变化幅度也增大，可能存在异方差。

为了更进一步检验其异方差性，对残差平方 $E2$ 与 X 绘制散点图（图 7—8）。

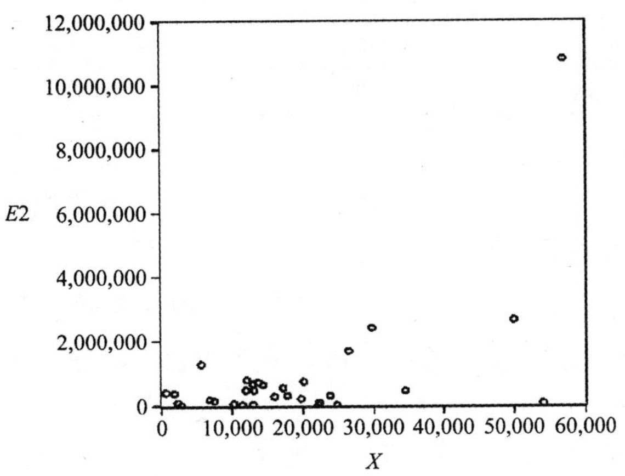

图 7—8　残差平方 $E2$ 与解释变量 X 的散点图

从图 7—8 可以看出，残差平方 $E2$ 随着 GDP 的变化出现增大的趋势，表明可能存在异方差现象。

(二) White 检验

利用残差平方 $E2$ 与 X 进行 White 检验，结果如表 7—2。

表 7—2　　White 检验结果

F - statistic	12.85956	Prob. F (2, 28)	0.0001
Obs * R - squared	14.84188	Prob. Chi - Square (2)	0.0006
Scaled explained SS	31.96654	Prob. Chi - Square (2)	0.0000

Dependent Variable: RESID^2				
Variable	Coefficient	Std. Error	t - Statistic	Prob.
C	760835.6	673251.7	1.130091	0.2680
X	-77.20610	61.37927	-1.257853	0.2188

续表

X^2	0.002832	0.001053	2.689503	0.0119
R - squared	0.478770	Mean dependent var		867502.2
Adjusted R - squared	0.441540	S. D. dependent var		1956468.
S. E. of regression	1462073.	Akaike info criterion		31.32037
Sum squared resid	5.99E+13	Schwarz criterion		31.45915
Log likelihood	-482.4658	Hannan - Quinn criter.		31.36561
F - statistic	12.85956	Durbin - Watson stat		2.159165
Prob (F - statistic)	0.000109			

从表7—2中可以看出 $N*R^2=14.84188$，自由度为6的卡方分布在5%的显著性水平下对应的临界值为12.59，很明显，$N*R^2=14.84188>12.59$，在5%的显著性水平下拒绝原假设，即存在异方差性，从 F 值对应的 P 值来看，也远远小于0.05的显著性水平，同样拒绝原假设，因此存在异方差性。

（三）Goldfeld - Quandt 检验

表7—3　　12个样本的OLS回归结果

Dependent Variable: Y				
Method: Least Squares				
Sample: 112				
Included observations: 12				
Variable	Coefficient	Std. Error	t - Statistic	Prob.
X	0.049090	0.040604	1.208995	0.2545
C	1001.447	340.6041	2.940208	0.0148
R - squared	0.127527	Mean dependent var		1354.833
Adjusted R - squared	0.040279	S. D. dependent var		618.2876
S. E. of regression	605.7075	Akaike info criterion		15.80168
Sum squared resid	3668816.	Schwarz criterion		15.88250
Log likelihood	-92.81010	Hannan - Quinn criter.		15.77176
F - statistic	1.461670	Durbin - Watson stat		2.602810
Prob (F - statistic)	0.254473			

续表

Dependent Variable: Y				
Method: Least Squares				
Sample: 2031				
Included observations: 12				
Variable	Coefficient	Std. Error	t - Statistic	Prob.
X	0.133008	0.028637	4.644630	0.0009
C	-654.8005	993.2134	-0.659275	0.5246
R - squared	0.683270	Mean dependent var		3612.426
Adjusted R - squared	0.651596	S. D. dependent var		2214.508
S. E. of regression	1307.129	Akaike info criterion		17.34007
Sum squared resid	17085868	Schwarz criterion		17.42088
Log likelihood	-102.0404	Hannan - Quinn criter.		17.31014
F - statistic	21.57259	Durbin - Watson stat		1.279914
Prob (F - statistic)	0.000916			

进行 F 检验，$F = 17085868/3668816 = 4.657$，$F_{0.05}(11, 11) = 2.8$，因此，很明显可以得到该案例中的样本存在异方差性的结论。

三　异方差性的修正

利用加权最小二乘法，对较小的残差平方赋予较大的权数，对较大的残差平方赋予较小的权数。设置两个权数，W1 为残差绝对值的倒数，W2 为残差平方的倒数。

经过试验，当选择 Inversestr. Dev. 类型和权数 W2 时，修正效果最好。加权最小二乘法结果如下：

表 7—4　　加权最小二乘法

Dependent Variable: Y		
Method: Least Squares		
Included observations: 31		
Weighting series: W2		

续表

Weight type：Inverse standard deviation（EViews default scaling）				
Variable	Coefficient	Std. Error	t – Statistic	Prob.
X	0.106782	0.000331	323.0268	0.0000
C	477.6971	3.876839	123.2182	0.0000
	Weighted Statistics			
R – squared	0.999722	Mean dependent var		1713.675
Adjusted R – squared	0.999713	S. D. dependent var		6373.600
S. E. of regression	25.41211	Akaike info criterion		9.370670
Sum squared resid	18727.49	Schwarz criterion		9.463185
Log likelihood	–143.2454	Hannan – Quinn criter.		9.400828
F – statistic	104346.3	Durbin – Watson stat		1.903636
Prob（F – statistic）	0.000000	Weighted mean dep.		1668.227
	Unweighted Statistics			
R – squared	0.710289	Mean dependent var		2428.770
Adjusted R – squared	0.700299	S. D. dependent var		1762.152
S. E. of regression	964.6893	Sum squared resid		26988139
Durbin – Watson stat	1.330655			

可决系数为0.999，说明方程的拟合程度较高。再对回归结果进行异方差性检验，可知异方差性已经消除。

第七节 实验

一 实验目的

掌握异方差性问题出现的原因、产生的后果、检验方法、修正的原理及相关的EViews操作方法。

二 实验内容

以表7—5的数据为基础，建立城镇居民人均总收入与城镇居民家庭人均现金消费支出的计量经济学模型，并检验是否存在异方差性及克服异方差性的方法。

表 7—5　　2013 年我国城镇居民人均总收入与城镇居民家庭人均现金消费支出　　（单位：元）

地区	城镇居民人均总收入 X	城镇居民家庭人均现金消费支出 Y
北京市	45273.80	26274.90
天津市	35655.50	21711.90
河北省	24142.90	13640.60
山西省	24013.60	13166.20
内蒙古自治区	26978.10	19249.10
辽宁省	27904.90	18029.70
吉林省	23544.20	15932.30
黑龙江省	21149.20	14161.70
上海市	48879.30	28155.00
江苏省	35131.00	20371.50
浙江省	41241.00	23257.20
安徽省	25006.20	16285.20
福建省	33382.70	20092.70
江西省	22949.40	13850.50
山东省	30628.10	17112.20
河南省	23686.50	14822.00
湖北省	25180.50	15749.50
湖南省	24643.00	15887.10
广东省	36503.90	24133.30
广西壮族自治区	25028.70	15417.60
海南省	24919.90	15593.00
重庆市	26850.30	17813.90
四川省	23893.90	16343.50
贵州省	21413.00	13702.90
云南省	24698.30	15156.10
西藏自治区	22560.70	12231.90
陕西省	24108.80	16679.70

续表

地区	城镇居民人均总收入 X	城镇居民家庭人均现金消费支出 Y
甘肃省	20149.00	14020.70
青海省	22131.00	13539.50
宁夏回族自治区	23766.80	15321.10
新疆维吾尔自治区	22387.90	15206.20

资料来源：2014 年《中国统计年鉴》。

三 实验步骤

（一）检查模型是否存在异方差性

（1）利用残差图判断。建立残差 resid 关于 X 的散点图，如图 7—9，可以发现随着 X 增加，残差呈现不断增大的趋势，即存在递增性的异方差。

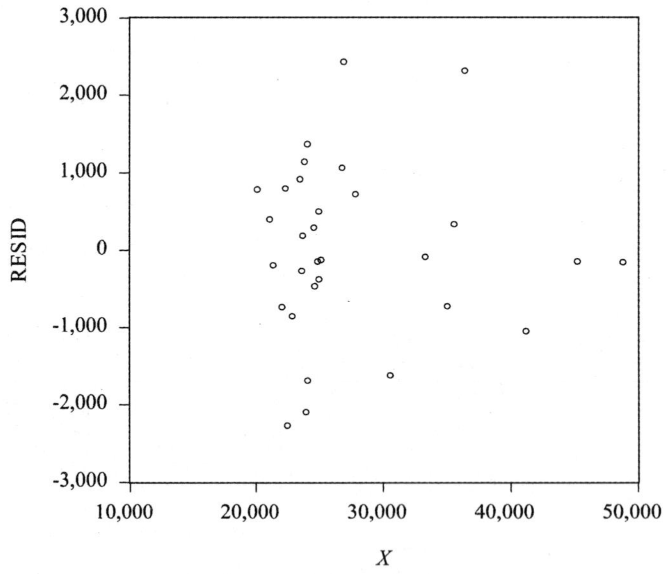

图 7—9 resid 与 X 的散点图

（2）用 White 方法检验是否存在异方差。

在一元线性回归的基础上，做 White 检验。在回归式窗口中点击 View

键选 Residual Tests/White Heteroskedasticity 功能，如图 7—10。

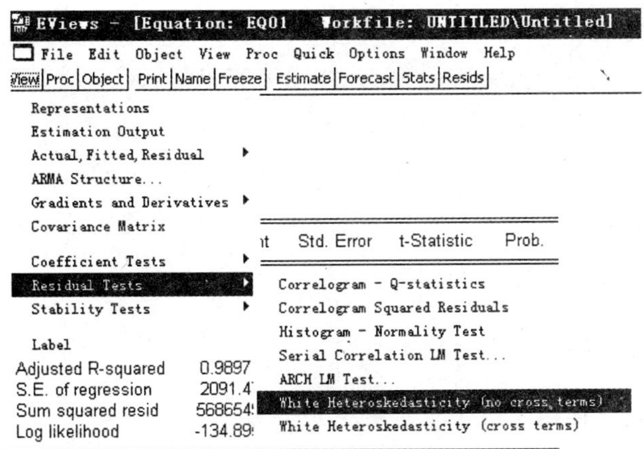

图 7—10 White 检验

检验式存在有无交叉项两种选择，一般选择无交叉项，得到图 7—11 的结果：通过 White 检验中的 P 值可以判断模型存在异方差。

White Heteroskedasticity Test:

F-statistic	8.341383	Probability	0.005362
Obs*R-squared	8.724455	Probability	0.012750

Test Equation:
Dependent Variable: RESID^2
Method: Least Squares
Date: 10/02/07 Time: 20:41
Sample: 1990 2004
Included observations: 15

Variable	Coefficient	Std. Error	t-Statistic	Prob.
C	3883739.	4278945.	0.907639	0.3819
X	-164.5465	126.3263	-1.302552	0.2172
X^2	0.001819	0.000821	2.216588	0.0467

R-squared	0.581630	Mean dependent var	3791033.
Adjusted R-squared	0.511902	S.D. dependent var	6256772.
S.E. of regression	4371231.	Akaike info criterion	33.59584
Sum squared resid	2.29E+14	Schwarz criterion	33.73745
Log likelihood	-248.9688	F-statistic	8.341383
Durbin-Watson stat	1.654874	Prob(F-statistic)	0.005362

图 7—11 White 检验

（二）克服异方差

对 y_t和 x_t同取对数，得两个新变量 Lny_t和 Lnx_t。用 Lny_t对 Lnx_t回归，对输出结果整理后得到回归式为：

$$Lny_t = -0.0486 + 0.9561Lnx_t$$
$$(-0.32)\quad(68.7)$$
$$R^2 = 0.997,\ DW = 0.55\quad F = 4721 \tag{7—43}$$

通过 White 检验可以看到 P 值大于 0.05，所以接收不存在异方差的原假设，即认为已经消除了回归模型的异方差性。

四 实验小结

本实验初步介绍了异方差诊断与处理的方法，并用实际案例进行了详细的检验。

（1）各种异方差检验方法很难说哪一种最有效，因此，在实际操作中需要用各种方法去比较，然后选取相对最佳的方法进行检验。

（2）异方差的修正方法主要采用加权最小二乘法，而加权最小二乘法与对原模型变换的方法实际上是等价的，它们最多相差一个常数因子。

（3）怀特检验中 χ^2 分布的自由度是辅助回归模型中解释变量的个数，而不是原模型中解释变量的个数。如果原模型中有一个解释变量，那么自由度就为 2，如果原模型中有两个解释变量，且做存在交叉项的怀特检验时，自由度就为 5，以此类推。

五 备择实验

表 7—6 是 2012 年我国 31 个省区市的粮食产量（被解释变量 Y）与粮食播种面积（X_1）、农业化肥施用量（X_2）、成灾面积（X_3）和农业机械总动力（X_4）的截面数据，利用该数据对模型 $y = \beta_0 + \beta_1 X_1 + \beta_2 X_2 + \beta_3 X_3 + \beta_4 X_4 + \mu_i$ 进行参数估计，并讨论随机误差项的异方差问题。

表 7—6　　2012 年我国 31 个省区市的粮食产量与粮食播种面积、农业化肥施用量、成灾面积和农业机械总动力（X_4）的数据

地区	粮食产量（万吨）	粮食作物播种面积（千公顷）	化肥施用量（万吨）	成灾面积（万公顷）	农用机械总动力（万千瓦）
北京市	115.7	223.5	13.7	0.2	52.3
天津市	159.7	311.8	25.5	0.7	117.9
河北省	2975.9	6282.2	322.9	83.3	3382.5
山西省	1085.1	3239.2	110.4	89.1	567.5
内蒙古自治区	2158.2	5498.7	177.2	129	1889.5
辽宁省	1765.4	3179.3	140.1	56.7	838.3
吉林省	2842.5	4492.2	182.8	56.3	1463.7
黑龙江省	5012.8	11454.7	214.9	97.4	2602.1
上海市	118.4	179.2	11.8	0	29.4
江苏省	3235.1	5282.4	341.1	19.3	1676.3
浙江省	770.7	1275.8	92.2	6.1	225.4
安徽省	3080.5	6616.4	319.8	48.5	2641.1
福建省	661.9	1232.3	121	30.2	176.7
江西省	1954.7	3639.1	137.6	99.3	1019
山东省	4335.7	7084.8	475.3	105.2	4549.9
河南省	5437.1	9740.2	655.2	58.5	5292.5
湖北省	2315.8	4068.4	350.8	89.7	1335.5
湖南省	2847.5	4809.1	236.6	140.5	1061.2
广东省	1316.5	2531.9	237.3	18.3	597.9
广西壮族自治区	1412.3	3061.1	237.2	86.9	635.9
海南省	180.4	437.2	46.4	8.3	196.2
重庆市	1156.1	2243.9	91.8	18.6	85.8
四川省	3222.9	6402	248	85.1	621.9
贵州省	1112.3	3039.5	86.5	114.6	236.9
云南省	1531	4274.4	184.6	213.7	930
西藏自治区	91.2	170.2	4.7	2.2	206.6
陕西省	1164.9	3159.7	196.8	53.6	503.5
甘肃省	958.3	2799.8	85.3	66.3	709.1
青海省	102	274.5	8.8	5.8	276

续表

地区	粮食产量（万吨）	粮食作物播种面积（千公顷）	化肥施用量（万吨）	成灾面积（万公顷）	农用机械总动力（万千瓦）
宁夏回族自治区	356.5	844.1	37.9	5.6	262
新疆维吾尔自治区	1170.7	2028.6	167.6	64.9	1221.9

资料来源于 2013 年《中国统计年鉴》。

本章小结

1. 异方差性是指模型中随机误差项的方差不是常量，而且它的变化与解释变量的变动有关。

2. 产生异方差性的主要原因有：模型中略去的变量随解释变量的变化而呈规律性的变化、变量的设定问题、截面数据的使用，利用平均数作为样本数据等。

3. 存在异方差性时对模型的 OLS 估计仍然具有无偏性，但最小方差性不成立，从而导致参数的显著性检验失效和预测的精度降低。

4. 检验异方差性的方法有多种，常用的有图形法、Goldfeld - Quanadt 检验、White 检验、ARCH 检验以及 Glejser 检验，运用这些检验方法时要注意它们的假设条件。

5. 修正异方差性的主要方法是加权最小二乘法，也可以用变量变换法和对数变换法。变量变换法与加权最小二乘法实际是等价的。

复习题

一、名词解释

1. 异方差性

2. G - Q（Goldfeld - Quanadt）检验

3. 怀特（White）检验

二、简答题

1. 简述什么是异方差？为什么异方差的出现总是与模型中某个解释变量的变化有关？

2. 试归纳检验异方差方法的基本思想，并指出这些方法的异同。

3. 什么是加权最小二乘法，它的基本思想是什么？

4. 产生异方差的原因是什么？试举例说明经济现象中的异方差性。

5. 如果模型中存在异方差性，对模型有什么影响？这时候模型还能进行应用分析吗？

6. 对数变化的作用是什么？进行对数变化应注意什么？对数变换后模型的经济意义有什么变化？

7. 怎样确定加权最小二乘法中的权数？

三、计算分析题

1. 设消费函数为

$$Y_i = \beta_1 + \beta_2 X_{2i} + \beta_3 X_{3i} + u_i$$

式中，Y_i 为消费支出；X_{2i}为个人可支配收入；X_{3i}为个人的流动资产；u_i 为随机误差项，并且 $E(u_i) = 0$，$Var(u_i) = \sigma^2 X_{2i}^2$（其中 σ^2 为常数）。试回答以下问题：

（1）选用适当的变换修正异方差，要求写出变换过程；

（2）写出修正异方差后的参数估计量的表达式。

2. 根据本章第四节的对数变换，我们知道对变量取对数通常能降低异方差性，但须对这种模型的随机误差项的性质给予足够的关注。例如：设模型为 $Y = \beta_1 X^{\beta_2} u$，对该模型中的变量取对数后得如下形式

$$\ln Y = \ln\beta_1 + \beta_2 \ln X + \ln u$$

（1）如果 $\ln u$ 要有零期望值，u 的分布应该是什么？

（2）如果 $E(u) = 1$，会不会 $E(\ln u)$？为什么？

（3）如果 $E(\ln u)$ 不为零，怎样才能使它等于零？

3. 表 7—7 中给出 2013 年各地区农村居民家庭人均收入与消费支出数据，要求：

表 7—7 2013 年我国各地区农村居民家庭人均收入与消费支出数据 （单位：元）

地区	农村居民家庭人均纯收入	农村家庭每人平均消费支出
北京市	18337.50	13553.20
天津市	15841.00	10155.00
河北省	9101.90	6134.10
山西省	7153.50	5812.70
内蒙古自治区	8595.70	7268.30
辽宁省	10522.70	7159.00
吉林省	9621.20	7379.70
黑龙江省	9634.10	6813.60
上海市	19595.00	14234.70
江苏省	13597.80	9909.80
浙江省	16106.00	11760.20
安徽省	8097.90	5724.50
福建省	11184.20	8151.20
江西省	8781.50	5653.60
山东省	10619.90	7392.70
河南省	8475.30	5627.70
湖北省	8867.00	6279.50
湖南省	8372.10	6609.50
广东省	11669.30	8343.50
广西壮族自治区	6790.90	5205.60
海南省	8342.60	5465.60
重庆市	8332.00	5796.40
四川省	7895.30	6308.50
贵州省	5434.00	4740.20
云南省	6141.30	4743.60
西藏自治区	6578.20	3574.00
陕西省	6502.60	5724.20
甘肃省	5107.80	4849.60
青海省	6196.40	6060.20

续表

地区	农村居民家庭人均纯收入	农村家庭每人平均消费支出
宁夏回族自治区	6931.00	6489.70
新疆维吾尔自治区	7296.50	6119.10

（1）试建立我国农村居民家庭人均收入与消费支出线性模型；

（2）选用适当的方法检验模型中是否存在异方差；

（3）如果存在异方差，采用适当的方法加以修正。

第八章

时间序列数据的序列相关性

引子：t 检验和 F 检验一定就可靠吗？

研究居民储蓄存款 Y 和居民收入 X 的关系：

$$Y_t = \beta_0 + \beta_1 X_t + \mu_t$$

用普通最小二乘法估计其参数，结果为：

$$Y_t = 27.9123 + 0.3524X_t$$
$$(1.8690)\quad(0.0055)$$
$$T = (14.9343)(64.2069)$$
$$R^2 = 0.9966 \quad F = 4122.531$$

检验结果表明：回归系数的标准误差非常小，t 统计量较大，说明居民收入 X 对居民储蓄存款 Y 的影响非常显著。同时可决系数也非常高，F 统计量为 4122.531，也表明模型异常显著。但此估计结果可能是虚假的，t 统计量和 F 统计量都被虚假地夸大，因此，所得结果是不可信的。至于这到底是为什么，学习了本章以后就明晰了。

第一节　序列相关性

对于模型

$$y_t = \beta_0 + \beta_1 X_{1i} + \beta_2 X_{2i} + \cdots + \beta_k X_{ki} + \mu_t, i = 1,2,3,\cdots,n \tag{8—1}$$

随机误差项互不相关的基本假设表现为

$$Cov(\mu_i,\mu_j) = 0 \quad i \neq j, i,j = 1,2,3,\cdots,n \tag{8—2}$$

如果对于不同的样本点，随机误差项之间不再是不相关的，而是存在某种相关性，则认为出现了序列相关性。

在其他假设成立的条件下，序列相关即意味着

$$E(\mu_i,\mu_j) \neq 0 \tag{8—3}$$

如果仅存在 $E(\mu_i, \mu_{i+1}) \neq 0$，$i=1, 2, 3, \cdots, n$，称为一阶列相关，或自相关（autocorrelation）。

自相关往往可写成如下形式：

$$\mu_i = \rho\mu_{i-1} + \varepsilon_i \quad -1 < \rho < 1 \tag{8—4}$$

其中：ρ 被称为自协方差系数（coefficient of autocovariance）或一阶自相关系数（first - order coefficient of autocorrelation）。ε_i 是满足以下标准的 OLS 假定的随机干扰项：

$$E(\varepsilon_i) = 0, D(\varepsilon_i) = \sigma^2, Cov(\varepsilon_i,\varepsilon_{i-s}) = 0 \tag{8—5}$$

由于序列相关性经常出现在以时间序列为样本的模型中，因此，本节将用下标 t 代表 i。

第二节　序列相关性的原因

随机误差项之间存在序列相关性的原因很多，但主要是由经济变量自身特点、数据处理、变量选择及模型形式选择所引起的。

一　经济变量自身特点

经济变量是对经济现象的客观反映。任何一种经济现象都有其历史的延续性与继承性，现在的状况是在过去基础上演进而来的，过去的发展水平、速度、特征都会对现在的状况产生重要影响。同一经济变量，在前期与后续时期总存在一定的相关性，不可能互不相关。大多数经济时间序列都有一个明显的特点，就是它的惯性，如国民生产总值、价格指数、就业和失业、消费和投资等。当经济复苏，宏观经济从谷底开始上升时，大多数经济变量一般会持续上升，在向上移动的过程中，序列某一点的值会大于其前期值。这种向上的“动力”存在，直到经济开始衰退。当宏观经济从高涨的顶峰开始紧缩下降时，这类经济变量一般会持续减小，其值可能会小于前期值。这种“阻力”存在，直到经济开始复苏。因此，利用

时间序列资料建立模型时，经济发展的惯性使得模型存在序列相关性。随机误差项作为模型中的一个特殊经济变量，它虽然包含的具体内容很多，不具有单一的经济含义，但它与模型中独立出现的解释变量相类似，不同观测期的取值也不可能完全互不相关，总存在一定的相关性。

此外，经济变量的运行往往表现在时间前后期的相互关联上所形成的惯性。例如，一个企业的固定资产的形成，不仅与当期固定资产投资有关，还与前期多年固定资产投资相关。农作物的单位面积产量，不仅取决于当年投入的生产要素的数量与质量，而且还与往年投入物的数量与质量有关。如果模型忽略了这些前后相互关联因素的影响，误差项的系统性影响就会在模型中体现出来，产生序列相关问题。

二 解释变量选择

在现实经济活动中，某一经济现象的发展变化往往是多种因素综合作用的结果。利用计量经济模型研究经济变量的变化规律或者测度经济变量之间的数量依存关系，只能将重要的影响因素作为独立的解释变量在模型中列出，而将那些次要的影响因素予以舍弃。但这些被略去的次要因素的影响力在模型中并不会消失，它们的综合影响会在随机误差项中反映出来。进入模型随机误差项的次要因素在不同观测期的值可能是高度相关的，这就会带来随机误差项的序列相关。例如，在商品需求函数中，如果解释变量只有收入和商品自身的价格，则随机误差项中将包含其他商品价格对该商品需求的影响，价格变量一般是逐期相关的，从而使模型产生了序列相关性。

三 模型函数形式设定偏误

在对实际经济问题的研究中，用于分析与测度经济变量之间数量依存关系的模型，是研究者根据一定的经济理论、实践经验确定的。由于研究对象自身的复杂性、经济理论的局限性及人们对研究对象认识的片面性，可能导致对模型形式选择的失准。如果模型形式不能正确反映经济变量之间内在真实的数量依存关系，就会造成随机误差项的序列相关。比如，边际成本与产量之间的函数关系式应为：

$$y_t = \beta_0 + \beta_1 X_t + \beta_2 X_t^2 + \mu_t \qquad (8—6)$$

式中，y_t 表示边际成本，x_t 表示产量。由于认识上的偏误，结果设成了线性形式：

$$y_t = \beta_0 + \beta_1 X_t + \varepsilon_t \tag{8—7}$$

这时，由于 $\varepsilon_t = \beta_2 X_t^2 + \mu_t$ 中包含了带有 X_t^2 对边际成本的系统影响，使得 ε_t 之间很可能出现序列相关。

四　观测数据的处理

在计量经济分析中使用的时间数据序列，因多种原因在代表性上存在某些缺陷，为增强数据的代表性或弥补其他方面的缺陷，往往需要对原始观测数据进行内插或平滑处理。经这样处理后的时序资料与原始时间序列数据之间的差异便会在随机误差项中反映出来，并引起随机误差项的序列相关。比如，在回归分析建模中，我们经常要对原始数据进行一些处理，如在具有季节性时序资料的建模中，我们必须消除季节性影响，对数据作修匀处理。但如果采用了不恰当的数据变换，就会带来序列的自相关性。

五　蛛网现象——农产品市场

许多农产品的供给都呈现蛛网现象，即供给对价格的反应之后一个时期，因为供给决策的实现需要一定的时间。因此，种植谷物的农民本季度的计划受上一季度价格的影响，所以他们的供给函数为

$$Q_t = \beta_1 + \beta_2 P_{t-1} + \mu_t \tag{8—8}$$

假设在 t 时期末，价格 P_t 低于 P_{t-1}，于是在 $t+1$ 的期初，农民决定比 t 时期少生产一些，则 $t+1$ 期的产量会低于 t 期。显然在这种情况下，扰动项并不是随机的。因为农民在第 t 年生产多了，他们可能会在 $t+1$ 年少生产一些。这样下去就会形成蛛网现象。

六　滞后效应

在消费支出对收入的时间序列回归模型中，我们常常会发现当前时期的消费支出除了依赖于其他变量外，还依赖于前期的消费支出，就是

$$C_t = \beta_1 I + \beta_2 C_{T-1} + \mu_T \tag{8—9}$$

出现这种现象的原因是由于心理、技术及制度上的原因，消费者

不轻易改变他们的消费习惯。如果我们忽略了式（8—9）中的滞后项，误差将由于滞后消费对当前消费的影响而反映出一种自相关的形式。

第三节 序列相关性的后果

当一个线性回归模型的随机误差项存在序列相关时，就违背了线性回归方程设定的基本假设3，如果直接用普通最小二乘法估计未知参数，将会造成严重后果。

一 模型参数估计量非有效

当模型存在序列相关性时，OLS估计仍然是无偏估计，但不再具备有效性。这与存在异方差性时的情况一样，说明存在其他的参数估计方法，其估计误差小于OLS估计的误差；也就是说，对于存在序列相关的模型，应该改用其他方法估计模型中的参数。

（一）参数估计值仍然是无偏的

以一元线性回归模型为例，其模型为：

$$Y_t = \beta_0 + \beta_1 X_t + \mu_t \quad t = 1,2,\cdots,n \tag{8—10}$$

设随机误差项 μ_t 具有零均值、齐性方差，且与 X_t 独立，但存在序列相关性。在普通最小二乘法下计算得到 $\hat{\beta}_0$, $\hat{\beta}_1$，且有 $\hat{\beta}_1 = \beta_1 + \sum k_t\mu_t$。因此，$E(\hat{\beta}_1) = \beta_1 + \sum k_t E(\mu_t) = \beta_1$，这表明 $\hat{\beta}_1$，满足无偏性。同理也可以证明 $\hat{\beta}_0$ 是 β_0 的无偏估计量。这个结果说明只要随机误差项 μ_t 与解释变量 X_t 相互独立，无论随机误差项 μ_t 之间是否存在序列相关性，对参数的最小二乘估计值的无偏性都没有影响。

（二）参数估计值不再具有最小方差性

参数 β_1 的最小二乘估计值 $\hat{\beta}_1$ 的方差为

$$\begin{aligned}\operatorname{var}(\hat{\beta}_1) &= E[\hat{\beta}_1 - E(\hat{\beta}_1)]^2 = E(\hat{\beta}_1 - \beta_1)^2 \\ &= E(\sum k_t\mu_t)^2 = E[\sum k_t^2\mu_t^2 + 2\sum_{k\neq s} k_t k_s \mu_t \mu_s]\end{aligned}$$

$$= \sum k_t^2 E(_{2t}) + 2\sum_{k\neq s} k_t k_s E(\mu_t \mu_s) \tag{8—11}$$

在随机误差项 μ_t 不存在序列相关的假定下，E（$\mu_t\mu_s$）=0（$t\neq s$），参数 β_1 的估计值 $\hat{\beta}_1$ 的方差为

$$\text{var}(\hat{\beta}_1) = \sum k_t^2 E(\mu_t^2) = \sigma^2 \sum k_t^2 = \frac{\sigma^2}{\sum (X-\bar{X})^2} \tag{8—12}$$

在随机误差项 μ_t 存在序列相关性的情形下，E（$\mu_t\mu_s$）$\neq 0$（$t\neq s$）。令参数 β_1 的估计值用 $\hat{\beta}_1^*$ 表示，此时

$$\text{var}(\hat{\beta}_1^*) = \sum k_t^2 E(\mu_t^2) + 2\sum_{k\neq s} k_t k_s E(\mu_t\mu_s) = \text{var}(\hat{\beta}_1) + 2\sum_{k\neq s} k_t k_s E(\mu_t\mu_s) \tag{8—13}$$

如果随机误差项存在正的序列相关性，即 E（$\mu_t\mu_s$）>0（$t\neq s$），那么

$$\text{var}(\hat{\beta}_1^*) > \text{var}(\hat{\beta}_1) \tag{8—14}$$

大多数时间序列数据由于受到经济波动规律的影响，一般随着时间的推移有向上或向下的变动趋势，所以往往表现出正的序列相关性。因而，$\hat{\beta}_1^*$ 的方差也往往会大于 $\hat{\beta}_1$ 的方差，此时参数估计的最小方差性将不再能得到保证。如果随机误差项 μ_t 存在序列相关性，我们仍然用普通最小二乘法估计参数，就很有可能低估了参数估计值的真实方差。同理，可以证明 $\hat{\beta}_0$ 也有类似结果。

二　模型参数的统计检验失效

在随机误差项 μ_t 存在序列相关性的情形下，如果仍然用普通最小二乘法来估计模型参数，则会低估了参数估计值的真实方差，从而低估了参数估计值的标准误差：$s(\hat{\beta}_1) = \sqrt{\dfrac{\sigma^2}{\sum (X-\bar{X})^2}}$。而 $s(\hat{\beta}_1)$ 的低估将直接导致 $t = \dfrac{\hat{\beta}_1}{s(\hat{\beta}_1)}$ 统计量被过高估计，从而得出回归参数统计检验为显著的结论，但实际上可能是并不显著的。同样，在进行 F 检验时，由于参数估计值的方差的低估，导致 F 统计量的虚增，使得 F 检验失效。

三 模型的预测及经济分析功能失效

在随机误差项 μ_t 存在序列相关性的情形下，用普通最小二乘法估计模型参数，其估计值不再具有最小方差性，失去了最佳性，使得模型的样本估计式失准。估计值真实方差的低估，将导致统计检验的失效以及预测区间的可信度降低，用此模型进行预测和结构分析将会带来较大的偏差甚至错误的解释。

第四节 序列相关性的检验

如果回归模型的随机误差项之间存在序列相关性，将对模型的参数估计、统计检验以及模型预测的可靠性带来严重的影响。因此，在采用最小二乘法对模型进行估计之前，我们必须检验模型是否存在序列相关性。常见检验方法如下：

一 图示法

图示法是一种很直观的检验方法，它是通过对残差散点图的分析来判断随机误差项的序列相关性。把给定的回归模型直接用普通最小二乘法估计参数，求出残差项 e_t，并把 e_t 作为随机误差项 μ_t 的估计值，画出 e_t 的散点图。由于把残差项 e_t 作为随机误差项 μ_t 的估计值，随机误差项 μ_t 的性质也应能在残差 e_t 中反映出来。

（一）按时间顺序绘制残差图

如果残差 e_t，$t=1$，2，…，T，随着时间 t 的变化而呈现有规律的变动，则 e_t 存在相关性，进而可以推断随机误差项 μ_t 之间存在序列相关性。如果随着时间 t 的变化，e_t 并不频繁地改变符号，而是取几个正值后又连续地取几个负值（或者，与之相反，几个连续的负值后面紧跟着几个正值），则表明随机误差项 μ_t 存在正的序列相关（见图 8—1）；如果随着时间 t 的变化，e_t 不断地改变符号（见图 8—2），那么随机误差项 μ_t 之间存在负的序列相关。

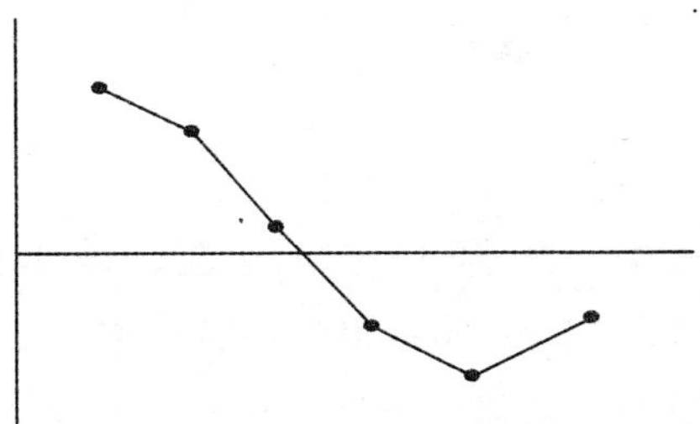

图 8—1　正序列相关

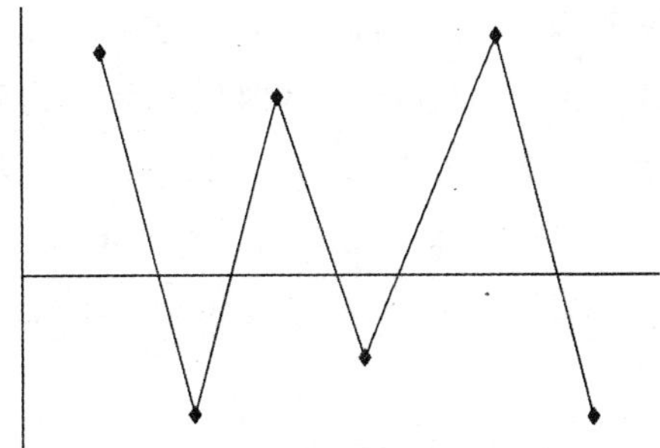

图 8—2　负序列相关

（二）绘制 e_t，e_{t-1} 的散点图

计算 e_t 和 e_{t-1}，以 e_t 为纵轴，e_{t-1} 为横轴，绘制（e_{t-1}，e_t），$t=1$，2，…，T 的散点图。如果大部分点落在第Ⅰ，Ⅲ象限，表明随机误差项 μ_t 存在正的序列相关（见图 8—3）；如果大部分点落在第Ⅱ，Ⅳ象限，表明随机误差项 μ_t 存在负的序列相关（见图 8—4）。

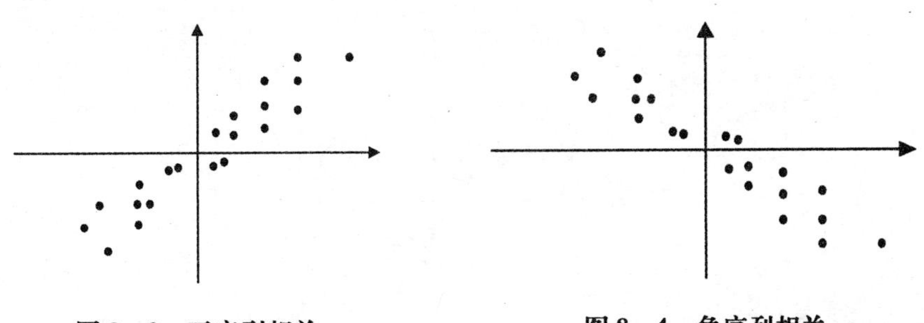

图 8—3　正序列相关　　图 8—4　负序列相关

二 杜宾-瓦特森（D-W）检验

（一）适用条件

杜宾-瓦特森检验，简称D-W检验，是J. Durbin（杜宾）和G. S. Watson（瓦特森）于1951年提出的一种适用于小样本的检验序列相关性的方法。D-W检验是目前检验序列相关性最为常用的方法，但它只适用于检验随机误差项具有一阶自回归形式的序列相关问题，在使用该方法前，必须注意该方法的适用条件。回归模型含有截距项，即截距项不为零；解释变量X是非随机的；随机误差项 μ_t 为一阶自相关，即 $\mu_t=\rho\mu_{t-1}+\varepsilon_t$；回归模型中不应含有滞后内生变量作为解释变量，即不应出现下列形式：$Y_t=\beta_0+\beta_1X_t+\beta_2Y_{t-1}+\mu_t$。其中，$Y_{t-1}$ 为 Y_t 的滞后一期变量；无缺失数据。当上述条件得到满足时，我们可以利用D-W方法检验序列相关问题。

（二）具体过程

1. 提出假设 H_0：$\rho=0$，即不存在序列相关，H_1：$\rho\neq0$，即存在序列相关性。

2. 定义D-W检验统计量

为了检验上述假设，构造D-W检验统计量，首先要求出回归估计式的残差 e_t，定义D-W统计量为：

$$DW=\frac{\sum_{t=2}^{n}(e_t-e_{t-1})^2}{\sum_{t=1}^{n}e_t^2} \tag{8—15}$$

其中，$e_t=Y_t-\hat{Y}_t$，$t=1,2,\cdots,n$。

由（8—15）式有

$$DW=\frac{\sum_{t=2}^{n}e_t^2+\sum_{t=2}^{n}e_{t-1}^2-2\sum_{t=2}^{n}e_te_{t-1}}{\sum_{t=1}^{n}e_t^2} \tag{8—16}$$

由于 $\sum_{t=2}^{n}e_t^2$ 与 $\sum_{t=2}^{n}e_{t-1}^2$ 只有一次观测之差，故可认为近似相等，则由

（8—16）式得

$$DW \approx \frac{2\sum_{t=2}^{n} e_{t-1}^2 - 2\sum_{t=2}^{n} e_t e_{t-1}}{\sum_{t=2}^{n} e_{t-1}^2} = 2\left[1 - \frac{\sum_{t=2}^{n} e_t e_{t-1}}{\sum_{t=2}^{n} e_{t-1}{}^2}\right] \quad (8—17)$$

随机误差序列 μ_1，μ_2，…，μ_n 的自相关系数定义为：

$$\rho = \frac{\sum_{t=2}^{n} \mu_t \mu_{t-1}}{\sqrt{\sum_{t=2}^{n} \mu_t^2}\sqrt{\sum_{t=2}^{n} \mu_{t-1}^2}} \quad (8—18)$$

在实际应用中，随机误差序列的真实值是未知的，需要用估计值 e_t 代替，得到自相关系数的估计值为：

$$\hat{\rho} = \frac{\sum_{t=2}^{n} e_t e_{t-1}}{\sqrt{\sum_{t=2}^{n} e_t^2}\sqrt{\sum_{t=2}^{n} e_{t-1}^2}} \quad (8—19)$$

在认为 $\sum_{t=2}^{n} e_t^2$ 与 $\sum_{t=2}^{n} e_{t-1}^2$ 近似相等的假定下，则（8—19）式可化简为：

$$\hat{\rho} \approx \frac{\sum_{t=2}^{n} e_t e_{t-1}}{\sum_{t=2}^{n} e_{t-1}^2} \quad (8—20)$$

所以，（8—20）式可以写成

$$DW \approx 2(1 - \hat{\rho}) \quad (8—21)$$

3. 检验序列相关性

因为自相关系数 $\hat{\rho}$ 的值介于 -1 和 1 之间，所以：$0 \leqslant DW = 2\ (1 - \hat{\rho}) \leqslant 4$，而且有 DW 值与 $\hat{\rho}$ 的对应关系如表 8—1 所示。

表 8—1　　DW 值与 $\hat{\rho}$ 的对应关系

$\hat{\rho}$ 值	DW 值	随机误差项的序列相关性
-1	4	完全负序列相关
$(-1,\ 0)$	$(2,\ 4)$	负序列相关
0	2	无序列相关

续表

$\hat{\rho}$ 值	DW 值	随机误差项的序列相关性
(0, 1)	(0, 2)	正序列相关
1	0	完全正序列相关

从表8—1中，我们可以知道当 DW 值显著地接近于0或者4时，则存在序列相关性；而接近于2时，则不存在序列相关性。这样只要知道 DW 统计量的概率分布，在给定的显著性水平下，根据临界值的位置就可以对原假设 H_0 进行检验。但是 DW 统计量的概率分布很难确定，作为一种变通的处理方法，杜宾和瓦特森在5%和1%的显著水平下，找到了上限临界值 d_U 和下限临界值 d_L，并编制了 $D-W$ 检验的上、下限表。这两个上下限只与样本的大小 n 和解释变量的个数 k 有关，而与解释变量的取值无关。具体的判别规则为：

（1）$0 \leqslant DW \leqslant d_L$，拒绝 H_0，表明随机误差项 μ_t 之间存在正的序列相关；

（2）$4-d_L \leqslant DW \leqslant 4$，拒绝 H_0，表明随机误差项 μ_t 之间存在正的序列相关；

（3）$d_U \leqslant DW \leqslant 4-d_U$，接受 H_0，即认为随机误差项 μ_t 之间不存在序列相关性；

（4）$d_L < DW < d_U$ 或 $4-d_U < DW < 4-d_L$，不能判定是否存在序列相关性。

上述四条判别规则可用图8—5表示：

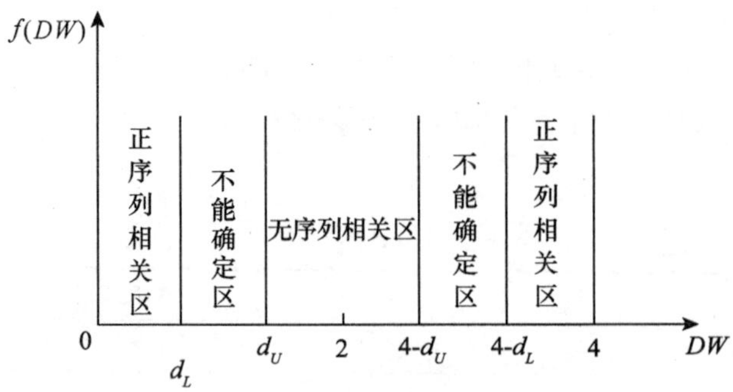

图8—5 时间序列相关 DW 检验判别

（三）D－W 检验特点

D－W 检验法的优点在于其计算简单、应用方便，目前已成为最常用的序列相关性检验的方法。EViews 软件在输出回归分析结果中直接给出了 DW 值，并且人们也习惯将 DW 值作为常规的检验统计量，连同 R^2 值等一起在报告回归分析的计算结果时表明。

但 D－W 检验也存在很大的局限性，在应用时应予以重视。

（1）D－W 检验不适应随机误差项具有高阶序列相关的检验，只能检验一阶序列相关性。

（2）D－W 检验有两个无法判别的区域，一旦 DW 值落入这两个区域，必须调整样本容量或采取其他的检验方法。

（3）这一方法不适用于对联立方程模型中各单一方程随机误差项序列相关性的检验。

（4）D－W 检验不适用于模型中含有滞后的被解释变量的情况。

三　回归检验法

（一）定义

回归检验法适用于任一随机变量序列相关性的检验，并能提供序列相关的具体形式及相关系数的估计值。

（二）应用步骤

分三步进行：

第一步，依据模型变量的样本观测数据，应用普通最小二乘法求出模型的样本估计式，并计算出随机误差项 μ_t 的估计值 e_t；

第二步，建立 e_t 与 e_{t-1}、e_{t-2} 的相互关系模型，由于它们相互关系的形式和类型是未知的，需要用多种函数形式进行试验，常用的函数形式主要有：

$$e_t = \rho e_{t-1}^2 + \varepsilon_t$$

$$e_t = \rho \sqrt{e_{t-1}} + \varepsilon_t$$

$$e_t = \rho / \sqrt{e_{t-1}} + \varepsilon_t$$

第三步，对于不同形式的 e_t 与 e_{t-1}、e_{t-2} 的相互关系模型，用普通最小二乘法进行参数估计，得出回归估计式，再对估计式进行统计检验。如果检验的结果是每一种估计式都是不显著的，就表明 e_t 与 e_{t-1}、e_{t-2}是不相关的，随机误差项 μ_t 之间不存在序列相关性。如果通过检验发现某一个估计式是显著的（若有多个估计式显著就选择最为显著的），就表明 e_t 与 e_{t-1}、e_{t-2}是相关的，随机误差项 μ_t 之间存在序列相关性，相关的形式就是统计检验显著的回归估计式，相关系数就是该估计式的参数估计值。

回归检验法需要用多种形式的回归模型对 e_t 与 e_{t-1}、e_{t-2}的相关性进行试验分析，工作量大、计算复杂，显得极为烦琐。

线性回归模型中随机误差项序列相关性的检验，在计量经济学的研究中是一个很重要的问题。但目前应用的检验方法都存在一些缺陷和局限，还不能对这一问题进行完全有效的检验，更为完善的检验方法有待于进一步研究。有关于高阶序列相关性的检验，可以参考其他相关教科书。

四　拉格朗日乘数（Lagrange multiplier）检验

拉格朗日乘数检验克服了 DW 检验的缺陷，适合于高阶序列相关以及模型中存在滞后被解释变量的情形。

它是由布劳殊（Breusch）与戈弗雷（Godfrey）于 1978 年提出的，也被称为 GB 检验。

对于模型

$$Y_i = \beta_0 + \beta_1 X_{1i} + \beta_2 X_{2i} + \cdots + \beta_k X_{ki} + \mu_i \tag{8—22}$$

如果怀疑随机扰动项存在 p 阶序列相关：

$$\mu_t = \rho_1 \mu_{t-1} + \rho_2 \mu_{t-2} + \cdots + \rho_p \mu_{t-p} + \varepsilon_t \tag{8—23}$$

GB 检验可用来检验如下受约束回归方程

$$Y_t = \beta_0 + \beta_1 X_{1t} + \cdots + \beta_k X_{kt} + \rho_1 \mu_{t-1} + \cdots + \rho_p \mu_{t-p} + \varepsilon_t \tag{8—24}$$

约束条件为：

$$H_0: \rho_1 = \rho_2 = \cdots = \rho_p = 0$$

约束条件 H_0为真时，大样本下

$$LM = (n-p)R^2 \sim \chi^2(p) \tag{8—25}$$

其中，n 为样本容量，R^2 为如下辅助回归的可决系数：

$$e_t = \beta_0 + \beta_1 X_{1t} + \cdots + \beta_k X_{kt} + e_1 \mu_{t-1} + \cdots + \rho e_{t-p} + \varepsilon_t \tag{8—26}$$

给定 α，查临界值χ_{α}^2（p），与 LM 值比较，做出判断，

实际检验中，可从 1 阶、2 阶…逐次向更高阶检验。

第五节　序列相关的修正

如果检验发现随机误差项之间存在序列相关性，应当首先分析序列相关产生的原因，引起序列相关的原因不同，修正序列相关的方法也不同。如果是回归模型变量选用不当，则应对模型中包含的解释变量进行调整，去掉无关的以及非重要的变量，引入重要的变量；如果是模型的形式选择不当，则应重新确定正确的模型形式；如果以上两种方法都不能消除序列相关性，则需要采用其他数学方法进行处理以消除序列相关性，然后再对模型中的未知参数进行估计。

一　差分法

差分法将原模型变换为差分模型，用增量数据代替原来的样本数据。差分法分为一阶差分法和广义差分法。

（一）一阶差分法

假设原模型为：

$$Y_t = \beta_0 + \beta_1 X_{1t} + \beta_2 X_{2t} + \cdots + \beta_k X_{kt} + \mu_t \quad t = 1,2,\cdots,n \quad (8—27)$$

一阶差分法变换后的模型为：

$$\Delta Y_t = \beta_1 \Delta X_{1t} + \beta_2 \Delta X_{2t} + \cdots + \beta_k \Delta X_{kt} + v_t \quad t = 2,\cdots,n \quad (8—28)$$

其中 $\Delta Y_t = Y_t - Y_{t-1}$，$v_t = \mu_t - \mu_{t-1}$

如果，原模型存在完全一阶正相关，即 $\mu_t = \mu_{t-1} + v_t$，其中 v_t 不存在序列相关性，那么差分模型满足应用普通最小二乘法的基本假设。用普通最小二乘法估计差分模型得到的参数估计值，即为原模型参数的无偏、有效估计值。

（二）广义差分法

一阶差分法仅适用于随机误差项的自相关系数 ρ 等于 1 的情形。但在一般情况下，完全一阶正相关的情况并不多见，在这种情况下，随机误差项的序列相关性就要用广义差分法进行修正。

对于模型（8—26），如果随机误差项存在一阶自相关，即$\mu_t = \rho\mu_{t-1} + \varepsilon_t$，其中，$\rho$ 为随机误差项 μ_t 的自相关系数，且有 $|\rho| < 1$，v_t 不存在序列

相关性。

将（8—26）式滞后一期，并左右两边同乘ρ，可得

$$\rho Y_{t-1} = \rho\beta_0 + \rho\beta_1 X_{1(t-1)} + \rho\beta_2 X_{2(t-2)} + \cdots + \rho\beta_k X_{k(t-1)} + \rho\mu_{t-1} \quad (8—29)$$

将（8—27）式减去（8—29）式，得

$$Y_t - \rho Y_{t-1} = \beta_0(1-\rho) + \beta_1\left(X_{1t} - \rho X_{1(t-1)}\right) + \beta_2\left(X_{2t} - \rho X_{2(t-1)}\right) + \cdots + \beta_k\left(X_{kt} - \rho X_{k(t-1)}\right) + (\mu_t - \rho\mu_{t-1}) \quad (8—30)$$

在ρ为已知的情况下，我们可以对（8—30）式进行如下变换

$$\begin{cases} Y_t^* = Y_t - \rho Y_{t-1} \\ X_{1t}^* = X_{1t} - \rho X_{1(t-1)} \\ X_{2t}^* = X_{2t} - \rho X_{2(t-1)} \\ \quad\vdots \\ X_{kt}^* = X_{kt} - \rho X_{k(t-1)} \\ v_t = \mu_t - \rho\mu_{t-1} \end{cases} \quad (t = 2,3,\cdots,n) \quad (8—31)$$

将变换后的新变量代入（8—30）式，便可得到一个新的模型表示式：

$$Y_t^* = \beta_0(1-\rho) + \beta_1 X_{1t}^* + \beta_2 X_{2t}^* + \cdots + \beta_k X_{kt}^* + v_t \quad t = 2,3,\cdots,n \quad (8—32)$$

我们把上述变换过程称为广义差分变换，把通过广义差分变换得到的模型称为广义差分模型。我们应该注意到这一变换过程所构建的新变量Y_t^*，X_{it}^*，由于差分变换要损失一个观测值，样本个数由n个减少到$n-1$个。为了避免损失自由度，可以将第一个观测值作如下变换：

$$Y_1^* = Y_1\sqrt{1-\rho^2}, X_1^* = X_1\sqrt{1-\rho^2} \quad (8—33)$$

通过对原模型进行广义差分变换，我们可以得到广义差分模型，广义差分模型中的随机误差项满足线性回归的经典假设，对广义差分模型进行OLS估计，得到的参数估计值仍然是最佳估计量。

二　杜宾（Durbin）两步法

进行广义差分变换的前提是已知ρ的值。但ρ是随机误差项的自相关系数，μ_t的值不可观测，使得ρ的值也是未知的。所以利用广义差分法处理序列相关性时，首先需要估计出ρ的值。这可以用杜宾（Durbin）两步

估计法。

我们以一元线性回归模型为例，对于模型

$$Y_t = \beta_0 + \beta_1 X_t + \mu_t \quad t = 1, 2, \cdots, n \tag{8—34}$$

如果随机误差项 μ_t 存在 h 阶自回归形式的序列相关，即

$$\mu_t = \rho_1 \mu_{t-1} + \rho_2 \mu_{t-2} + \cdots + \rho_h \mu_{t-h} + \varepsilon_t \tag{8—35}$$

当 $E(\varepsilon_t) = 0$、$Var(\varepsilon_t) = \sigma_\varepsilon^2$、$E(\varepsilon_t \varepsilon_{t-1}) = 0$ 时，便可利用杜宾两步法对 μ_t 的相关系数 ρ 进行估计。

第一步，对（8—34）式进行差分变换，可得

$$\begin{aligned} Y_t - \rho_1 Y_{t-1} - \rho_2 Y_{t-2} - \cdots - \rho_k Y_{t-k} &= \beta_0 (1 - \rho_1 - \rho_2 - \cdots - \rho_k) \\ &+ \beta_1 (X_t - \rho_1 X_{t-1} - \rho_2 X_{t-2} - \cdots - \rho_k X_{t-k}) \\ &+ (\mu_t - \rho_1 \mu_{t-1} - \rho_2 \mu_{t-2} - \cdots - \rho_k \mu_{t-k}) \end{aligned} \tag{8—36}$$

整理（8—36）式，可得

$$\begin{aligned} Y_t &= \beta_0 (1 - \rho_1 - \rho_2 - \cdots - \rho_h) + \rho_1 Y_{t-1} + \rho_2 Y_{t-2} + \cdots + \rho_k Y_{t-k} \\ &\quad \beta_1 X_t - (\beta_1 \rho_1) X_{t-1} - (\beta_1 \rho_2) X_{t-2} - \cdots - (\beta_1 \rho_k) X_{t-k} + \varepsilon_t \end{aligned} \tag{8—37}$$

第二步：应用普通最小二乘法对包含被解释变量及解释变量的滞后变量在内的模型（8—37）式进行估计，求出随机误差项 μ_t 的自相关系数 ρ_1，ρ_2，…，ρ_h 的估计值 $\hat{\rho}_1$，$\hat{\rho}_2$，…，$\hat{\rho}_h$。再将 $\hat{\rho}_1$，$\hat{\rho}_2$，…，$\hat{\rho}_h$ 代入（8—36）式，可得

$$\begin{aligned} Y_t - \hat{\rho}_1 Y_t - \hat{\rho}_1 Y_{t-1} - \hat{\rho}_2 Y_{t-2} - \cdots - \hat{\rho}_k Y_{t-k} &= \beta_0 (1 - \hat{\rho}_1 - \hat{\rho}_2 - \cdots - \hat{\rho}_k) + \\ &\beta_1 (X_t - \hat{\rho}_1 X_{t-1} - \hat{\rho}_2 X_{t-2} - \cdots - \hat{\rho}_k X_{t-k}) + \varepsilon_t \end{aligned} \tag{8—38}$$

（8—38）式的随机误差项 ε_t 具有零均值、方差齐性、不存在序列相关性的特点。在 $\hat{\rho}_1$，$\hat{\rho}_2$，…，$\hat{\rho}_h$ 已知的情况下，可以用普通最小二乘法对（8—38）式进行估计，求出参数 β_0、β_1 的估计值 $\hat{\beta}_0$、$\hat{\beta}_1$。此方法也适用于多元线性回归模型。杜宾两步法不但求出了自相关系数 ρ 的估计值 $\hat{\rho}$，而且也得出了模型参数的估计值。

三　迭代法

迭代估计法或科克伦－奥克特（Cochrane－Orcutt）估计法，是用逐步逼近的办法求 ρ 的估计值。仍以（8—34）式为例，假设随机误差项 μ_t 存在一阶自回归形式的序列相关，即 $\mu_t = \rho_1 \mu_{t-1} + v_t$，$t = 1, 2, \cdots, n$，其中 v_t 满足零均值、方差齐性、无序列相关性。迭代估计的具体步骤为：

第一步，利用 OLS 法估计模型 $Y_t = \beta_0 + \beta_1 X_t + \mu_t$，$t = 1, 2, \cdots, n$，计算残差出 e_t；

第二步，根据上一步计算出的残差 e_t 计算 ρ 的估计值 $\hat{\rho}$：

$$\hat{\rho} = \sum_{t=2}^{n} e_t e_{t-1} / \sum_{t=2}^{n} e_{t-1}^2$$

第三步，利用上一步求得的 $\hat{\rho}$ 值对（8—24）式进行广义差分变换：

$$\begin{cases} Y_t^* = Y_t - \rho Y_{t-1} \\ X_t^* = X_t - \rho X_{t-1} \end{cases}$$

并得到广义差分模型：$Y_t^* = \beta_0 (1 - \hat{\rho}) + \beta_1 + v_t$；

第四步，再利用 OLS 法估计 $Y_t^* = \beta_0 (1 - \hat{\rho}) + \beta_1 + v_t$），计算出残差 e_t^*，根据残差 e_t^* 计算 ρ 的第二次逼近值 $\hat{\rho}^*$：

$$\hat{\rho}^* = \sum_{t=3}^{n} e_t^* e_{t-1}^* / \sum_{t=3}^{n} {e_{t-1}^*}^2 \quad .$$

第五步，重复执行第三、四步，直到 ρ 的前后两次估计值比较接近，即估计误差小于事先给定的精度 δ：$|\hat{\rho}^* - \hat{\rho}| < \delta$。此时，以 $\hat{\rho}^*$ 作为 ρ 的估计值，并用广义差分法进行变换，得到回归系数的估计值。

第六节 实例

随着我国三大产业结构得到不断优化，我国国内生产总值在 20 年间得到迅速增长。本案例从第一产业的增加值与 GDP 总值的统计数据中，研究其内在联系，并对其进行序列相关性分析。通过 D－W 检验、Q 统计量检验判定随机误差项是否存在序列相关性，如果存在序列相关性，对其加以修正。

一 经济理论

我国是一个农业大国，所以第一产业对国民经济发展起重大作用。第一产业包括农、林、牧、副、渔；第二产业包括制造业，采掘业，建筑业等；第三产业包括服务业和其他非物质生产部门，三大产业是相互依赖和相互制约的。第一产业是第二产业和第三产业的基础，也是 GDP 的重要组成部分，促进国家经济发展，三大产业在整个国民经济中各自发挥着不同程度的作用。

二　问题的提出

随着我国经济的不断发展以及改革开放的不断深入，研究经济发展状况及经济发展的各个因素，成为决策部门的一个重要课题。那么，第一产业增加值与 GDP 之间有怎样的关系，为了考察这一问题，我们选取了 1978—2011 年我国历年 GDP 与第一产业增加值的数据，就两者之间的关系进行研究，并就本案例中随机误差项的序列相关性问题加以研究。

三　模型的设定

20 世纪以来，产业结构和经济增长有着密切的关系。产业结构的变动会促进经济的增长，而经济的增长也会影响到产业结构的变化。

假设拟建如下回归模型：

$$Y = \beta_0 + \beta_1 X + \mu_i$$

其中，X 表示国内生产总值，Y 表示第一产业增加值，μ_i 表示随机误差项。

四　数据的收集

表 8—2　　1978—2011 年我国 GDP 与第一产业增加值

年份	国内生产总值（亿元）	第一产业增加值（亿元）	年份	国内生产总值（亿元）	第一产业增加值（亿元）
1978	3645.22	1027.53	1995	60793.73	12135.81
1979	4062.58	1027.53	1996	71176.59	14015.39
1980	4545.62	1371.59	1997	78973.03	14441.89
1981	4891.56	1559.46	1998	84402.28	14817.63
1982	5323.35	1777.4	1999	89677.05	14770.03
1983	5962.65	1978.39	2000	99214.55	14944.72
1984	7208.05	2316.09	2001	109655.17	15781.27
1985	9016.04	2564.4	2002	120332.69	16537.02
1986	10275.18	2788.69	2003	135822.76	17381.72

续表

年份	国内生产总值（亿元）	第一产业增加值（亿元）	时间	国内生产总值（亿元）	第一产业增加值（亿元）
1987	12058.62	3233.04	2004	159878.34	21412.73
1988	15042.82	3865.36	2005	184937.37	22420
1989	16992.32	4265.92	2006	216314.43	24040
1990	18667.82	5062	2007	265810.31	28627
1991	21781.5	5342.2	2008	314045.43	33702
1992	26923.48	5866.6	2009	340902.81	35226
1993	35333.92	6963.76	2010	401512.8	40533.6
1994	48197.86	9572.69	2011	473104.05	47486.21

资料来源：《中国统计年鉴》（1979—2012）。

五　回归分析

根据表 8—2 中的数据，利用 OLS 进行回归分析，结果如下：

表 8—3　　回归结果

Dependent Variable: Y				
Method: Least Squares				
Sample: 1978 2011				
Included observations: 34				
Variable	Coefficient	Std. Error	t - Statistic	Prob.
X	0.097624	0.002755	35.43087	0.0000
C	3277.034	440.2992	7.442744	0.0000
R - squared	0.975143	Mean dependent var		13201.64
Adjusted R - squared	0.974366	S. D. dependent var		12371.85
S. E. of regression	1980.814	Akaike info criterion		18.07743
Sum squared resid	1.26E+08	Schwarz criterion		18.16721
Log likelihood	-305.3162	Hannan - Quinn criter.		18.10805
F - statistic	1255.347	Durbin - Watson stat		0.124551
Prob (F - statistic)	0.000000			

根据回归结果可得到下面的估计方程：

$Y = 0.097624X + 3277.034$

（35.43087）（7.442744）

$X_t = 0.975143 \quad Y_t = \beta_1 + \beta_2 X_t + \mu_t = 0.974366$

$F = 1255.347 \quad D - W = 0.124551$

根据 $\mu_t = 0.975143$ 可以表明模型的拟合效果非常好，F 检验的相伴概率为 0.000000，反映变量间呈高度线性，方程回归效果显著，但从 D－W的值来看，远远小于 2，说明可能存在序列相关性。

六　序列相关性检验

（一）D－W 检验

根据表中的参数估计结果可知 D－W＝0.124551，给定显著性水平 0.05，查 D－W 表，n＝34，k（解释变量个数）＝1，得下限临界值 X_t = 1.38，上限临界值 Y_t = 1.51，因为 D－W 统计量 $0.124551 < \beta_1 + \beta_2 X_t$ = 1.38，根据判定区域知，这时随机误差项存在一阶正自相关。

（二）相关图和 Q 统计量检验

拉格朗日乘数检验假设：H_0 直到 p 阶滞后不存在序列相关，p 为预先定义好的整数；H_1 存在 p 阶序列相关。

Sample 1978 2011
Included observations: 34

Autocorrelation	Partial Correlation		AC	PAC	Q-Stat	Prob
		1	0.895	0.895	29.719	0.000
		2	0.762	-0.198	51.922	0.000
		3	0.643	0.017	68.252	0.000
		4	0.525	-0.089	79.518	0.000
		5	0.385	-0.190	85.772	0.000
		6	0.260	0.011	88.716	0.000
		7	0.149	-0.063	89.721	0.000
		8	0.055	-0.008	89.864	0.000
		9	-0.078	-0.315	90.165	0.000
		10	-0.208	-0.062	92.365	0.000
		11	-0.325	-0.145	97.992	0.000
		12	-0.410	0.006	107.35	0.000
		13	-0.455	0.106	119.42	0.000
		14	-0.482	-0.092	133.62	0.000
		15	-0.504	-0.076	149.95	0.000
		16	-0.492	0.010	166.39	0.000

图 8—6　相关图和 Q 统计量检验结果

图 8—6 显示了随机误差项的自相关系数、偏自相关系数和对应于高阶序列相关的 Ljung - Box Q 统计量。

虚线之间的区域是序列相关中正、负两倍于估计标准差所夹成的，如果自相关值在这个区域内，则在显著水平为 5% 的情形下与零没有显著区别。图中的一阶自相关系数和偏自相关系数都超过了虚线部分，说明序列存在一阶自相关。各阶 Q 统计量的 P 值都小于 0.05，说明在 5% 的显著性水平下，拒绝原假设，残差序列存在序列相关。

（二）LM 检验

设定滞后阶数为 2，得到 LM 检验结果（表 8—4）。

表 8—4　　Breusch - Godfrey Serial Correlation LM Test

F - statistic	78.55402	Prob. F（2，30）		0.0000
Obs * R - squared	28.54860	Prob. Chi - Square（2）		0.0000
Test Equation:				
Dependent Variable: RESID				
Method: Least Squares				
Sample: 1978 2011				
Included observations: 34				
Presample missing value lagged residuals set to zero.				
Variable	Coefficient	Std. Error	t - Statistic	Prob.
X	-0.001056	0.001204	-0.877087	0.3874
C	63.67386	184.0526	0.345955	0.7318
RESID（-1）	1.078335	0.181785	5.931921	0.0000
RESID（-2）	-0.164826	0.188603	-0.873932	0.3891
R - squared	0.839665	Mean dependent var		-3.05E-12
Adjusted R - squared	0.823631	S. D. dependent var		1950.571
S. E. of regression	819.1672	Akaike info criterion		16.36458
Sum squared resid	20131049	Schwarz criterion		16.54416
Log likelihood	-274.1979	Hannan - Quinn criter.		16.42582
F - statistic	52.36934	Durbin - Watson stat		1.648723
Prob（F - statistic）	0.000000			

表中 LM 统计量显示，在 5% 的显著性水平上，$\chi^2_{0.05}$ （2） =5.99，因为 $T \times R^2 = 28.55 > \chi^2_{0.05} = 5.99$，所以拒绝原假设，及序列存在二阶序列相关性。

七　序列相关性的修正

已经检验到序列存在着二阶序列相关，采用迭代法进行修正，结果如下：

表 8—5　　迭代法修正序列相关性

Dependent Variable：Y				
Method：Least Squares				
Sample（adjusted）：1980 2011				
Included observations：32 after adjustments				
Convergence achieved after 8 iterations				
Variable	Coefficient	Std. Error	t – Statistic	Prob.
C	4814.513	1903.625	2.529129	0.0173
X	0.091991	0.005202	17.68428	0.0000
AR（1）	1.061188	0.193245	5.491413	0.0000
AR（2）	–0.163116	0.194173	–0.840054	0.4080
R – squared	0.997208	Mean dependent var		13962.52
Adjusted R – squared	0.996908	S. D. dependent var		12360.35
S. E. of regression	687.2646	Akaike info criterion		16.01978
Sum squared resid	13225313	Schwarz criterion		16.20300
Log likelihood	–252.3165	Hannan – Quinn criter.		16.08052
F – statistic	3333.032	Durbin – Watson stat		1.971719
Prob（F – statistic）	0.000000			
Inverted AR Roots	.87	.19		

从表中可以看出，经过修正后的 D – W 统计量为 1.971719，$d_U = 1.51 < D - W < 4 - d_L$，则修正后不存在序列相关了。

根据修正后的结果进行 Q 统计量检验。

Sample 1980 2011
Included observations: 32
Q-statistic probabilities adjusted for 2 ARMA term(s)

Autocorrelation	Partial Correlation		AC	PAC	Q-Stat	Prob
		1	0.011	0.011	0.0039	
		2	-0.122	-0.122	0.5408	
		3	0.116	0.121	1.0491	0.306
		4	0.121	0.105	1.6168	0.446
		5	-0.221	-0.205	3.5907	0.309
		6	0.052	0.081	3.7045	0.447
		7	-0.019	-0.101	3.7201	0.595
		8	0.030	0.090	3.7613	0.709
		9	0.015	0.035	3.7725	0.806
		10	-0.044	-0.096	3.8686	0.869
		11	-0.254	-0.232	7.2227	0.614
		12	-0.120	-0.189	8.0000	0.629
		13	-0.109	-0.140	8.6852	0.651
		14	-0.001	0.048	8.6852	0.730
		15	-0.147	-0.137	10.070	0.688
		16	-0.026	-0.079	10.117	0.754

图 8—7 修正后的相关图和 Q 统计量检验结果

由图 8—7 可知，模型修正后的自相关系数、偏自相关系数都在虚线以内。根据检验结果可以发现修正后的模型已经消除了序列相关。

第七节 实验

一 实验目的

掌握序列相关性问题出现的来源、后果、检验及修正的原理，以及相关的 Eviews 操作方法。

二 实验内容

经济理论指出，商品进口主要是由进口国的经济发展水平以及商品进口价格指数与国内价格指数对比因素决定的。由于无法取得价格指数数据，我们主要研究中国商品进口与国内生产总值的关系。

以 1978—2013 年中国商品进口额与国内生产总值数据为例，练习检查和克服模型的序列相关性的操作方法。

表 8—6　　1978—2013 年我国商品进口与国内生产总值

年份	国内生产总值（GDP）（亿元）	商品进口 M（亿美元）
1978	3624. 10	108. 90
1979	4038. 20	156. 70
1980	4517. 80	200. 20
1981	4862. 40	220. 20
1982	5294. 70	192. 90
1983	5934. 50	213. 90
1984	7171. 00	274. 10
1985	8964. 40	422. 50
1986	10202. 20	429. 10
1987	11962. 50	432. 10
1988	14928. 30	552. 70
1989	16909. 20	591. 40
1990	18547. 90	533. 50
1991	21617. 80	637. 90
1992	26638. 10	805. 90
1993	34634. 40	1039. 60
1994	46759. 40	1156. 10
1995	58478. 10	1320. 80
1996	67884. 60	1388. 30
1997	74462. 60	1423. 70
1998	78345. 20	1402. 40
1999	82067. 50	1657. 00
2000	89442. 20	2250. 90
2001	95933. 30	2436. 10
2002	119765. 00	2951. 70
2003	135718. 90	4127. 60
2004	160289. 70	5612. 29
2005	184575. 80	6599. 53
2006	217246. 60	7914. 61
2007	268631. 00	9561. 16

续表

年份	国内生产总值（GDP）（亿元）	商品进口 M（亿美元）
2008	318736.70	11325.67
2009	345046.40	10059.23
2010	407137.80	13962.44
2011	479576.10	17434.84
2012	532872.10	18184.05
2013	585336.80	19499.89

资料来源：1979—2013 年《中国统计年鉴》。

三　实验步骤

（一）建立线性回归模型

利用表中数据建立 M 关于 GDP 的散点图（SCAT GDP M）。

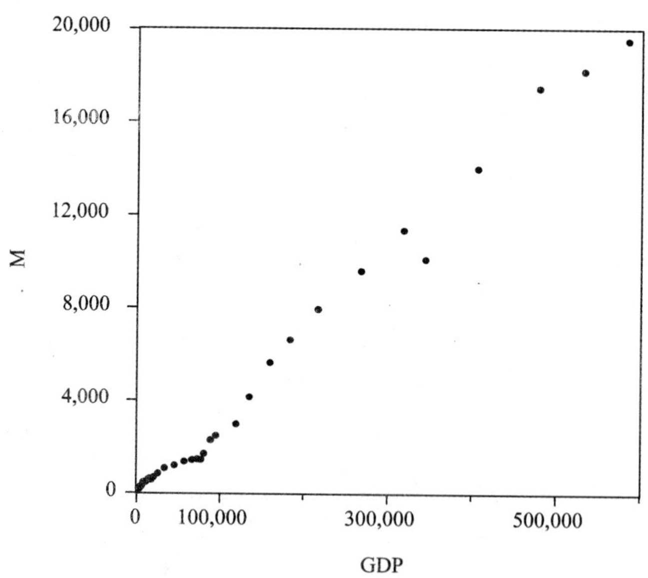

图 8—8　M 与 GDP 的散点图

可以看到 M 与 GDP 呈现接近线性的相关关系，因此可以建立如下模型：

$$M = \beta_1 + \beta_2 GDP + \mu_i$$

并对所建立的模型进行普通最小二乘回归，结果如表 8—7。

表 8—7　　　　　　　　回归结果

Method：Least Squares				
Sample：1978 2013				
Included observations：36				
Variable	Coefficient	Std. Error	t - Statistic	Prob.
GDP	0. 034523	0. 000608	56. 74232	0. 0000
C	- 275. 9685	124. 3754	- 2. 218835	0. 0333
R - squared	0. 989550	Mean dependent var		4085. 553
Adjusted R - squared	0. 989243	S. D. dependent var		5656. 605
S. E. of regression	586. 6806	Akaike info criterion		15. 64079
Sum squared resid	11702600	Schwarz criterion		15. 72876
Log likelihood	- 279. 5342	Hannan - Quinn criter.		15. 67150
F - statistic	3219. 691	Durbin - Watson stat		0. 992116
Prob （F - statistic）	0. 000000			

即得到的回归方程为：

$$M = -275.9685 + 0.034523GDP$$

$$(-2.218835) \quad (56.74232)$$

$$R^2 = 0.98955 \quad D - W = 0.992116 \quad F = 3219.691$$

从回归方程可以看出，方程总体拟合程度较好，解释变量对被解释变量的影响也较为显著，但从 D - W 的值来看，可能存在序列相关性，因此，需要对其进行进一步的检验。

（二）进行序列相关性检验

1. 图示法

做出残差项与时间以及与滞后一期的残差项的折线图（图 8—9），可以看出随机误差项存在正的序列相关性。

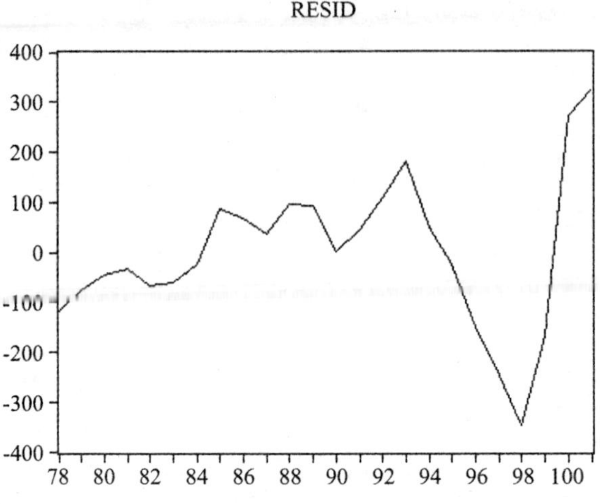

图 8—9 图示法

2. D－W 检验

由回归结果输出 D－W＝0.992116。若给定 $\alpha=0.05$，已知 $n=24$，$k=2$，查 D－W 检验上下界表可得，$d_L=1.27$，$d_U=1.45$。由于 $D-W=0.992116<1.27=d_L$，故存在正自相关。

3. LM 检验

在估计窗口中选择 Serial Correlation LM Test，设定滞后期 Lag＝2，得到 LM 检验结果表 8—8。

表 8—8 Breusch－Godfrey Serial Correlation LM Test

F－statistic	5.422243	Prob. F（2，32）	0.0094
Obs＊R－squared	9.112059	Prob. Chi－Square（2）	0.0105
Test Equation：			
Dependent Variable：RESID			
Method：Least Squares			
Sample：19782013			
Included observations：36			

续表

Presample missing value lagged residuals set to zero.				
Variable	Coefficient	Std. Error	t – Statistic	Prob.
GDP	-0. 000115	0. 000544	-0. 211223	0. 8341
C	8. 805761	110. 8478	0. 079440	0. 9372
RESID (-1)	0. 543936	0. 178434	3. 048378	0. 0046
RESID (-2)	-0. 080192	0. 178403	-0. 449496	0. 6561
R - squared	0. 253113	Mean dependent var		5. 43E - 13
Adjusted R - squared	0. 183092	S. D. dependent var		578. 2387
S. E. of regression	522. 6293	Akaike info criterion		15. 46006
Sum squared resid	8740523.	Schwarz criterion		15. 63601
Log likelihood	-274. 2811	Hannan - Quinn criter.		15. 52147
F - statistic	3. 614828	Durbin - Watson stat		1. 941617
Prob (F - statistic)	0. 023551			

表 8—8 中的统计量显示，在 5% 的显著性水平上，$\chi^2_{0.05}=5.99$，因为 $T*R^2=9.112059>\chi^2_{0.05}=5.99$，所以拒绝原假设，即存在由于 P 值为 0. 0105，可以拒绝原假设，表明存在一阶序列相关性。

4. 回归检验法

对初始估计结果得到的残差序列定义为 E1，首先做一阶自回归［LS E1E1 (-1)］。

表 8—9　　一阶自回归

Dependent Variable：E1				
Method：Least Squares				
Sample (adjusted)：19792013				
Included observations：35after adjustments				
Variable	Coefficient	Std. Error	t – Statistic	Prob.
E1 (-1)	0. 501076	0. 149434	3. 353162	0. 0020
R - squared	0. 248390	Mean dependent var		-7. 421559
Adjusted R - squared	0. 248390	S. D. dependent var		584. 9384
S. E. of regression	507. 1151	Akaike info criterion		15. 32351

续表

Sum squared resid	8743634.	Schwarz criterion		15.36795
Log likelihood	-267.1614	Hannan - Quinn criter.		15.33885
Durbin - Watson stat	1.901688			

采用 LM 检验其自相关性，此时 P 值达到 0.192（表 8—10），落在接受域，认为误差项不存在自相关。

表 8—10　　LM 检验结果

Breusch - Godfrey Serial Correlation LM Test:			
F - statistic	1.738128	Prob. F（2，32）	0.1920
Obs * R - squared	3.406195	Prob. Chi - Square（2）	0.1821

可以得到残差的一阶回归式为：

$$\mu_t = 0.501076\mu_{t-1} + v_t$$

$$(3.35)$$

$$R^2 = 0.25 \quad S.E = 507.11$$

（三）序列相关性的修正

已经检验到序列存在一阶序列相关，采用科克兰内 - 奥克特（Cochrane - Orcutt）迭代法进行修正。

在命令窗口中输入命令“LS M C GDP AR”（1），按回车键即得到修正估计结果见表 8—11。

表 8—11　　科克兰内 - 奥克特法估计结果

Dependent Variable: M				
Method: Least Squares				
Sample (adjusted): 19792013				
Included observations: 35 after adjustments				
Convergence achieved after 6 iterations				
Variable	Coefficient	Std. Error	t - Statistic	Prob.
C	-302.0983	228.0354	-1.324787	0.1946

续表

Variable	Coefficient	Std. Error	t - Statistic	Prob.
GDP	0.034515	0.000982	35.16229	0.0000
AR (1)	0.501566	0.154374	3.249041	0.0027
R - squared	0.992083	Mean dependent var		4199.172
Adjusted R - squared	0.991589	S. D. dependent var		5697.357
S. E. of regression	522.5281	Akaike info criterion		15.43705
Sum squared resid	8737140.	Schwarz criterion		15.57037
Log likelihood	-267.1484	Hannan - Quinn criter.		15.48307
F - statistic	2005.047	Durbin - Watson stat		1.904185
Prob (F - statistic)	0.000000			
Inverted AR Roots	.50			

从表8—11中可以看出，经过修正后的D - W统计量为1.904185，则修正后不存在序列相关性了。

四　实验小结

本实验主要介绍序列相关性问题的诊断与修正。

（1）D - W统计量检验仅仅检验残差序列是否存在一阶序列相关，若模型中有滞后内生变量作解释变量，D - W统计量检验就不再有效。

（2）相关图和Q统计量检验及LM检验一般用于检验高阶序列相关，如果在方程中有滞后内生变量作解释变量，这两种方法同样具有有效性。

（3）一阶差分法用于修正模型存在完全一阶正自相关的情形，对于非完全一阶正相关的情况，只要存在一定程度的一阶正相关，差分模型就可以有效地加以克服。

（4）差分法一般只能用于一阶自相关模型的修正，当模型存在高阶序列相关的时候，需要采用柯克兰内 - 奥科特法和德宾两步估计法，当然这两种方法也可以用于一阶自相关模型的修正。

五　备择实验

表8—12是1990—2011年我国人民币汇率与外商直接投资（FDI）

数据，根据数据建立计量经济学模型并检验序列是否存在序列相关性，若存在，对模型加以修正。

表 8—12 1990—2011 年我国人民币汇率与外商直接投资（FDI）

年份	汇率 X	FDI（个）Y
1990	4.7832	7273
1991	5.3233	12978
1992	5.5146	48764
1993	5.7620	83437
1994	8.6187	47549
1995	8.3510	37011
1996	8.3142	24556
1997	8.2898	21001
1998	8.2791	19799
1999	8.2783	16918
2000	8.2784	22347
2001	8.2770	26140
2002	8.2770	34171
2003	8.2770	41081
2004	8.2768	43664
2005	8.1917	44001
2006	7.9718	41473
2007	7.6040	37871
2008	6.9451	27514
2009	6.8310	23435
2010	6.7695	27406
2011	6.4588	27712

资料来源：1991—2012 年《中国统计年鉴》。

本章小结

1. 当总体回归模型的随机误差项在不同观测点上彼此相关时就产生了自相关问题。

2. 时间序列的惯性、经济活动的滞后效应、模型设定错误、数据的处理等多种原因都可能导致出现自相关。

3. 在出现自相关时，普通最小二乘估计量依然是无偏、一致的，但不再是有效的。如果仍用 OLS 法计算参数估计值的方差，将会低估存在自相关时参数估计值的真实方差。而且会因低估真实的 σ^2，导致参数估计值的方差被进一步低估。由于真实 σ^2 的低估和参数估计值方差的低估，通常的 t 检验和 F 检验都不能有效地使用，也使预测的直信区间不可靠，降低了预测的精度。

4. 随机误差项的自相关形式决定于其关联形式，可以为 m 阶自回归形式（m =1，2，…，m），即 AR（m）。为了研究问题的方便和考虑实际问题的代表意义，通常将自相关设定为一阶自相关即 AR（1）模式。用一阶自相关系数 ρ 表示自相关的程度与方向。

5. 由于 μ_t 不可观测，通常使用 μ_t 的估计值 $\hat{e}_t$ 判断 μ_t 的特性。绘制 $\hat{e}_{t-1}$，$\hat{e}_t$ 的散点图或按照时间顺序绘制回归残差项式的图形，来判断自相关是否存在。判断自相关存在最常用的方法是依据 $\hat{e}_t$ 计算的 D－W 统计量，但要注意 D－W 检验法的前提条件和局限性。

6. 如果自相关系数 ρ 是已知的，我们可以使用广义差分法消除自相关。

7. 如果自相关系数 ρ 是未知的，我们可采用杜宾两步法求得 ρ 的估计值，然后用广义差分法消除自相关。

复 习 题

一、名词解释

1. 序列相关性
2. 广义最小二乘法
3. 广义差分法
4. D－W 检验法

二、简答

1. 简述 D－W 检验的局限性。
2. 序列相关性的后果。
3. 简述序列相关性的几种检验方法。
4. 广义最小二乘法（GLS）的基本思想是什么？
5. 解决序列相关性的问题主要有哪几种方法？
6. 差分法的基本思想是什么？
7. 差分法和广义差分法的主要区别是什么？
8. 请简述什么是虚假序列相关。
9. 序列相关和自相关的概念和范畴是否是一个意思？
10. D－W 值与一阶自相关系数的关系是什么？

三、计算与分析

1. 根据某地 1961—1999 年共 39 年的总产出 Y、劳动投入 L 和资本投入 K 的年度数据，运用普通最小二乘法估计得出了下列回归方程：

$$\ln\hat{Y} = -3.938 + 1.4511\ln L + 0.3841\ln K$$

$$(0.237) \quad (0.083) \quad (0.048)$$

$$R^2 = 0.9946, DW = 0.858$$

上式下面括号中的数字为相应估计量的标准误差。在 5% 的显著性水平之下，由 D－W 检验临界值表，得 $d_L = 1.38$，$d_u = 1.60$。问：

（1）题中所估计的回归方程的经济含义；

（2）该回归方程的估计中存在什么问题？应如何改进？

2. 根据我国 1978—2000 年的财政收入 Y 和国内生产总值 X 的统计资

料，可建立如下的计量经济模型：

$$Y = 556.6477 + 0.1198 \times X$$
$$(2.5199)(22.7229)$$
$$R^2 = 0.9609, S.E = 731.2086, F = 516.3338, D-W = 0.3474$$

请回答以下问题：

（1）何谓计量经济模型的自相关性？

（2）试检验该模型是否存在一阶自相关，为什么？

（3）自相关会对建立的计量经济模型产生哪些影响？

（4）如果该模型存在自相关，试写出消除一阶自相关的方法和步骤。（临界值 $d_L = 1.24$，$d_U = 1.43$）

3. 对某地区大学生就业增长影响的简单模型可描述如下

$$gEMP_t = \beta_0 + \beta_1 gMIN_{1t} + \beta_2 gPOP + \beta_3 gGDP_{1t} + \beta_4 gGDP_t + \mu_t$$

式中，EMP 为新就业的大学生人数，MIN_1 为该地区最低限度工资，POP 为新毕业的大学生人数，GDP_1 为该地区国内生产总值，GDP 为该国国内生产总值；g 表示年增长率。

（1）如果该地区政府以不易观测的却对新毕业大学生就业有影响的因素作为基础来选择最低限度工资，则 OLS 估计将会存在什么问题？

（2）令 MIN 为该国的最低限度工资，它与随机扰动项相关吗？

（3）按照法律，各地区最低限度工资不得低于国家最低工资，那么 $gMIN$ 能成为 $gMIN_1$ 的工具变量吗？

4. 下表给出了美国 1960—1995 年 36 年间个人实际可支配收入 X 和个人实际消费支出 Y 的数据。

表 8—13　美国个人实际可支配收入和个人实际消费支出　（单位：100 亿美元）

年份	个人实际可支配收入 X	个人实际消费支出 Y	年份	个人实际可支配收入 X	个人实际消费支出 Y
1960	157	143	1978	326	295
1961	162	146	1979	335	302
1962	169	153	1980	337	301

续表

年份	个人实际可支配收入 X	个人实际消费支出 Y	年份	个人实际可支配收入 X	个人实际消费支出 Y
1963	176	160	1981	345	305
1964	188	169	1982	348	308
1965	200	180	1983	358	324
1966	211	190	1984	384	341
1967	220	196	1985	396	357
1968	230	207	1986	409	371
1969	237	215	1987	415	382
1970	247	220	1988	432	397
1971	256	228	1989	440	406
1972	268	242	1990	448	413
1973	287	253	1991	449	411
1974	285	251	1992	461	422
1975	290	257	1993	467	434
1976	301	271	1994	478	447
1977	311	283	1995	493	458

注：资料来源于 *Economic Report of the President*，数据为 1992 年价格。

要求：

（1）用普通最小二乘法估计收入—消费模型：

$$Y_t = \beta_1 + \beta_2 X_2 + u_t$$

（2）检验收入—消费模型的自相关状况（5% 显著水平）；

（3）用适当的方法消除模型中存在的问题。

5. 在研究生产中劳动所占份额的问题时，古扎拉蒂采用如下模型

模型 1　$Y_t = \alpha_0 + \alpha_1 t + u_t$

模型 2　$Y_t = \alpha_0 + \alpha_1 t + \alpha_2 t^2 + u_t$

其中，Y 为劳动投入，t 为时间。据 1949—1964 年数据，对初级金属工业得到如下结果：

模型 1　$\hat{Y}_t = 0.4529 - 0.0041t$

$t = \ (-3.9608)$

$R^2 = 0.5284 \quad DW = 0.8252$

模型 2　$\hat{Y}_t = 0.4786 - 0.0127t + 0.0005t^2$

$t = \quad (-3.2724) \quad (2.7777)$

$R^2 = 0.6629 \quad DW = 1.82$

其中，括号内的数字为 t 统计量。

问：

（1）模型 1 和模型 2 中是否有自相关；

（2）如何判定自相关的存在？

（3）怎样区分虚假的自相关和真正的自相关。

6. 下表是北京市连续 19 年城镇居民家庭人均收入与人均支出的数据。

表 8—14　　北京市 19 年来城镇居民家庭收入与支出数据　　（单位：元）

年份顺序	人均收入（元）	人均生活消费支出（元）	商品零售物价指数（%）	人均实际收入（元）	人均实际支出（元）
1	450.18	359.86	100.00	450.18	359.86
2	491.54	408.66	101.50	484.28	402.62
3	599.40	490.44	108.60	551.93	451.60
4	619.57	511.43	110.20	562.22	464.09
5	668.06	534.82	112.30	594.89	476.24
6	716.60	574.06	113.00	634.16	508.02
7	837.65	666.75	115.40	725.87	577.77
8	1158.84	923.32	136.80	847.11	674.94
9	1317.33	1067.38	145.90	902.90	731.58
10	1413.24	1147.60	158.60	891.07	723.58
11	1767.67	1455.55	193.30	914.47	753.00
12	1899.57	1520.41	229.10	829.14	663.64
13	2067.33	1646.05	238.50	866.81	690.17
14	2359.88	1860.17	258.80	911.85	718.77
15	2813.10	2134.65	280.30	1003.60	761.56
16	3935.39	2939.60	327.70	1200.91	897.04
17	5585.88	4134.12	386.40	1445.62	1069.91
18	6748.68	5019.76	435.10	1551.06	1153.70
19	7945.78	5729.45	466.90	1701.82	1227.13

要求：

（1）建立居民收入—消费函数；

（2）检验模型中存在的问题，并采取适当的补救措施予以处理；

（3）对模型结果进行经济解释。

7. 下表给出了日本工薪家庭实际消费支出与可支配收入数据。

表 8—15　日本工薪家庭实际消费支出与实际可支配收入　（单位：1000 日元）

年份	个人实际可支配收入 X	个人实际消费支出 Y	年份	个人实际可支配收入 X	个人实际消费支出 Y
1970	239	300	1983	304	384
1971	248	311	1984	308	392
1972	258	329	1985	310	400
1973	272	351	1986	312	403
1974	268	354	1987	314	411
1975	280	364	1988	324	428
1976	279	360	1989	326	434
1977	282	366	1990	332	441
1978	285	370	1991	334	449
1979	293	378	1992	336	451
1980	291	374	1993	334	449
1981	294	371	1994	330	449
1982	302	381	1995	339	488

注：资料来源于日本银行《经济统计年报》，数据为 1990 年价格。

要求：

（1）建立日本工薪家庭的收入—消费函数；

（2）检验模型中存在的问题，并采取适当的补救措施予以处理；

（3）对模型结果进行经济解释。

8. 下表给出了中国进口需求（Y）与国内生产总值（X）的数据。

表 8—16　　1985—2003 年我国实际 GDP、进口需求　　（单位：亿元）

年份	实际 GDP（X）	实际进口额（Y）
1985	8964.40	2543.2
1986	9753.27	2983.4
1987	10884.65	3450.1
1988	12114.62	3571.6
1989	12611.32	3045.9
1990	13090.55	2950.4
1991	14294.88	3338.0
1992	16324.75	4182.2
1993	18528.59	5244.4
1994	20863.19	6311.9
1995	23053.83	7002.2
1996	25267.00	7707.2
1997	27490.49	8305.4
1998	29634.75	9301.3
1999	31738.82	9794.8
2000	34277.92	10842.5
2001	36848.76	12125.6
2002	39907.21	14118.8
2003	43618.58	17612.2

注：表中数据来源于《中国统计年鉴 2004》光盘。实际 GDP 和实际进口额均为 1985 年可比价指标。

要求：

（1）检测进口需求模型 $Y_t = \beta_1 + \beta_2 X_t + u_t$ 的自相关性；

（2）采用科克伦－奥克特迭代法处理模型中的自相关问题。

第四篇

专题篇

第九章

置信区间

引子：

改革开放以来，随着经济体制改革的深化和经济的快速增长，中国的财政收支状况发生了很大变化，为了研究影响中国税收收入增长的主要原因，分析中央和地方税收收入的增长规律，预测中国税收未来的增长趋势，需要建立计量经济模型。我们首先来分析一下影响中国税收收入增长的主要因素可能有哪些：从宏观经济看，经济整体增长是税收增长的基本源泉；社会经济的发展和社会保障等都对公共财政提出要求，公共财政的需求对当年的税收收入可能会有一定的影响；物价水平，中国的税制结构以流转税为主，以现行价格计算的 GDP 和经营者的收入水平都与物价水平有关；税收政策因素，如果我们以各项税收收入 Y 作为被解释变量，以 GDP 表示经济整体增长水平，以财政支出表示公共财政的需求，以商品零售价格指数表示物价水平，那么，该如何预测中国税收未来的增长趋势？预测的精确程度和误差范围有多大？

多元线性回归模型的置信区间问题包括参数估计量的置信区间和被解释变量预测值的置信区间两个方面，在数理统计学中属于区间估计问题。所谓区间估计是研究用未知参数的点估计值（从一组样本观测值算得的）作为近似值的精确程度和误差范围，是一个必须回答的重要问题。

第一节 参数估计量的置信区间

一 何为参数估计量的置信区间

在前面的课程中，我们已经知道，线性回归模型的参数估计量$\hat{\beta}$是随机变量y_i的函数，即$\hat{\beta}_1=\sum k_i y_i$，所以它也是随机变量。在多次重复抽样中，每次的样本观测值不可能完全相同，所以得到的点估计值也不可能相同。现在我们用参数估计量的一个点估计值近似代表参数值，那么，两者的接近程度如何？以多大的概率达到该接近程度？这就要构造参数的一个区间，以点估计值为中心的一个区间（称为置信区间），该区间以一定的概率（称为置信水平）包含该参数。即回答β_1以何种置信水平位于（$\hat{\beta}_1-\alpha$，$\hat{\beta}_1+\alpha$）之中，以及如何求得α。

在变量的显著性检验中已经知道

$$t=\frac{\hat{\beta}_i-\beta_i}{S_{\bar{\beta}_i}}\sim t(n-k-1) \tag{9—1}$$

这就是说，如果给定置信水平$1-\alpha$，从t分布表中查得自由度为$(n-k-1)$的临界值$t_{\frac{\alpha}{2}}$，那么t值处在（$-t_{\frac{\alpha}{2}}$，$t_{\frac{\alpha}{2}}$）的概率是$1-\alpha$，表示为$P(-t_{\frac{\alpha}{2}}<t<t_{\frac{\alpha}{2}})$。将（9—1）代入，得到$P\left(-t_{\frac{\alpha}{2}}<\frac{\hat{\beta}_i-\beta_i}{s_{\hat{\beta}_i}}<t_{\frac{\alpha}{2}}\right)=1-\alpha$。做简单变形，则可得到$P(\hat{\beta}_i-t_{\frac{\alpha}{2}}\times S_{\hat{\beta}_i}<\beta_i<\hat{\beta}_i+t_{\frac{\alpha}{2}}\times S_{\hat{\beta}_i})$。于是，我们有：在$1-\alpha$的置信水平下$\beta_i$的置信区间是

$$(\hat{\beta}_i-t_{\frac{\alpha}{2}}\times S_{\hat{\beta}_i},\ \hat{\beta}_i+t_{\frac{\alpha}{2}}\times S_{\hat{\beta}_i}) \tag{9—2}$$

二 如何缩小参数估计量的置信区间

如在某例子中，给定$\alpha=0.01$，查表得$t_{\frac{\alpha}{2}}(n-k-1)=t_{0.005}(13)=3.012$，如果从回归计算中已经得到$\hat{\beta}_0=102.3$，$\hat{\beta}_1=0.21$，$S_{\hat{\beta}_0}=15$，$S_{\hat{\beta}_1}=0.01$，根据（9—2）计算得到$\beta_0$，$\beta_1$的置信区间分别为（57.12，147.48）和（0.1799，0.2401）。显然，参数β_1的置信区间要小。

在实际应用中，我们当然希望置信水平越高越好，置信区间越小越

好。如何才能缩小置信区间？从（9—2）式中不难看出：

（1）增大样本容量 n。在同样的置信水平下，n 越大，从 t 分布表中查得自由度为（$n-k-1$）的临界值 $t_{\frac{\alpha}{2}}$越小；同时，增大样本容量，在一般情况下可使估计值的标准差 $S_{\hat{\beta}}$减小，因为式中分母的增大是肯定的，分子并不一定增大。

（2）更主要的是提高模型的拟合度，以减小残差平方和 $\sum e_i^2$。设想一种极端情况，如果模型完全拟合样本观测值，残差平方和为 0，则置信区间也为 0。

（3）提高样本观测值的分散度。在一般情况下，样本观测值越分散，标准差越小。置信水平与置信区间是矛盾的。置信水平越高，在其他情况不变时，临界值 $t_{\frac{\alpha}{2}}$越大，置信区间越大。如果要求缩小置信区间，在其他情况不变时，就必须降低对置信水平的要求。

第二节　预测值的置信区间

预测是回归分析应用的一个重要方面。预测可以分为点预测和区间预测两种。

所谓点预测，就是给定 $X=X_0$时，利用样本回归方程 $\hat{Y}_i=b_1+b_2X_i$，求出相应的样本拟合值 $\hat{Y}_0$，以此作为因变量个别值 Y_0和其均值 $E(Y \mid X_0)$ 即 $E(Y_0)$ 的估计值。

由于抽样波动的影响，以及随机项 μ_i 的零均值假定不完全与实际相符，因此，点预测值 $\hat{Y}_0$ 与个别值 Y_0及其均值 $E(Y \mid X_0)$ 都存在误差。我们希望在一定概率度下把握这个误差的范围，从而确定 Y_0和 $E(Y \mid X_0)$ 可能取值的波动范围，这就是区间预测。

一　点预测

计量经济学模型的一个重要应用是经济预测。对于模型 $y_i=\beta_0+\beta_1x_i+u_i$（$i=1, 2, \cdots, n$），如果给定样本以外的解释变量的观测值 x_f，有 $Y_f=\beta_0+\beta_1X_f+U_f$。由于 X_f是前述样本点以外的解释变量值，所以 U_f和 U_i

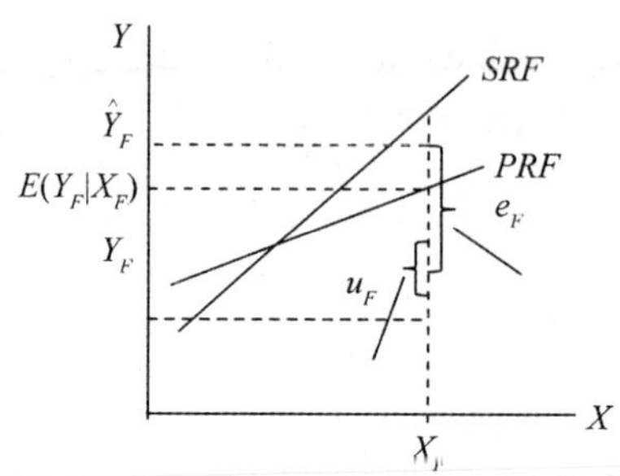

图 9—1 预测值、平均值、个别值的相互关系

（$i=1, 2, \cdots, n$）是不相关的。引用已有的 *OLS* 的估计值，可以得到被解释变量 y_f 的点预测值：

$$\hat{y}_f = \hat{\beta}_0 + \hat{\beta}_1 x_f \tag{9—3}$$

但是，严格地说，这只是被解释变量的预测值的估计值，而不是预测值。原因在于两个方面：一是模型中的参数估计量是不确定的，正如上面所说的；二是随机项的影响。所以，我们得到的仅是预测值的一个估计值，预测值仅以某一个置信水平处于以该估计值为中心的一个区间中。于是，又是一个区间估计问题。

二 区间预测

对于任一给定样本，估计值 $\hat{Y}_0$ 只能作为 Y_0 和 E（Y_0）的无偏估计量，不可能真实等于 Y_0 和 E（Y_0），也就是说两者之间存在误差，这个误差称为预测误差，区间预测就是从估计这个误差开始的，为了估计这个误差，需要求出 $\hat{Y}_0$ 的抽样分布，在遵循最小二乘基本假定的条件下，我们可以推证 $\hat{Y}_0$ 服从正态分布。下面我们分别讨论 $\hat{Y}_0$ 对 Y_0 和 E（Y_0）的误差及其概率分布，进而进行区间预测。

假如我们得到如下描述收入消费的回归：

$$\hat{Y}_i = 24.4545 + 0.5091 X_i$$

其中，$\hat{Y}_i$ 是对应于给定 X 的真实 E（Yi）的估计量。这一描述历史的回归能有什么用处呢？一个用途就是“预测”或“预报”对应于某给定

收入水平 X 的未来消费支出 Y。现有两种预测：对应于选定的 X，比如 X_0，预测 Y 的条件均值，也就是预测总体回归线本身的点；以及预测对应于 X_0 的 Y 的一个个别值。我们把这两种预测分别称为均值预测和个值预测。

三 均值区间预测

如果已经知道实际的预测值 y_f，那么预测误差为 $e_f = y_f - \hat{y}_f$。显然，e_f 是一随机变量。我们可以做如下推导：

$$\begin{aligned} E(e_f) &= E(y_f - \hat{y}_f) \\ &= E(\beta_0 + \beta_1 x_f + u_f) - E(\hat{\beta}_0 + \hat{\beta}_1 x_f) \\ &= \beta_0 + \beta_1 x_f - (\beta_0 + \beta_1 x_f) = 0 \end{aligned}$$

同时，

$$\begin{aligned} D(e_f) &= Cov(e_f, e_f) = Cov(y_f - \hat{y}_f, y_f - \hat{y}_f) \\ &= Cov(y_f, y_f) - 2Cov(y_f, \hat{y}_f) + Cov(\hat{y}_f, \hat{y}_f) \\ &= \sigma_u^2 + D(\hat{y}_f) - 2Cov(y_f, \hat{y}_f) \end{aligned}$$

因为由原样本的 OLS 估计值求得，而 y_f 与原样本不相关，故有：

$$Cov(y_f, \hat{y}_f) = 0, D(e_f) = \sigma_u^2 + D(\hat{y}_f)$$

可以计算出来：

$$D(e_f) = \left(1 + \frac{1}{n} + \frac{x_f - \bar{x}}{\sum_{i=1}^{n}(x_i - \bar{x})^2}\right)\sigma_u^2$$

因和 e_f 均服从正态分布，可利用它们的性质构造统计量，求区间预测值。利用构造统计量为：

$$N_{\hat{y}_f} = \frac{\hat{y}_f - E(y_f)}{\sqrt{\left(\frac{1}{n} + \frac{x_f - \bar{x}}{\sum_{i=1}^{n}(x_i - \bar{x})^2}\right)\sigma_u^2}} \sim N(0,1)$$

将用估计值代入上式，有

$$t_{\hat{y}_f} = \frac{\hat{y}_f - E(y_f)}{\sqrt{\left(\frac{1}{n} + \frac{x_f - \bar{x}}{\sum_{i=1}^{n}(x_i - \bar{x})^2}\right)\sigma_u^2}} \sim t(n-2)$$

这样，可得显著性水平 α 下 E（y_f）的置信区间为

$$\left(\hat{y}_f - t_{\frac{\alpha}{2}} \times \sqrt{\left(\frac{1}{n} + \frac{x_f - \bar{x}}{\sum_{i=1}^{n}(x_i - \bar{x})^2}\right)\hat{\sigma}_u^2},\ \hat{y}_f + t_{\frac{\alpha}{2}} \times \sqrt{\left(\frac{1}{n} + \frac{x_f - \bar{x}}{\sum_{i=1}^{n}(x_i - \bar{x})^2}\right)\hat{\sigma}_u^2}\right) \tag{9—4}$$

（9—4）式称为 y_f 的均值区间预测。

四 个值区间预测

同理，利用 e_f 构造统计量，有

$$N_{e_f} = \frac{e_f}{\sqrt{\left(1 + \frac{1}{n} + \frac{x_f - \bar{x}}{\sum_{i=1}^{n}(x_1 - \bar{x})^2}\right)\sigma_u^2}}$$

$$= \frac{y_f - \hat{y}_f}{\sqrt{\left(1 + \frac{1}{n} + \frac{x_f - \bar{x}}{\sum_{i=1}^{n}(x_i - \bar{x})^2}\right)}} \sim N(0,1)$$

将用估计值代入上式，有

$$t_{e_f} = \frac{e_f}{\sqrt{\left(1 + \frac{1}{n} + \frac{x_f - \bar{x}}{\sum_{i=1}^{n}(x_i - \bar{x})^2}\right)\hat{\sigma}_u^2}}$$

$$= \frac{y_f - \hat{y}_f}{\sqrt{\left(1 + \frac{1}{n} + \frac{x_f - \bar{x}}{\sum_{i=1}^{n}(x_i - \bar{x})^2}\right)\hat{\sigma}_u^2}} \sim t(n-2)$$

根据置信区间的原理，得显著性水平 α 下 y_f 的置信区间：

$$\left(\hat{y}_f - t_{\frac{\alpha}{2}} \times \sqrt{\left(1 + \frac{1}{n} + \frac{x_f - \bar{x}}{\sum_{i=1}^{n}(x_i - \bar{x})^2}\right)\hat{\sigma}_u^2},\ \hat{y}_f + t_{\frac{\alpha}{2}} \times \sqrt{\left(1 + \frac{1}{n} + \frac{x_f - \bar{x}}{\sum_{i=1}^{n}(x_i - \bar{x})^2}\right)\hat{\sigma}_u^2}\right) \tag{9—5}$$

上式称为 y_f 的个值区间预测，显然，在同样的 α 下，个值区间要大于均值区间。（9—4）和（9—5）也可表述为：y_f 的均值或个值落在置信区

间内的概率为 $1-\alpha$，$1-\alpha$ 即为预测区间的置信度。或者说，当给定解释变量值 x_f 后，只能得到被解释变量 y_f 或其均值 $E(y_f)$ 以 $(1-\alpha)$ 的置信水平处于某区间的结论。

经常听到这样的说法，“如果给定解释变量值，根据模型就可以得到被解释变量的预测值为……值”。这种说法是不科学的，也是计量经济学模型无法达到的。如果一定要给出一个具体的预测值，那么它的置信水平则为 0；如果一定要回答解释变量以 100% 的置信水平处在什么区间中，那么这个区间是∞ 。

五　如何缩小预测值的置信区间

在实际应用中，我们当然也希望置信水平越高越好，置信区间越小越好，以增加预测的实用意义。如何才能缩小置信区间？从（9—4）和（9—5）式中不难看出：

（1）增大样本容量 n。在同样的置信水平下，n 越大，从 t 分布表中查得自由度为 $(n-k-1)$ 的临界值 $t_{\frac{\alpha}{2}}$ 越小；同时，增大样本容量，在一般情况下可使 $\hat{\sigma}_u^2 = \dfrac{\sum e_i^2}{n-2}$ 减小，因为式中分母的增大是肯定的，分子并不一定增大。

（2）更主要的是提高模型的拟合优度，以减小残差平方和 $\sum e_i^2$。设想一种极端情况，如果模型完全拟合样本观测值，残差平方和为 0，则置信区间长度也为 0，预测区间就是一个点。

（3）提高样本观测值的分散度。在一般情况下，样本观测值越分散，作为分母的 $\sum (x_i - \bar{x})^2$ 的值越大，致使区间缩小。置信水平与置信区间是矛盾的。置信水平越高，在其他情况不变时，临界值越大，置信区间越大。如果要求缩小置信区间，在其他情况不变时，就必须降低对置信水平的要求。

对每一个 X 值，我们都可以得到其一个 95% 即 $(1-\alpha)$% 的置信区间，即可以得到对应于每个 X，也就是对应于整条总体回归线的真实需求量的知心区间或者说置信带。当 $X_0 = \bar{X}$ 时，置信带的宽度最小（可证明）。但是随着 X_0 逐渐远离 $\bar{X}$，置信带也逐渐加宽（即预测的误差将会增加），这说明，随着 X_0 逐渐远离 $\bar{X}$，历史回归的预测能力将显著地减弱（如下图所示）。因此，用总体线性回归模型进行预测 Y 的均值，需要特别谨慎。

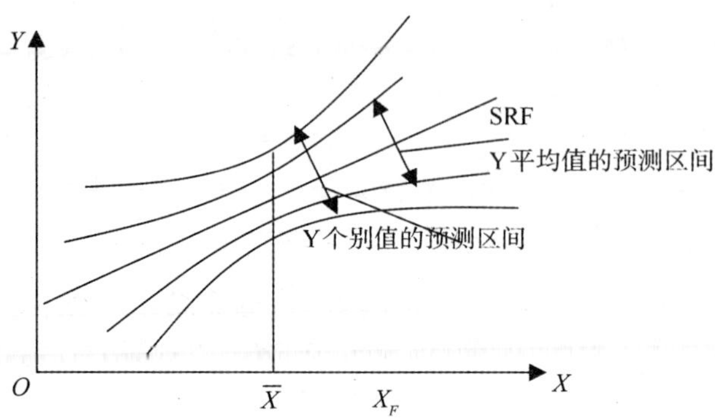

图 9—2 各种预测值的关系

第三节 实例

下面我们考虑一个学校的学生对《经济计量学》教科书的需求。假设该学校共有 55 个专业，下表给出了这些专业的学生对《经济计量学》一书的需求量及计算 OLS 估计量所需的全部数据，要求当 $X_0=60$，$\alpha=0.05$ 时，利用 $\hat{Y}_0$ 对总体均值 $E(Y_0)$ 和总体个别值 Y_0 的区间预测。

表 9—1 55 个专业对《经济计量学》教材需求一例的最小二乘计算

Y_i	X_i	X_iY_i	X_i^2	x_i	y_i	$\sum x_iy_i$	x_i^2
89	5	445	25	-22.5	10.1	-227.25	506.25
86	10	860	100	-17.5	7.1	-124.25	306.25
84	15	1260	225	-12.5	5.1	-63.75	156.25
82	20	1640	400	-7.5	3.1	-23.25	56.25
80	25	2000	625	-2.5	1.1	-2.75	6.25
79	30	2370	900	2.5	0.1	0.25	6.25
76	35	2660	1225	7.5	-2.9	-21.75	56.25
74	40	2960	1600	12.5	-4.9	-61.25	156.25
70	45	3150	2025	17.5	-8.9	-155.75	306.25

续表

Y_i	X_i	X_iY_i	X_i^2	x_i	y_i	$\sum x_iy_i$	x_i^2
69	50	3450	2500	22.5	-9.9	-222.75	506.25
合计 789	275	20795	9625	0	0	-902.5	2062.5

根据上表数据，利用 Eviews 软件可以得到表 9—2：

表 9—2　　回归结果

Sample: 110				
Included observations: 10				
Y = C (1) + C (2) * X				
	Coefficient	Std. Error	t - Statistic	Prob.
C (1)	90.93333	0.482313	188.5358	0.0000
C (2)	-0.437576	0.015546	-28.14649	0.0000
R - squared	0.990003	Mean dependent var		78.90000
Adjusted R - squared	0.988753	S. D. dependent var		6.657494
S. E. of regression	0.706035	Akaike info criterion		2.318551
Sum squared resid	3.987879	Schwarz criterion		2.379068
Log likelihood	-9.592757	F - statistic		792.2249
Durbin - Watson stat	1.897292	Prob (F - statistic)		0.000000

已知 $\hat{Y}_i = 90.934 - 0.4376X_i$，当 $X_0 = 60$，$\hat{Y}_0 = 64.678$ 则

$$\hat{Y}_0 - t_{\frac{\alpha}{2}}\hat{\sigma}\sqrt{1 + \frac{1}{n} + \frac{(X_0 - X)^2}{\sum x_i^2}} = 64.678 - 2.306 \times$$

$$0.7060 \times \sqrt{1 + \frac{1}{10} + \frac{(60 - 27.5)^2}{2062.5}} = 62.6109$$

$$\hat{Y}_0 + t_{\frac{\alpha}{2}}\hat{\sigma}\sqrt{1 + \frac{1}{n} + \frac{(X_0 - X)^2}{\sum x_i^2}} = 64.678 + 2.306 \times$$

$$0.7060 \times \sqrt{1 + \frac{1}{10} + \frac{(60 - 27.5)^2}{2062.5}} = 66.7451$$

其中 t_{α} $(n-2)$ $=2.306$，$\hat{\sigma}=0.7060$，$\overline{X}=27.5$，$\sum x_i^2=2062.5$。

在《经济计量学》教材的价格为60元时，对总体需求量 Y_0 建立一个95%（$\alpha=0.05$）的置信区间为 $62.6109\leqslant Y_0\leqslant 66.7451$；同样，在《经济计量学》教材的价格为60元时，对总体需求量 $E(Y|X_0=60)$ 建立一个95%（$\alpha=0.05$）的置信区间为

$$64.678-2.306\times 0.706\times\sqrt{\frac{1}{10}+\frac{(60-27.5)^2}{2062.\mathrm{T}}}\leqslant (\mathrm{Y}_0)\leqslant 64.678+2.306\times 0.706\times\sqrt{\frac{1}{10}+\frac{(60-27.5)^2}{2062.5}}$$

即 $61.2458\leqslant E(Y_0)\leqslant 68.1102$。

第四节 实验

一 实验目的

掌握模型的点预测与置信区间预测的 EViews 操作方法及计算方法。

二 实验内容

在一项对某社区家庭对某种消费品的消费需要调查中，得到下表所示的数据资料：

表 9—3　　某社区家庭对某种消费品需求相关数据

序号	对某商品的消费支出 Y	商品单价 X_1	家庭月收入 X_2	序号	对某商品的消费支出 Y	商品单价 X_1	家庭月收入 X_2
1	591.9	23.56	7620	6	644.4	34.14	12920
2	654.5	24.44	9120	7	680.0	35.3	14340
3	623.6	32.07	10670	8	724.0	38.7	15960
4	647.0	32.46	11160	9	757.1	39.63	18000
5	674.0	31.15	11900	10	706.8	46.68	19300

请用以该社区家庭对某商品的消费支出为被解释变量 Y，以商品单价（X_1）、家庭月收入（X_2）为解释变量，对该社区家庭对该商品的消费需求支出作二元线性回归分析。具体要求如下：

（1）估计回归方程的参数及随机干扰项的方差 $\hat{\sigma}^2$，计算 R^2 及 $\bar{R}^2$；

（2）对方程进行 F 检验，对参数进行 t 检验。

（3）对方程构造参数 95% 的置信区间；

（4）如果商品单价变为 35 元时，则某一月收入为 20000 元的家庭的消费支出估计是多少？构造该估计值的 95% 的置信区间。

三　实验步骤

1. 建立工作文件并录入全部数据，如下图所示：

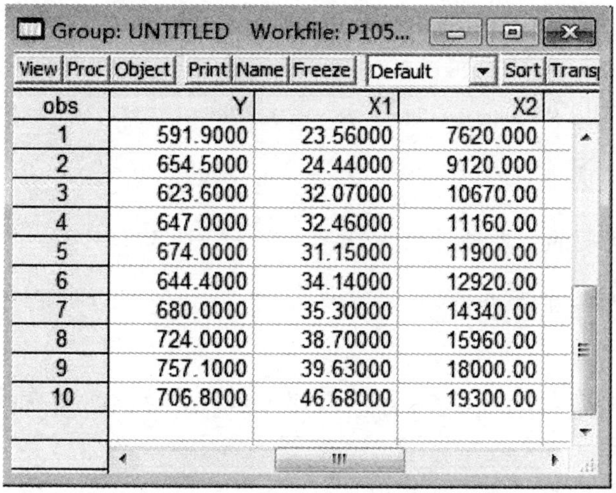

Group: UNTITLED　Workfile: P105...

View | Proc | Object | Print | Name | Freeze | Default | Sort | Trans

obs	Y	X1	X2
1	591.9000	23.56000	7620.000
2	654.5000	24.44000	9120.000
3	623.6000	32.07000	10670.00
4	647.0000	32.46000	11160.00
5	674.0000	31.15000	11900.00
6	644.4000	34.14000	12920.00
7	680.0000	35.30000	14340.00
8	724.0000	38.70000	15960.00
9	757.1000	39.63000	18000.00
10	706.8000	46.68000	19300.00

图 9—3　数据录入

2. 建立二元线性回归模型

$$Y_t = \beta_0 + \beta_1 X_{1t} + \beta_2 X_{2t} + \mu_i$$

点击主界面菜单 Quick \ Estimate Equation 选项，在弹出的对话框中输入：$Y\ C\ X_1\ X_2$

点击“确定”即可得到回归结果，如图 9—4 所示：

Variable	Coefficient	Std. Error	t-Statistic	Prob.
C	626.5093	40.13010	15.61195	0.0000
X1	-9.790570	3.197843	-3.061617	0.0183
X2	0.028618	0.005838	4.902030	0.0017
R-squared	0.902218	Mean dependent var	670.3300	
Adjusted R-squared	0.874281	S.D. dependent var	49.04504	
S.E. of regression	17.38985	Akaike info criterion	8.792975	
Sum squared resid	2116.847	Schwarz criterion	8.883751	
Log likelihood	[illegible]	F-statistic	32.29408	
Durbin-Watson stat	1.650804	Prob(F-statistic)	0.000292	

图 9—4　回归结果

根据图 9—4 的信息，得到回归模型的估计结果为：

$$\hat{Y}_i = 626.5093 - 9.7906X_{1i} + 0.0286X_{2i}$$
$$t = (15.6120) \quad (-3.0616) \quad (4.9020)$$
$$R^2 = 0.902218 \quad \bar{R}^2 = 0.874281 \quad D - W = 1.650804$$
$$\sum e_i^2 = 2116.847 \quad F = 32.29408 \quad df = (2,7)$$

随机干扰项的方差估计值为 $\hat{\sigma}^2 = \frac{2116.847}{7} = 302.4067$

3. 结果的分析与检验

(1) F 检验

回归模型的 F 值为：$F = 32.29408$，因为在 5% 的显著性水平下，F 统计量的临界值为 $F_{0.05}(2, 7) = 4.74$。由于 $F > F_{0.05}(2, 7)$，所以回归方程通过 F 检验，方程显然成立。

(2) t 检验

由图 9—4 的估计结果，常数项、X_1、X_2 系数的参数估计的 t 值分别为：$t_0 = 15.6121$，$t_1 = -3.0616$，$t_2 = 4.9020$。在 5% 的显著性水平下，t 统计量的临界值为：$t_{0.025}(7) = 2.3646$，显然有 $|t_i| > t_{0.025}(7)$，$i = 0, 1, 2$。所以拒绝原假设 H_0，即回归方程的三个估计参数均显著，通过 t 检验。

4. 参数的置信区间

根据数据，我们利用 EViews 软件可以得到下图的回归结果：

Sample: 1 10
Included observations: 10

Variable	Coefficient	Std. Error	t-Statistic	Prob.
C	626.5093	40.13010	15.61195	0.0000
X1	-9.790570	3.197843	-3.061617	0.0183
X2	0.028618	0.005838	4.902030	0.0017
R-squared	0.902218	Mean dependent var		670.3300
Adjusted R-squared	0.874281	S.D. dependent var		49.04504
S.E. of regression	17.38985	Akaike info criterion		8.792975
Sum squared resid	2116.847	Schwarz criterion		8.883751
Log likelihood	-40.96488	F-statistic		32.29408
Durbin-Watson stat	1.650804	Prob(F-statistic)		0.000292

图 9—5　回归结果

由图 9—5 的结果，可以看到：$S_{\hat{\beta}_0}=40.13010$，$S_{\hat{\beta}_1}=3.197843$，$S_{\hat{\beta}_2}=0.005838$。因为参数的区间估计为：$[\hat{\beta}_i-t_{\alpha/2}\cdot S_{\hat{\beta}_i},\ \hat{\beta}_i+t_{\alpha/2}\cdot S_{\hat{\beta}_i}]$，$i=0$，1，2，又因为在 $\alpha=0.05$ 的显著性水平下，$t_{0.025}$（7）$=2.3646$，所以得：$\hat{\beta}_0\pm_{\alpha/2}\cdot S_{\hat{\beta}_0}=626.5093\pm2.3646\times40.13010$。

于是，常数项的 95% 的置信区间为：[531.6177，721.4099]。

同样的有 $\hat{\beta}_1\pm t_{\alpha/2}\cdot S_{\hat{\beta}_1}=-9.790570\pm2.3646\times3.197843$。于是，$X_1$ 项的系数的 95% 的置信区间为：[－17.3522，－2.2290]。

同样的有：$\hat{\beta}_2\pm t_{\alpha/2}\cdot S_{\hat{\beta}_2}=0.028618\pm2.3646\times0.005838$。于是，$X_2$ 项的系数的 95% 的置信区间为：[0.0148，0.0424]

5. 点预测

（1）内插预测

在 Equation 框中，点击“Forecast”，在 Forecast name 框中可以为所预测的预测值序列命名，计算机默认为 *yf*，点击“OK”，得到样本期内被解释变量的预测值序列 *yf*（也称拟合值序列）的图形形式，如图 9—7 所示。同时在 *Workfile* 中出现一个新序列对象 *yf*。

（2）外推预测

第一步录入数据。双击 Workfile 菜单下的 Range 所在行，出现 Workfile structured 对话框，将右侧 Observation 旁边的数值改为 11，然后点击

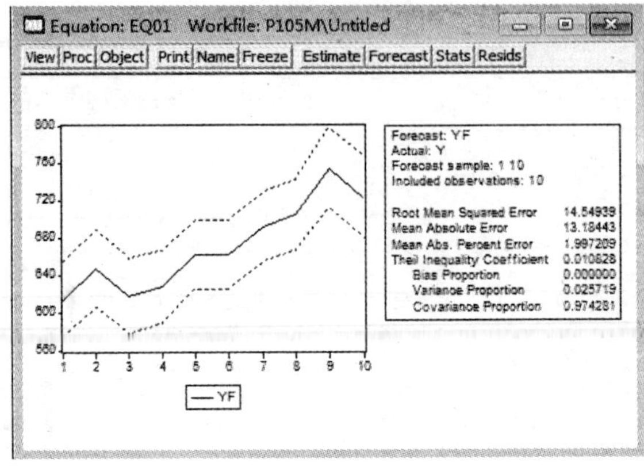

图 9—6 预测结果

"OK"，即可用将 Workfile 的 Range 以及 Sample 的 Range 改为 11；双击打开 group01 序列表格形式，将编辑状态切换为"可编辑"，在 X_1 序列中补充输入 $X_1 = 35$。同样的方法录入 $X_2 = 20000$。

第二步进行预测。在 Equation 框中，点击"Forecast"，弹出一对话框，在其中为预测的序列命名，如 yf2。点击"OK"即可得到预测结果的图形形式，如图 9—8 所示。

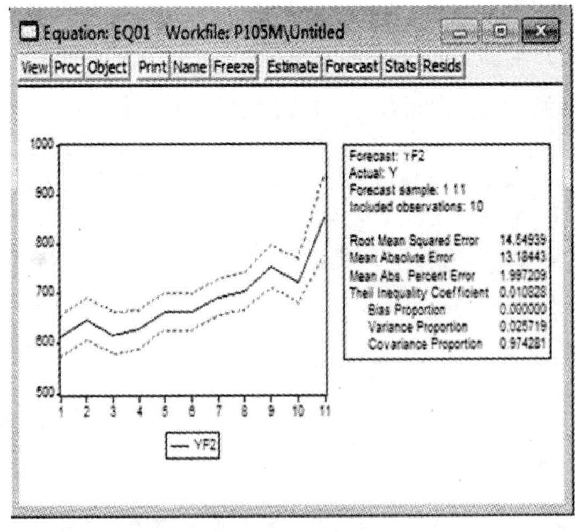

图 9—7 预测结果

点击“Workfile”中新出现的序列 yf2，可以看到预测值为 856.2025（如图 9—9 所示）：

Series: YF2　Workfile: P105M\Untitled

View | Proc | Object | Properties | Print | Name | Freeze | Default | Sort

	YF2
1	613.9138
2	648.2254
3	617.8815
4	628.0860
5	662.0891
6	662.0058
7	691.2866
8	704.3600
9	753.6358
10	721.8159
11	856.2025

图 9—8　YF2 值

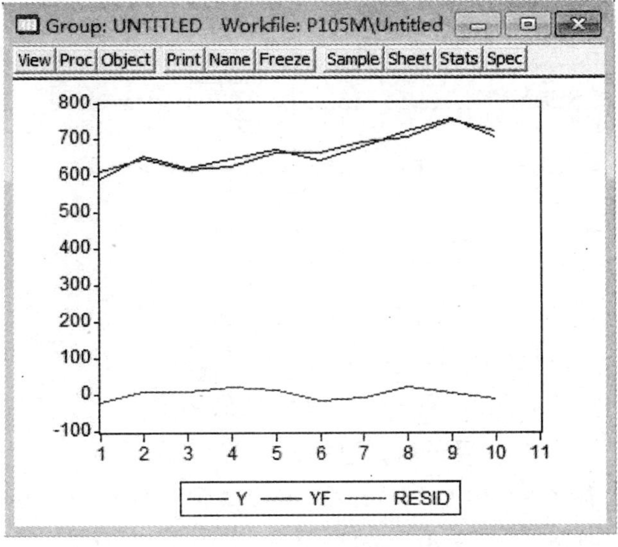

图 9—9　预测图

第三步结果分析。按住 Ctrl 键，同时选中 y、yf、resid，点击右键，在右键菜单中选 Open/as Group 可打开实际值、预测值、残差序列，在 view 菜单选择 Grap/Line，画折线图，如图 9—10 所示。

6. 置信区间的预测

消费支出 Y 的个别值的预测置信区间为：$\hat{Y}_0 \pm t_{a/2} \cdot S_{\hat{Y}_0}$。其中，$S_{\hat{Y}_0}$ 为 Y 的个别值预测的标准差为 $S_{\hat{Y}_0} = \sqrt{\hat{\sigma} \cdot \ [1 + X_0\ (X'X)\ X_0']}$。

消费支出 Y 的均值的预测置信区间为：$\hat{Y}_0 \pm t_{a/2} \cdot S_{E(\hat{Y}_0)}$。其中，$S_{E(\hat{Y}_0)}$ 为 Y 的均值预测的标准差为 $S_{E(\hat{Y}_0)} = \sqrt{\hat{\sigma} \cdot X_0\ (X'X)\ X_0'}$。

（1）Y 个别值的置信区间的预测。

在 Equation 框中，点击“Forecast”，弹出 Forecast 话框，如下图所示：

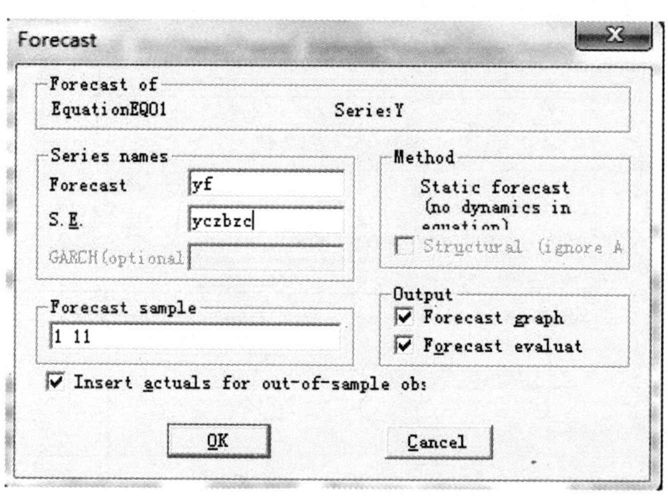

图 9—10 预测界面

在图 9—10 中，S. E. 那一栏为预测值的标准差，命名为 yczbzc，然后点击“OK”，即可在 Workfile 界面看到一个名为 yczbzc 的序列。双击打开这一序列，如图 9—10 所示，在第 11 行（预测行）即可直接显示个别值的预测值标准差为 $S_{\hat{Y}_0} = 40.92713$。把结果代入 $\hat{Y}_0 \pm t_{a/2} \cdot S_{\hat{Y}_0}$，即可得到 Y 个别值的 95% 的置信区间为：[759.4262，952.9788]。

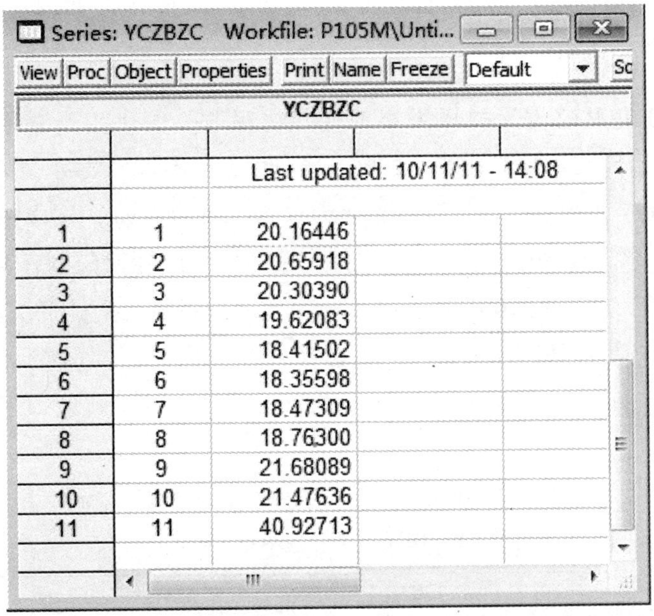

Series: YCZBZC　Workfile: P105M\Unti...

View | Proc | Object | Properties | Print | Name | Freeze | Default | Sc

YCZBZC		
		Last updated: 10/11/11 - 14:08
1	1	20.16446
2	2	20.65918
3	3	20.30390
4	4	19.62083
5	5	18.41502
6	6	18.35598
7	7	18.47309
8	8	18.76300
9	9	21.68089
10	10	21.47636
11	11	40.92713

图 9—11　YCZBZC 序列

（2）Y 均值的置信区间的预测。

由于 $S_{\hat{Y}_0}=\sqrt{\hat{\sigma}\cdot\ [1+X_0\ (X'X)\ X_0']}$，且 $\hat{\sigma}^2=302.41$，所以可计算得：$X_0\ (X'X)\ X_0'=4.539$。代入公式即可得到 Y 均值的预测标准差为：$S_{E(\hat{Y}_0)}=\sqrt{\hat{\sigma}\cdot X_0\ (X'X)\ X_0'}=37.049$。再把结果代入均值的置信区间公式 $\hat{Y}_0\pm t_{a/2}\cdot S_{E(\hat{Y}_0)}$，得到 Y 均值的 95% 的置信区间为：[768.5964，943.8086]。

四　实验小结

本章实验主要针对如何对线性回归模型进行预测，包括点预测和区间预测。在预测时间序列数据的时候一定要先把样本容量扩展到需预测的时期，再进行相关操作。如：样本时间区间为 1995—2005 年，如果要预测 2006 年数据，则需将 Range 从 1995—2005 扩展为 1995—2006。其操作为：将 X_{2006} 的数值输入变量 X 中，在 Equation 对话框中选择 Forecast，将时间 Sample 定义为 1995—2006，点击“OK”，计算机即可自动计算出 Y

在 2006 年的预测值。

五 备择实验

为了研究财政收入规模大小的变化受税收、国民生产总值的影响程度，我们选择了某地区 1989—2005 年财政收入及其主要影响因素——税收、国民生产总值在这 17 年的数据为样本（表 9—3），试求以财政收入为因变量，税收、国民生产总值为自变量的二元线性回归方程，进行相应的统计检验，如果到 2006 年税收、国民生产总值将分别达到 57277 亿元、6038 亿元，请对 2006 年该地区财政收入进行预测，同时请计算出置信区间。

表 9—4　　某地 1989—2005 年财政收入、税收和国民生产总值数据　　（单位：亿元）

年份	财政收入 Y	税收 X_1	国民生产总值 X_2	年份	财政收入 Y	税收 X_1	国民生产总值 X_2
1989	1132	3642	519	1998	2199	11954	2140
1990	1146	4038	537	1999	2357	14922	2390
1991	1159	4517	571	2000	2664	16917	2727
1992	1175	4860	629	2001	2937	18598	2821
1993	1212	5301	700	2002	3149	21662	2990
1994	1866	5957	755	2003	3483	26651	3296
1995	1642	7206	947	2004	4348	34650	4255
1996	2001	8989	2040	2005	5218	46532	5126
1997	2122	10201	2090				

资料来源：2006 年《中国统计年鉴》。

本章小结

1. 在 $1-\alpha$ 的置信水平下 β_i 的置信区间是（$\hat{\beta}_i - t_{\frac{\alpha}{2}} \times S_{\hat{\beta}_i}$，$\hat{\beta}_i + t_{\frac{\alpha}{2}} \times S_{\hat{\beta}_i}$）。

2. 缩小置信区间的方法有：增大样本容量 n；提高模型的拟合度，以减小残差平方和$\sum e_i^2$；提高样本观测值的分散度。

3. 预测可以分为点预测和区间预测两种。y_f的区间预测又有均值区间预测和个值区间预测之分。

4. 点预测，就是给定$X = X_0$时，利用样本回归方程$\hat{Y}_i = b_1 + b_2 X_i$，求出相应的样本拟合值$\hat{Y}_0$，以此作为因变量个别值$Y_0$和其均值$E(Y \mid X_0)$即$E(Y_0)$的估计值。

复　习　题

一、名词解释

1. 参数置信区间
2. 点预测
3. 区间预测
4. 个值区间预测
5. 均值区间预测

二、简答

1. 如何缩小参数置信区间？
2. 个值区间预测与均值区间预测有何区别与联系？

三、计算与分析

1. 有10户家庭的收入（X，元）和消费（Y，百元）数据如下表：

表9—5　　10户家庭的收入（X）与消费（Y）的资料

X	20	30	33	40	15	13	26	38	35	43
Y	7	9	8	11	5	4	8	10	9	10

若建立的消费Y对收入X的回归直线的Eviews输出结果如下：

表 9—6 消费 *Y* 对收入 *X* 的回归结果

X	0.202298		0.023273
C	2.172664		0.720217
R - squared	0.904259	S. D. dependent var	2.233582
Adjusted R - squared	0.892292	F - statistic	75.55898
Durbin - Watson stat	2.077648	Prob (F - statistic)	0.000024

在 95% 的置信度下，预测当 $X=45$（百元）时，消费（Y）的置信区间。（其中 $\bar{x}=29.3$，$\sum(x-\bar{x})=992.1$）

2. 假设某国的货币供给量 Y 与国民收入 X 的历史数据如下表。

表 9—7 某国的货币供给量 *Y* 与国民收入 *X* 的历史数据

年份	*X*	*Y*	年份	*X*	*Y*	年份	*X*	*Y*
1985	2.0	5.0	1989	3.3	7.2	1993	4.8	9.7
1986	2.5	5.5	1990	4.0	7.7	1994	5.0	10.0
1987	3.2	6	1991	4.2	8.4	1995	5.2	11.2
1988	3.6	7	1992	4.6	9	1996	5.8	12.4

根据以上数据估计货币供给量 Y 对国民收入 X 的回归方程，利用 Eivews 软件输出结果为：

表 9—8 货币供给量 *Y* 与国民收入 *X* 的回归结果

X	1.968085	0.135252	14.55127	0.0000
C	0.353191	0.562909	0.627440	0.5444
R - squared	0.954902	Mean dependent var		8.258333
Adjusted R - squared	0.950392	S. D. dependent var		2.292858
S. E. of regression	0.510684	F - statistic		211.7394
Sum squared resid	2.607979	Prob (F - statistic)		0.000000

如果希望 1997 年国民收入达到 15，那么应该把货币供给量定在什么水平？

第十章

时间序列计量经济学模型

引子：真回归还是“伪回归”?

为了分析某国的个人可支配总收入 Y_t 与个人消费总支出 X_t 的关系，用 OLS 法做 Y 关于 X 的线性回归，得到如下结果：

$$Y_t = -160.55 + 0.9576X_t$$
$$(-7.4865)(118.56)$$
$$R^2 = 0.9942 \quad DW = 0.673$$

从回归结果来看，$R^2 = 0.9942$ 非常高，个人可支配总收入的回归系数 t 统计量也非常大，边际消费倾向也符合经济假设。凭借经验判断，这个模型的设定是好的，应是非常满意的结果。准备将这个计量结果用于经济结构分析和经济预测。

可是有人提出：这个回归结果可能是虚假的。可能只不过是一种“伪回归”。

经典计量经济学理论是建立在时间序列平稳的基础上的，所假设的变量间的相关系数服从的是正态分布。现代计量经济学研究发现，大部分经济变量是非平稳的，而经典回归分析的做法是：首先采用普通最小二乘法（OLS）对回归模型进行估计，然后根据可决系数或 F 检验统计量值的大小来判定变量之间的相依程度，根据回归系数估计值的 t 统计量对系数的显著性进行判断，最后在回归系数显著不为零的基础上对回归系数估计值给予经济解释。

如果直接将非平稳时间序列当作平稳时间序列来进行分析，会造成什么不良后果?

如何判断一个时间序列是否为平稳序列？当我们在计量经济分析中涉

及非平稳时间序列时，应作如何处理？这将是本章需要解决的问题。

第一节　时间序列的基本概念

按时间是否连续分：一是离散型的随机过程或时间序列；二是连续型的随机过程或时间序列。本章主要研究离散时间序列，并用 Y_t 或 X_t 表示。对于连续时间序列，可通过等间隔采样使之转化为离散时间序列后加以研究。按序列的统计特性分：一是平稳时间序列。时间序列的统计规律不会随时间的推移而发生变化，即生成变量时间序列的随机过程的特征与时间变化无关；二是非平稳时间序列。时间序列的统计规律随时间的位移而发生变化，即生成变量时间序列的随机过程的特征与时间变化有关。

一　时间序列的平稳性

（1）严平稳序列。如果对任意正整数 n（$n<\infty$）和时间序数 $t_1<t_2\cdots<t_n$，及任意实数 τ，其随机变量 X_{t1}，X_{t2}，…，X_t 的联合分布有

$$F(X_{t_1},X_{t_2},\cdots,X_{t_n}) = F(X_{t_1+\tau},X_{t_2+\tau},\cdots,X_{t_n+\tau}) \qquad (10—1)$$

满足上述条件的序列称为严平稳时间序列。

例如：概率论中的独立同分布序列就是严平稳序列。

由于分布函数完整地描述了随机变量的统计特性，所以，这里要求平稳随机过程的所有的统计特性都不随时间的平移而变化，这一要求相当严格，在实际中要验证上述条件十分困难。一般来说，所研究的随机过程，若前后的环境和主要条件都不随时间变化，就可以认为它是平稳随机过程。上述严平稳对于有限维分布难以处理和计算，在许多应用领域中，人们想到仅看随机过程在变动过程中的数字特征是否有变，即只涉及随机过程的一阶、二阶矩情况。因此，可将上述概念适当修改。通常所指的“平稳性”是下述意义上的平稳性。

如果一个随机过程 m 阶矩以下的矩的取值全部与时间无关，则称该过程为 m 阶平稳过程。下面给出最常用的二阶宽平稳时间序列的定义。

（2）宽平稳序列。如果 Y_t 满足如下性质

$$E(Y_t) = \mu, Var(Y_t) = \sigma^2, Cov(Y_t,Y_{t+k}) = \gamma_k < \infty \qquad (10—2)$$

则称 Y_t 为平稳的，并称此为宽平稳时间序列。

即宽平稳性序列的均值函数、方差函数均为常数，而自协方差函数仅与时间间隔 k 有关，但也是有限数。

（3）严平稳序列与宽平稳序列的关系。严格说，严平稳序列的分布，随时间的平移而不变；宽平稳序列的均值与自协方差，随时间的平移而不变。一个严平稳序列$\{Y_t\}$，对于每个时刻 t 的随机变量 Y_t，可以不存在一阶或二阶矩，因此，它也就不一定是宽平稳序列。反之，一个宽平稳序列$\{Y_t\}$，它的分布不一定随时间的推移而不变，因此，它也不一定是严平稳序列。当然，在一定条件下，这两种平稳性是可以互相转化的。①

对于经济现象中的时间序列，通常讨论它的宽平稳性质。直观地说，平稳性是指时间序列的统计特征不随时间的推移而变化。如果一个随机时间序列过程的均值和方差，在时间过程上都是常数，并且在任何两时期之间的协方差仅依赖于该两时期间的距离或滞后，而不依赖于计算这个协方差的实际时间，则称它是平稳的。设 Y_t 为一时间序列，由此，可以认为一个平稳的时间序列，它的数学期望和方差均与时间 t 无关，表明序列将趋于返回它的均值，并以一种相对不变的振幅围绕均值波动；而协方差为一有限数，说明序列只与 Y_t 在变动过程中的间隔有关，与它的具体位置无关。

简单讲，如果一个时间序列是平稳的，不管在什么时候对它进行测量，它的均值、方差和各种滞后的自协方差都保持不变。

从图形上可明显地看出上述特征。例如，美国的 GDP 增量。

二 时间序列的非平稳性

传统的时间序列计量经济学在进行研究时，通常假定经济数据和产生这些数据的随机过程是稳定的过程，在此基础上对计量经济学模型中的参数作估计和假设检验。

但是，在经济现象中，许多经济变量的时间序列数据并不具有平稳性，或不具有平稳过程的特征。这一点能从图形上直观地看出。例如，美国的国民生产总值（GDP）、个人可支配收入（PDI）、个人消费支出

---

① 王耀东等：《经济时间序列分析》，上海财经大学出版社 1996 年版。

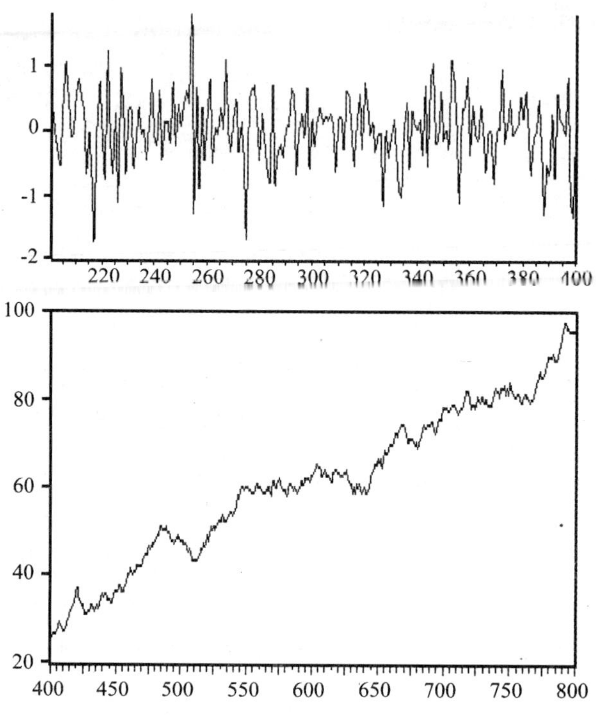

图 10—1 美国的 GDP 增量折线图

(PCE) 等时间序列的数据均为非平稳的 (从图形上看，这些时间序列数据都不会由稳定的随机过程生成，原因是它们不具有固定的期望值)。

时间序列的非平稳性是指时间序列的统计规律随着时间的位移而发生变化，即生成变量时间序列数据的随机过程的特征随时间而变化。

在实际中遇到的时间序列数据很可能是非平稳序列，而平稳性在计量经济建模中又具有重要地位，因此有必要对观测值的时间序列数据进行平稳性检验。

定义 1，若随机过程 Y_t 的一阶差分过程为 $Y_t - Y_{t-1}$，并且

$$\Delta Y_t = Y_t - Y_{t-1}$$

是平稳的，则称 Y_t 为一单位根过程 (单位根过程是非平稳的)。定义 1 说明了对一个非平稳的序列实现平稳的途径。

下面给出两个典型的随机过程例子。

（1）平稳随机过程的例子，白噪声过程。

如果$\{Y_t,\ t\in T\}$过程满足以下条件：

$$E(Y_t)=0, Var(Y_t)=\sigma^2<\infty, \forall t\in T; Cov(Y_t, Y_{t+k})=0,$$
$$(t+k)\in T, k\neq 0. \qquad (10—3)$$

则称$\{Y_t,\ t\in T\}$为一白噪声过程。

（2）非平稳随机过程的例子，随机游走过程。

如果$\{Y_t,\ t\in T\}$有

$$Y_t = Y_{t-1}+\varepsilon_t \qquad (10—4)$$

其中，ε_t为白噪声过程，则称$\{Y_t,\ t\in T\}$为随机游走过程。由此看出，对随机游走过程进行一次差分就能得到一个白噪声过程（平稳的随机过程）。

随机游走的统计特性：

随机游走过程的均值为零、方差无限大（Y_t具有永久记忆性）。

$$Y_t = Y_{t-1}+\mu_t=\mu_t+\mu_{t-1}+Y_{t-2}=\mu_t+\mu_{t-1}+\cdots \qquad (10—5)$$

$$E(Y_t)=E(\mu_t+\mu_{t-1}+\cdots)=0 \qquad (10—6)$$

$$Var(Y_t)=Var(\mu_t+\mu_{t-1}+\cdots)=\sum_{-\infty}^{t}\sigma_\mu^2\rightarrow\infty \qquad (10—7)$$

所以随机游走过程是非平稳的随机过程。

注："随机游走"一词首次出现于1905年自然（*Nature*）杂志第72卷Pearson K. 和Rayleigh L. 的一篇通信中。该信件的题目是"随机游走问题"。文中讨论寻找一个被放在野地中央的醉汉的最佳策略是从投放点开始搜索。

（3）对随机游走过程的分析。

随机游走过程是下面我们称之为一阶自回归AR（1）过程的特例。

$$Y_t=\rho Y_{t-1}+\varepsilon_t \qquad (10—8)$$

当$\rho=1$时，是一个随机游走过程，即非平稳过程。

当$|\rho|>1$时，该随机过程生成的时间序列是发散的，表现为持续上升（$\rho>1$）或持续下降（$\rho<-1$），因此也是非平稳过程。

当$-1<\rho<1$时，该随机过程才是平稳过程。

（4）一阶自回归过程AR（1）又是如下P阶自回归AR（P）过程的特例。

$$Y_t = \rho_1 Y_{t-1} + \rho_2 Y_{t-2} + \cdots + \rho_p Y_{t-p} \mu_t$$

该随机过程平稳性条件将在下面介绍。

例如，深圳股票综合指数是近似的随机游走序列，即非平稳的。

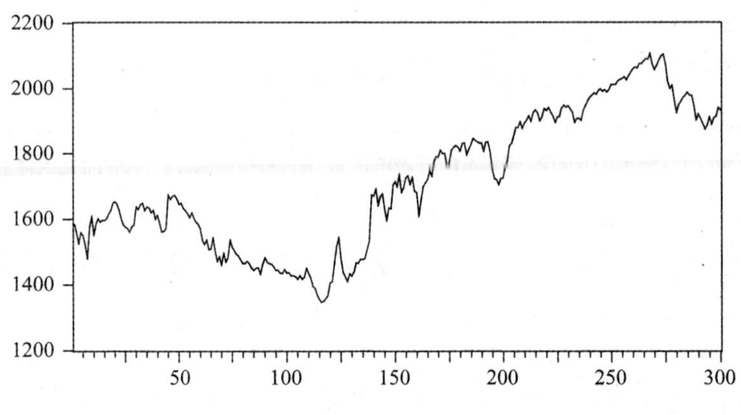

图 10—2 深圳股票综合指数

定义 2，随机过程（随机序列）的单整性。对于随机过程 Y_t，如果必须 d 次差分之后才能变换成一个平稳过程，而进行 $d-1$ 次差分后仍然是一个非平稳过程，则称此过程（序列）具有 d 阶单整性，记为 $Y_t - I(d)$。

例如，一个非平稳随机过程经过一次差分之后可变为一个平稳过程，则称此过程为一阶单整过程，记为 $I(1)$；如果经过一次差分后仍然不是平稳过程，而第二次差分以后才是一个平稳过程，则称该过程为二阶单整过程，记为 $I(2)$；因此，平稳的单整过程为零，记为 $I(0)$。

第二节 时间序列平稳性检验

寻求变量之间的协整关系，首先需要对变量进行平稳性检验。如果变量是平稳的，则可按传统计量经济学方法建立模型；如果变量是非平稳的，则需要建立变量之间的协整关系。下面先介绍平稳性检验，然后，介绍变量的协整关系。

一　单位根过程

定义 3，随机过程$\{Y_t,\ t=0,\ 1,\ 2,\ \cdots\}$是一个单位根过程，若

$$Y_t = \rho Y_{t-1} + \mu_t, t = 1,2,\cdots \tag{10—9}$$

其中，$\rho=1$，$E(\mu_t)=0$，$Var(\mu_t)=\sigma^2<\infty$，$Cov(\mu_t,\ \mu_{t-s})=0$，$s=0,\ 1,\ 2,\ \cdots$，这里对$\mu_t$的假定，意味着$\mu_t$是平稳序列。由定义可知，单位根过程就是随机游走过程。

根据自回归模型的统计特征可知，

（1）如果$|\rho|<1$，则Y_t是平稳的。

（2）如果$|\rho|=1$，则Y_t是一个随机游走过程，即非平稳过程。这时，Y_t的单整阶数为 1，Y_t含有一个单位根，但经过一次差分后可变换为平稳过程。

（3）如果$|\rho|>1$，则Y_t是强非平稳过程，这时它会随着时间t的增加，其方差将快速增大。并且，对Y_t一次差分后

$$\Delta Y_t = (\rho - 1)Y_{t-1} + \mu_t \tag{10—10}$$

式中，ΔY_t是由非平稳的Y_{t-1}和平稳的μ_t相加的结果，所以ΔY_t仍是非平稳的。

单位根过程是最常见的非平稳性过程之一。由于很多金融、经济现象都是单位根现象，所以它在现代金融学、宏观经济学的理论和实践中有广泛应用，对单位根过程的研究成为当今计量经济学的主要课题之一，特别是自 20 世纪 80 年代以来，出现了许多理论上和实践上的重大突破，这就使得研究人员能有效地处理以前不能处理的数据。

例如，研究资本市场的股票价格的变动规律，P_t为某一股票在某一时刻t的价格，根据金融学中有效市场的假设，在时刻$t+1$的股票价格P_{t+1}可由一单位根过程描述

$$P_{t+1} = \rho P_t + \mu_{t+1}, \rho = 1$$

$$P_{t+1} = P_t + \mu_{t+1} \tag{10—11}$$

其中，μ_t独立同分布，且$E(\mu_t)=0$，$Var(\mu_t)=\sigma^2<\infty$，对该过程不断做迭代，则

$$\begin{aligned} P_{t+1} &= P_t + \mu_{t+1} \\ &= P_{t-1} + \mu_t + \mu_{t+1} \end{aligned}$$

……

$$= \mu_1 + \mu_2 + \cdots + \mu_t + \mu_{t+1}$$

$$Var(P_{t+1}) = Var(\mu_1 + \mu_2 + \cdots + \mu_t + \mu_{t+1}) = (t+1)\sigma^2 \qquad (10—12)$$

当 $t\to\infty$ 时，P_t 的方差趋于无穷大，传统的中心极限定理在此不适用。此例说明变量的非平稳性是单位根过程引起的。

再例如，设回归模型为

$$Y_t = \alpha + \beta X_t + \mu_t \qquad (10—13)$$

其中，如果解释变量 X_t 是一个单位根过程，这时 Y_t 也是非平稳的，则未知参数 α 和 β 的最小二乘估计量有非标准分布，传统的中心极限定理已不再适用。这时，如果仍然建立 Y_t 对 X_t 的回归，则得到的将是虚假回归。有一个解决问题的思路，即对这两个变量求一阶差分

$$\Delta Y_t = Y_t - X_{t=1}, \Delta X = X_t - X_{t-1} \qquad (10—14)$$

由于 X_t 和 Y_t 是非平稳的，如果经过一阶差分以后 ΔY_t 和 ΔX_t 均为平稳的了，这时再作如下的回归，

$$\Delta Y_t = a + b\Delta X_t + v_t \qquad (10—15)$$

其中 a 与 b 的参数估计将是一致的，并有正态极限分布。从形式上看，这样处理克服了单位根过程的影响，在统计意义上有效。但由于 X_t 和 Y_t 作为水平变量具有明确的经济含义，而取一阶差分后 ΔY_t 和 ΔX_t 的模型不能表达出水平变量之间所具有的经济意义，也就达不到检验经济理论、进行经济预测的目的。此例表明按照这一思路能克服非平稳，但避免"伪回归"、建立有明确经济意义的模型是困难的。

二　单位根检验方法

（一）DF 检验

依据单位根的定义，检验时间序列 Y_t 是否存在单位根（或为单整序列）。设序列 Y_t 的生成过程为

$$Y_t = \rho Y_{t-1} + \mu_t, t = 1, 2, \cdots \qquad (10—16)$$

提出零假设和备择假设

H_0：$\rho = 1$（意味着 Y_t 存在单位根，为非平稳序列）

H_1：$\rho < 1$（意味着 Y_t 为平稳序列）

对上述模型用 OLS 法求参数 ρ 的估计 $\hat{\rho}$，构建 DF 统计量

$\mathrm{DF} = \dfrac{\hat{\rho} - 1}{se(\hat{\rho})}$（该统计量在 H_0 下不服从 t 分布）

若用样本计算 DF 统计量有

DF > 临界值，则不能拒绝零假设，表明 Y_t 非平稳。

DF < 临界值，则拒绝零假设，表明 Y_t 平稳。

此种单位根检验称为迪基——富勒检验（Dickey & Fuller，1979）。

在 DF 检验中，为了更真实地反映数据生成过程，Dickey 和 Fuller 提出要检验的模型有如下三种形式

$$Y_t = \rho Y_{t-1} + \mu_t$$
$$Y_t = \alpha + \rho Y_{t-1} + \mu_t$$
$$Y_t = \alpha + \beta t + \rho Y_{t-1} + \mu_t \qquad (10\text{—}17)$$

当 $\rho = 1$ 时，上述三个模型的区别是：

模型（1）仅表示一个随机游走过程，好处是便于做理论分析，但对实际经济问题来说，模型（1）太严格，只是金融领域里的时间序列常表现为这样。

模型（2）表示多了一个截距项（漂移项），这时称其为随机趋势过程。取对数后的宏观经济序列常表现为这样。

模型（3）既有截距项，又有时间趋势（带漂移和确定性趋势），这时称其为趋势非平稳过程。增长速度快的宏观经济序列常表现为这样。

如果模型（3）的另一种形式为

$$Y_t = \alpha + \beta t + \mu_t, \mu_t = \rho\mu_{t-1} + \varepsilon_t, \rho < 1, \varepsilon \sim \Pi D(0, \sigma^2) \qquad (10\text{—}18)$$

则称其为趋势平稳过程。原因是 $Y_t - \alpha - \beta t = \mu_t$，而 μ_t 是平稳的，其中该过程由确定性时间趋势 βt 所主导。趋势平稳过程又称退势平稳过程，这是因为 $Y_t - \beta t = \alpha + \mu_t$ 为一平稳过程。一般地，取对数后的宏观经济序列具有这样的特征。①

以上三个方程两边同时减 Y_{t-1}，则有等价式为

$$\Delta Y_t = (\rho - 1) Y_{t-1} + v_t = \delta Y_{t-1} + v_t$$
$$\Delta Y_t = \partial_0 + (\rho - 1) Y_{t-1} + v_t = \partial_0 + \delta Y_{t-1} + v_t$$
$$\Delta Y_t = \partial_0 + \partial_1 t + (\rho - 1) Y_{t-1} + v_t = \partial_0 + \partial_1 t + \delta Y_{t-1} + v_t \qquad (10\text{—}19)$$

---

① 参见张晓峒《应用数量经济学》，机械工业出版社 2009 年版，第 344—347 页。

对于上述表达式，若 H_0：$\rho=1$ 或 H_0：$\delta=0$ 成立，即假设 Y_t 非平稳。这时

$$\tau=\frac{\hat{\rho}-1}{se(\hat{\gamma})}$$

或

$$\tau=\frac{\hat{\delta}}{se(\hat{\delta})}$$

服从 DF 分布。给定显著性水平 α，查表得临界值，若 $\tau>$ DF（临界值），则接受 H_0，说明 Y_t 有单位根，即 Y_t 非平稳；若 $\tau<$ DF（临界值），则不接受 H_0，说明 Y_t 没有单位根，即 Y_t 平稳。

尽管 τ 统计量与 t 统计量结构相同，但在 H_0：$\rho=1$ 或 H_0：$\delta=0$ 成立的条件下，τ 统计量不再服从 t 分布，而服从 Dickey & Fuller（1970）提出的 DF 分布。DF 分布的临界值由蒙特卡罗模拟方法求得。

（二）ADF 检验

基本原理为，在 DF 检验中，假定随机扰动项 μ_t 不存在自相关，并且只适用于一阶自回归过程［即 AR（1）］。但大多数经济时间序列不满足这个假定，当 μ_t 存在自相关时，直接使用 DF 检验会出现偏误。因此，在 DF 检验的基础上扩展为 ADF 检验，称为增广的迪基——富勒检验。过程如下

在 DF 检验中，设检验模型为

$$Y_t=\rho Y_{t-1}+\mu_t$$

$$Y_t=\alpha+\rho Y_{t-1}+\mu_t$$

$$Y_t=\alpha+\beta t+\rho Y_{t-1}+\mu_t \qquad (10—20)$$

为了克服上述模型中 μ_t 的自相关问题，这时在模型中引入了多阶自回归过程［即 AR（p）］。

$$Y_t=\rho Y_{t-1}+\sum_{i=1}^{p}\alpha_i\Delta Y_{t-1}+\mu_t$$

$$Y_t=\alpha+\rho Y_{t-1}+\sum_{i=1}^{p}\alpha_i\Delta Y_{t-1}+\mu_t$$

$$Y_t=\alpha+\beta t+\rho Y_{t-1}+\sum_{i=1}^{p}\alpha_i\Delta Y_{t-1}+\mu_t \qquad (10—21)$$

检验过程与 DF 检验过程一致，只是需要考虑滞后变量 ΔY_{t-i} 的滞后阶数 i 的选取。

ADF 检验应注意的问题：

（1）当样本容量充分大，ADF 检验的极限分布同 DF 检验的极限分布相同，可以使用 DF 检验的临界值代替 ADF 检验的临界值。但在小样本条件下 ADF 分布与 DF 分布不一样，两者不能代替。

（2）DF 检验适用于一阶自回归 AR（1）过程的单位根检验。当时间序列为高阶自回归 AR（p）形式，或者由 DF 检验得到的残差序列存在自相关时，DF 检验无效，应选择 ADF 检验。

（3）如果时间序列 Y_t 在均值上下波动，则应该选择不包含常数和时间趋势的检验方程，即（1）式；如果序列具有非 0 均值，但没有时间趋势，可选择（2）式作为检验方程；若序列随时间变化有上升或下降趋势，采用（3）式。

（4）实际检验时可以从模型 3 开始，然后模型 2，最后模型 1。何时检验拒绝零假设，即原序列不存在单位根，为平稳序列，何时检验停止。否则，就要继续检验，直到检验完模型 1 为止。当三个模型的检验结果都不能拒绝零假设时，则认为时序列是非平稳的。

（5）选择模型适当的形式。在 ADF 回归式中 DW 的值较低，说明仍然存在自相关，则应在每个模型中增加滞后差分项，即选取适当的滞后差分项，以使模型的残差项是一个白噪声（不存在自相关）。

（6）选择滞后差分项 ΔY_{t-i} 个数 p 的原则是：一方面，p 要尽量小，从而节省自由度；另一方面，p 要尽量大，从而消除误差项中存在的自相关。因此，p 的选择具有两难。另外，在确定 p 的过程中，还可参考 AIC 准则和 SC 准则。从经验的角度，年度数据的序列可考虑至少应取 1 阶滞后；季度数据的序列可考虑至少应取 4 阶滞后；月度数据的序列至少应考虑取 12 阶滞后。[①]

第三节　协整与误差修正模型

一个货币需求分析的例子。

① 黄先开：《金融数学模型》（博士论文），世界图书出版公司 2000 年版。

依照经典理论，一国或一地区的货币需求量主要取决于规模变量和机会成本变量，即实际收入、价格水平以及利率。以对数形式的计量经济模型将货币需求函数描述出来，形式为：

$$\ln M_t = \beta_0 + \beta_1 \ln P_t + \beta_2 \ln Y_t + \beta_3 r_t + \mu_t \qquad (10\text{—}22)$$

其中，M 为货币需求，P 为价格水平，Y 为实际收入总额，r 为利率，μ 为扰动项，β 为模型参数。

估计出来的货币需求函数是否揭示了货币需求的长期均衡关系？

（1）如果上述货币需求函数是适当的，那么货币需求对长期均衡关系的偏离将是暂时的，扰动项序列是平稳序列，估计出来的货币需求函数就揭示了货币需求的长期均衡关系。

（2）相反，如果扰动项序列有随机趋势而呈现非平稳现象，那么模型中的误差会逐步积聚，使得货币需求对长期均衡关系的偏离在长时期内不会消失。

上述货币需求模型是否具有实际价值，关键在于扰动项序列是否平稳。

货币供给量、实际收入、价格水平以及利率可能是 I（1）序列。一般情况下，多个非平稳序列的线性组合也是非平稳序列。

如果货币供给量、实际收入、价格水平以及利率的任何线性组合都是非平稳的，那么上述货币需求模型的扰动项序列就不可能是平稳的，从而模型并没有揭示出货币需求的长期稳定关系。

反过来说，如果上述货币需求模型描述了货币需求的长期均衡关系，那么扰动项序列必定是平稳序列，也就是说，非平稳的货币供给量、实际收入、价格水平以及利率四变量之间存在平稳的线性组合。

上述例子向我们揭示了这样一个事实：

“包含非平稳变量的均衡系统，必然意味着这些非平稳变量的某种组合是平稳的。”

这正是协整理论的思想。

通过前面内容的介绍，我们已经看到，在经典意义计量经济建模过程中，要求时间序列是平稳的。如果时间序列不平稳，运用普通最小二乘法得到的回归模型，尽管有很高的拟合度和显著的 t 统计量，但 DW 检验值很低，说明存在“伪回归”（“虚假回归”）。经济现象中的时间序列大多数是非平稳的，对它们的建模必须认真考虑模型的设定问题，以避免“伪回归”。

为了满足变量的平稳性，人们可以通过对数据的变换，如差分的方法，再用差分后的变量进行建模。但是，这样做可能会丢失一些有用的长期信息。协整理论的提出为非平稳的多变量时间序列分析提供了有力的理论和方法。它把时间序列方法中对模型短期动态设定的优点与计量经济学中长期均衡关系的特点融为一体，成为一种生命力很强的建模方法。

一　协整的含义

在现实经济活动中，多数经济时间序列都是非平稳的，然而某些非平稳经济时间序列的某种线性组合却有可能是平稳的。经济理论认为，这种表现说明经济时间序列之间存在一种长期均衡关系。如，净收入与消费、政府支出与税收、工资与价格、进口与出口、货币流通量与价格水平、商品现期价格与期货价格等之间就存在长期均衡关系，这些长期均衡关系是不是就是人们要找的经济变量之间的真实关系？尽管上述经济时间序列本身却属于非平稳序列。回答却是肯定的！

如果在两个或多个非平稳变量之间存在长期均衡关系，那么从长期均衡关系中得到的非均衡误差序列则一定是平稳的。经济理论指出，某些经济变量之间确实存在长期均衡（稳定）关系。这种均衡关系意味着经济系统不存在破坏均衡的内在机制。如果变量在短时期受到干扰后偏离其长期均衡点，则该均衡机制会在下一期进行调整，使其重新回到均衡状态。

例如，假设变量 Y_t 表示家庭的消费支出，变量 X_t 表示家庭的可支配收入。它们之间的“长期均衡关系”由下式表示

$$Y_t = \beta_1 + \beta_2 X_t + \mu_t \tag{10—23}$$

其中，μ_t 为误差项。该均衡关系式说明，给定 X_t 的一个值，Y_t 相应的均衡值为 $\beta_1 + \beta_2 X_t$。但这个结果是通过以下调整过程实现的，即在 $t-1$ 期末

▲第一种情况是 Y_t 等于它的均衡值，即 $Y_{t-1} = \beta_1 + \beta_2 X_{t-1}$。

▲第二种情况是 Y_t 小于它的均衡值，即 $Y_{t-1} < \beta_1 + \beta_2 X_{t-1}$。

▲第三种情况是 Y_t 大于它的均衡值，即 $Y_{t-1} > \beta_1 + \beta_2 X_{t-1}$。

在时刻 t，假设 Y_t 有一个变化量 ΔX_t，如果变量 X_t 与 Y_t 在 t 到 $t-1$ 末期都满足它们之间的长期均衡关系，则 Y_t 的变化量 ΔY_t 与 X_t 的变化量 ΔX_t 有以下关系

$$\Delta Y_t = \beta_2 \Delta X_t + \Delta \mu_t \tag{10—24}$$

但是实际情况并非如。此如果在 $t-1$ 期末，发生了上述第二种情况，那么，Y_t 的变化往往会比第一种情况下 Y_t 的变化量 ΔY_t 大一些；反之，Y_t 的变化往往会比第一种情况下 Y_t 的变化量 ΔY_t 小一些；直至达到均衡状态。

上述现象揭示了一种规律，如果“长期均衡关系”是正确的，则 Y_t 对其均值点的偏离从本质上说是“临时性”，我们称之为“短期性”。因此，一个重要的假设是随机干扰项 μ_t 必须是平稳的，这个假设的合理性在于 μ_t 表达了 Y_t 与 X_t 的一个线性组合。而两个非平稳变量之间的线性组合是平稳的就是所谓的“协整”或“均衡”关系。因此，协整是对非平稳经济变量长期均衡关系的统计描述。

协整的定义：

对于两个序列 $\{X\}$ 和 $\{Y\}$，如果 $y_t \sim I(1)$，$x_t \sim I(1)$，而且存在一组非零常数 α_1，α_2，使得 $\alpha_1 x_t + \alpha_2 y_t \sim I(0)$ 则称 $\{X\}$ 和 $\{Y\}$ 之间是协整的。

两个变量协整与多变量协整的区别：

★对于两个变量，如果存在协整关系，则这种协整关系是唯一的。如果有两个线性组合，$\alpha_1 X + \beta_1 Y$ 和 $\alpha_2 X + \beta_2 Y$ 都是平稳的，则

$$(\alpha_1 X + \beta_1 Y) - (\alpha_2 X + \beta_2 Y) = (\alpha_1 - \alpha_2)X + (\beta_1 - \beta_2)Y$$

也应该是平稳的。

另一方面，X，$Y \sim I(1)$，并且 $(\alpha_1 - \alpha_2)$ 和 $(\beta_1 - \beta_2)$ 是常数，所以 $(\alpha_1 - \alpha_2)X + (\beta_1 - \beta_2)Y$ 应该是非平稳的。两个结果的解释意义矛盾，所以只能是 $\alpha_1 = \alpha_2$，$\beta_1 = \beta_2$，表明协整关系是唯一的。

并且，两个变量若存在均衡关系，那么这两个变量一定具有相同的单整阶数。假设当 X_t 与 Y_t 为不同阶数的单整变量时，例如，$Y_t \sim I(1)$，$X_t \sim I(0)$，结果是将找不到一个合适的 β，使得 $Y_t = \beta X_t$ 成立。因为，$I(1)$ 变量有不变的均值，$I(1)$ 变量的均值随时间而变化，所以 X_t 不能解释 Y_t 的变化，亦即在一个 $I(1)$ 变量和一个 $I(0)$ 变量之间是不可能

找到一种平稳的线性组合的。

★当 X_t 含有 $N \geqslant 2$ 个分量时，有可能存在多个协整向量。如果存在 r $(1 < r \leqslant N-1)$ 个线性独立的协整向量，则这些协整向量可组成一个 $N * r$ 阶矩阵 B。这时 B 称为协整矩阵，它的秩为 r。

对于多个变量存在协整关系，情况要复杂一些，可以有不同单整阶数的变量组成协整关系。在这种条件下，较高阶的单整变量之间必定存在协整关系，其相应非协整误差序列的阶数应与较低单整序列的阶数相同。例如三个变量的情况，设有

$$Y_t = \beta_2 X_{2t} + \beta_3 X_{3t} + \mu_t \tag{10—25}$$

其中 Y_t，X_{2t}，X_{3t}的单整阶数可以不一样，但 μ_t 是平稳的。如 $Y_t \sim I(0)$，X_{2t}，$X_{3t} \sim I(1)$，则 X_{2t}与 X_{3t}必定存在协整关系，并且它们的线性组合 $\beta_2 X_{2t} + \beta_3 X_{3t} \sim I(0)$，这样，一定有 $\mu_t \sim I(0)$。

例如，设居民收入时间序列 Y_t 为 1 阶单整序列，居民消费时间序列 C_t 也为 1 阶单整序列，如果两者的线性组合 $\alpha_1 Y_t + \alpha_2 C_t$ 构成的新序列为 0 阶单整序列，则可认为序列 Y_t 与 C_t 之间是（1，1）阶协整。

由此可见，如果两个变量都是单整变量，只有它们的单整阶数相同时，才可能协整。例如，在上述的居民收入 Y_t 和居民消费 C_t，如果它们的单整阶数不相同，就不可能协整。

协整的经济意义是：两个变量，虽然它们具有各自的长期波动规律，但是如果它们是协整的，则它们之间存在着一个长期稳定的比例关系。例如，居民收入 Y_t 和居民消费 C_t，如果它们各自都是 1 阶单整，并且它们是（1，1）阶协整，则说明它们之间存在着一个长期稳定的比例关系，而这个比例关系的度量就是“消费倾向”。长期来看，消费倾向应该是不变的。

协整概念的提出对于非平稳变量建立计量经济模型，以及检验这些变量之间的协整非常重要。

协整的特点：

★具有协整关系的高阶单整变量组合后可降低单整阶数。

★当且仅当若干非平稳变量有协整时，由这些变量建立的回归模型才有意义，所以，协整检验也是区别真实回归与虚假回归的有效方法。

★具有协整关系的非平稳变量可以建立误差修正模型。

二 协整检验

从协整的概念可以看到，发现变量之间的协整关系，对于建立正确的计量经济学模型十分重要。而且，从变量之间是否具有协整关系出发选择模型的变量，其数据基础是牢固的，统计性质也是优良的。因此，对变量之间的协整检验十分必要。

常用的协整检验有两种方法，一种是 E－G 两步法，主要用于单一方程的协整检验，特别是两个变量的协整检验；另一种是 Johansen 方法，主要用于多变量、联立方程组模型。下面介绍 E－G 两步法。该方法是 Engle－Granger 于 1987 年提出的，又称 E－G 检验。

（一）两个变量的 E－G 两步法

设变量为 X_t 与 Y_t 均是一阶单整变量，即 X_t、Y_t 分别服从 I（1）。

第一步，用 OLS 方法估计如下模型的样本回归模型

$$Y_t = \beta_1 + \beta_2 X_t + \mu_t \qquad (10—26)$$

得到

$$\hat{Y}_t = \hat{\beta}_1 + \hat{\beta}_2 X_t \qquad (10—27)$$

其残差序列为

$$e_t = Y_t - \hat{Y}_t = \hat{Y}_t - \hat{\beta}_1 - \hat{\beta}_2 X_t \qquad (10—28)$$

第二步，检验序列 e_t 的平稳性。如果 e_t 序列是平稳的，则 X_t 与 Y_t 之间存在协整关系；否则，X_t 与 Y_t 之间不存在协整关系。

对序列 e_t 的检验方法主要是 DF 或 ADF 检验。

（二）多个变量的 E－G 两步法

多个变量的协整检验要比两个变量的复杂，原因是多个变量间有可能存在若干个协整关系。假设有 4 个 I（1）变量 W，X，Y，Z 它们有如下的稳定关系

$$Z_t = \beta_1 + \beta_2 W_t + \beta_3 W_t + \beta_4 Y_t + \mu_t \qquad (10—29)$$

按照协整的定义，应有 $\mu_t \sim I$（0），μ_t 就表示了这四个变量之间长期稳定关系，即

$$\mu_t = Z_t - (\beta_1 + \beta_2 W_t + \beta_3 X_t + \beta_4 Y_t) \qquad (10—30)$$

进一步，如果 Z 与 W，X 与 Y 间分别存在协整关系

$$Z_t = \alpha_1 + \alpha_2 W_t + v_{1t}$$

$$X_t = \gamma_1 + \gamma_2 Y_t + v_{2t} \tag{10—31}$$

则非均衡误差项 v_{1t}，v_{2t}一定是 I（0）序列，于是它们的任意线性组合也一定是平稳的。这表明多个变量之间可能会存在多个协整关系。例如，

$$v_t = v_{1t} + v_{2t} = Z_t - \alpha_1 + \alpha_2 W_t + X_t - \gamma_1 - \gamma_2 Y_t \tag{10—32}$$

就一定是 I（0）序列。

这里需要特别强调的是，对于多变量的协整检验过程，基本与两个变量的情况一样，只是需要检验的变量一定是同阶单整，在此基础上检验是否有平稳的线性组合。在检验线性组合的平稳性时，需要确定一个变量为被解释变量，其余的为解释变量，然后，对其进行最小二乘估计，如果残差序列是平稳的，则说明变量之间有协整关系；如果残差序列不平稳，则需更换被解释变量，进行同样的最小二乘估计和残差序列的平稳性检验。直至找到一个协整关系为止。如果所有的变量都作为解释变量进行检验后，仍没有得到平稳的残差序列，说明这些变量之间不存在协整关系。

三　误差修正模型

在上述检验协整过程中，两个变量存在协整关系（长期稳定关系），但在短期过程中也许会出现非稳定的情况，这时可把上述所得到的残差项看作协整误差，并利用这个误差项把 Y_t 的短期行为和它的长期值联系起来。将此联系起来的“关系”就是误差修正模型（ECM）。该模型最初由萨甘（Sargan，1964）运用来分析长期均衡与短期变动的关系，后来由恩格尔（Engle，1987）和格兰杰（Granger，1987）加以运用普及。误差修正模型的功能是可以对短期失衡的部分加以纠正。误差修正模型有许多优点，其中最重要的一点就是解决了长期以来困扰计量经济学的虚假回归问题。

假设如下模型表示收入对消费的影响，并且 Y_t，$X_t \sim I$（1）

$$Y_t = \beta_1 + \beta_2 X_t + \mu_t \tag{10—33}$$

为了避免“伪回归”，将变量差分后得

$$\Delta Y_t = \beta_2 \Delta X_t + v_t \tag{10—34}$$

其中，$v_t = \mu_t - \mu_{t-1}$。虽然，这时出现在模型里的变量经过差分后为平稳的，但有四个问题值得关注，一是如果 X 与 Y 存在长期稳定的关系，而且 μ 不存在自相关，但差分后的 v 可能存在自相关；二是如果对差分后

的模型进行参数估计，则关于变量水平值的重要信息将被忽略；三是差分后的模型只是表达了 X 与 Y 的短期关系，而没有揭示它们之间的长期关系；四是差分变量的回归并不能得到令人满意的结果（经济意义）。

误差修正模型是一种具有特殊形式的计量经济模型。下面以一个 ADL（1，1）为例，说明怎样从一个一般的自回归—分布滞后模型来建立误差修正模型。设 ADL（1，1）为

$$Y_t = \alpha_0 + \alpha_1 Y_{t-1} + \beta_0 X_t + \beta_1 X_{t-1} + \mu_t$$

$$Y_t - Y_{t-1} = \alpha_0 + \alpha_1 Y_{t-1} - Y_{t-1} + \beta_0 X_t - \beta_0 X_{t-1} + \beta_0 X_{t-1} + \beta_1 X_{t-1} + \mu_t$$

$$\Delta Y_t = \alpha_0 + (\alpha_1 - 1)Y_{t-1} + \beta_0(X_t - X_{t-1}) + (\beta_0 + \beta_1)X_{t-1} + \mu_t$$

$$\Delta Y_t = \alpha_0 + (\alpha_1 - 1)Y_{t-1} + (\alpha_1 - 1)X_{t-1} - (\alpha_1 - 1)X_{t-1} + \beta_0(X_t - X_{t-1}) + (\beta_0 + \beta_1)X_{t-1} + \mu_t$$

$$\Delta Y_t = \alpha_0 + \beta_0 \Delta X_t + (\alpha_1 - 1)(Y_{t-1} - X_{t-1}) + (\alpha_1 + \beta_0 + \beta_1 - 1)X_{t-1} + \mu_t$$

或

$$\Delta Y_t = \alpha_0 + \beta_0 \Delta X_t + (\alpha_1 - 1)(Y_{t-1} - kX_{t-1}) + \mu_t$$

其中 $k = \dfrac{\beta_0 + \beta_1}{1 - \alpha_1}$

称

$$\Delta Y_t = \alpha_0 + \beta_0 \Delta X_t + (\alpha_1 - 1)(Y_{t-1} - kX_{t-1}) + \mu_t \tag{10—35}$$

为误差修正模型，记为 ECM。式中（$\alpha_1 - 1$）（$Y_{t-1} - kX_{t-1}$）为误差修正项，（$Y_{t-1} - kX_{t-1}$）表示 $t-1$ 期非均衡误差。（$\alpha_1 - 1$）为修正系数，表示误差修正项对 ΔY_t 的修正速度。

由此，可以得到一般的情况，设有如下模型

$$\Delta Y_t = \alpha_0 + \alpha_1 \Delta X_t + \alpha_2 e_{t-1} + \mu_t \tag{10—36}$$

其中，e_{t-1}为上述样本回归函数残差的一阶滞后值，它是均衡误差项的估计，μ_t 为通常意义上的随机误差。该回归式把 Y_t 的变化和 X_t 的变化以及前期的均衡误差联系起来，ΔX_t 意味着 X_t 中的短期干扰，而误差修正项 e_{t-1}代表了向长期均衡的调整。如果 α_2 是统计上显著的，并且 α_2 一定是小于 0 的，则它就说明了 Y_t 在一个时期里的失衡有多大的一个比例部分能够在下一时期得到纠正，α_2 为负，说明调整的方向永远是与背离均值的方向相反。这一过程就是误差修正的含义。

上式误差修正模型还可写成如下形式

$$\Delta Y_t = \alpha_0 + \beta_0 \Delta X_t + (\alpha_1 - 1)(Y_{t-1} - k_1 - k_2 X_{t-1}) + \mu_t$$

$$k = \frac{\alpha_0}{\alpha_1 - 1}, k_2 = \frac{\beta_0 + \beta_1}{\alpha_1 - 1} \tag{10—37}$$

其中，误差修正项括弧里的内容表示与长期稳定关系式相对应，它说明了 X 影响 Y 在前一期的非平稳程度。因此，误差修正模型包含了两个部分，一部分是 X 对 Y 的短期影响，另一部分是对前一期水平值偏离均衡值进行了修正。

ECM 有以下四个特点：

第一，因为 ECM 模型中包含的全部差分变量和非均衡误差都具有平稳性，所以用 OLS 法估计参数不会存在虚假回归问题。

第二，如果 ADL 模型中的变量为一阶非平稳性，只要这些变量存在协整关系 $Y_t = k_0 + k_1 X_1$，那么 ECM 模型中的误差修正项就具有平稳性，所有差分变量也具有平稳性。

第三，ECM 模型中的参数可分为长期参数与短期参数，非均衡误差项中的 k 是长期参数，模型中的 β_0 和（$\alpha_1 - 1$）是短期参数，短期参数表示变量间的短期关系。

第四，任何一个 ADL 模型都可以变换为一个 ECM 模型。

第四节　案例：我国居民人均消费与人均GDP的时间序列分析

消费活动既是经济活动的起点又是经济活动的重点，因此，研究消费行为具有重大的现实意义。自 1978 年改革开放以来，我国居民的人均消费支出和人均 GDP 都呈大幅度增长趋势，那么是否这两者之间存在着一种稳定的函数关系。对于此类问题的研究，借助协整理论来进行分析是比较科学合理的。

一　变量与基本数据的选取

本书选取了我国 1990—2013 年的人均 GDP（GDPP）为自变量，居民人均消费支出（CONSP）为因变量。所有检验结果均使用 Eviews7.0 软件分析得到。我们得到的两组数据（表10—1）之间存在着长期的共同趋势，即两变量可能存在着协整关系。

表10—1 中国居民人均消费支出（CONSP）与人均GDP

年份	人均居民消费支出	人均GDP	年份	人均居民消费支出	人均GDP
1990	6029.9	1644.47	2002	6029.9	9398.05
1991	6510.9	1892.76	2003	6510.9	10541.97
1992	7182.1	2311.09	2004	7182.1	12335.58
1993	7942.9	2998.36	2005	7942.9	14185.36
1994	8696.6	4044	2006	8696.6	16499.7
1995	9997.5	5045.73	2007	9997.5	20169.46
1996	11242.9	5845.89	2008	11242.9	23707.71
1997	12264.6	6420.18	2009	12264.6	25607.53
1998	13471.5	6796.03	2010	13471.5	30015.05
1999	15160.9	7158.5	2011	15160.9	35197.79
2000	16674.3	7857.68	2012	16674.3	38459.47
2001	18022.6	8621.71	2013	18022.6	41907.59

资料来源：根据《中国统计年鉴》1991—2014年整理。

二 单位根检验

（一）对人均居民消费支出（CONSP）进行单位根检验

表10—2 CONSP单位根检验结果（水平）

Null Hypothesis: CONSP has a unit root				
Exogenous: Constant, Linear Trend				
Lag Length: 0 (Automatic - based on SIC, maxlag = 5)				
			t - Statistic	Prob. *
Augmented Dickey - Fuller test statistic			-1.788416	0.6771
Test critical values:	1% level		-4.416345	
	5% level		-3.622033	
	10% level		-3.248592	
* MacKinnon (1996) one - sided p - values.				

趋势项与常数项的T值显著，且在表10—2中可以看到ADF值2.525大于临界值-3.25（10%显著性水平），故CONSP为一个非平稳的时间序列，需要进一步检验D（CONSP）的平稳性。

表10—3　　CONSP单位根检验结果（一阶差分）

Null Hypothesis: D (GDPP) has a unit root				
Exogenous: Constant, Linear Trend				
Lag Length: 4 (Automatic - based on SIC, maxlag=5)				
			t - Statistic	Prob. *
Augmented Dickey - Fuller test statistic			-2.706118	0.2454
Test critical values:	1% level		-4.571559	
	5% level		-3.690814	
	10% level		-3.286909	

表10—4　　CONSP单位根检验结果（二阶差分）

Null Hypothesis: D (GDPP, 2) has a unit root				
Exogenous: Constant, Linear Trend				
Lag Length: 4 (Automatic - based on SIC, maxlag=5)				
			t - Statistic	Prob. *
Augmented Dickey - Fuller test statistic			-3.828049	0.0408
Test critical values:	1% level		-4.616209	
	5% level		-3.710482	
	10% level		-3.297799	

根据表10—2、10—3和10—4，在10%的显著性水平下，CONSP二阶差分序列是平稳的，故CONSP是I（2）的。

（二）对人均GDP进行单位根检验

同样地，我们对人均GDP进行单位根检验，在10%的显著性水平下，得出其水平和差分一次是不平稳的，而其差分二次是平稳的，故GDPP-I（2）。两者都是单整变量，且其单整阶相同，它们两者是有可能协整的。据此，我们可以对其进行协整分析。

表 10—5 GDPP 单位根检验结果（二阶差分）

Null Hypothesis：D（GDPP，2）has a unit root				
Exogenous：Constant，Linear Trend				
Lag Length：4（Automatic －based on SIC，maxlag＝5）				
			t－Statistic	Prob. *
Augmented Dickey－Fuller test statistic			－3.828049	0.0408
Test critical values：	1% level		－4.616209	
	5% level		－3.710482	
	10% level		－3.297799	

三 协整分析

（一）协整方程的建立与检验

因为我们研究的是两个变量的协整关系。所以经常采用的方法是 Engle－Granger（1981）两步法，它是基于残差的协整检验。具体方法是，先用 OLS 法估计序列方程，然后对模型的残差序列进行单位根检验。

建立长期均衡方程：$consp_t = \beta_0 + \beta_1 gdpp_t + \mu_t$

第一步：通过计算得出如图 10—6 所示的结果：

表 10—6 OLS 估计结果

Dependent Variable：CONSP				
Method：Least Squares				
Sample：19902013				
Included observations：24				
Variable	Coefficient	Std. Error	t－Statistic	Prob.
GDPP	0.177633	0.058272	3.048323	0.0059
C	8593.164	1076.869	7.979766	0.0000
R－squared	0.296951	Mean dependent var		11099.73
Adjusted R－squared	0.264994	S. D. dependent var		3973.408
S. E. of regression	3406.501	Akaike info criterion		19.18441
Sum squared resid	2.55E＋08	Schwarz criterion		19.28259

续表

Log likelihood	-228.2130	Hannan - Quinn criter.		19.21046
F - statistic	9.292272	Durbin - Watson stat		0.638694
Prob（F - statistic）	0.005895			

第二步，需要对模型的残差序列 ecm_t 进行单位根检验，采用 ADF 检验方法，有如下结果：

表 10—7　　　　Ecm$_t$单位根检验结果

			t - Statistic	Prob. *
Augmented Dickey - Fuller test statistic			-4.485112	0.0091
Test critical values:	1% level		-4.440739	
	5% level		-3.632896	
	10% level		-3.254671	

从而，可以得出 ecm_t 是平稳序列，即证明了居民人均消费支出与人均 GDP 之间是存在协整关系的，即居民人均消费支出与人均 GDP 之间存在着长期的稳定关系。通过计算，可以得出其协整方程：$CONSP_t = 201.119 + 0.3862GDPP_t$。

（二）误差修正模型的建立

根据 Granger 表述，如果两个变量之间存在着协整关系，则可用误差修正模型（ECM）对短期波动和长期均衡来描述，经过提出不显著的滞后期，通过计算，获得的误差修正模型为：

$$\Delta CONSP_t = 2.097 + 0.397\Delta GDPP_t - 0.362ecm_t$$

其中 ecm 为误差修正项，通过检验符合白噪声。

各项检验基本上都通过。可以看出，误差修正模型符合误差的反向修正机制，误差修正项反映了居民人均消费支出与人均 GDP 的短期波动偏离它们长期均衡关系的程度。模型中非均衡误差 ecm 的系数为 -0.362，意味着上一年度的非均衡误差以 36.2% 的比率对本年度的 $\Delta CONSP$ 作反向修正，可以看出反向修正的作用还是挺大的，可以保证居民人均消费支出和人均 GDP 的协整关系自动调整其长期均衡关系。

四 结论

通过上面的实证分析，我们证实了我国居民人均消费支出和人均GDP之间是存在协整关系的，两者的协整方程是高度显著的，两者之间的关系是长期的、稳定的关系。了解人均GDP对人均消费支出的影响，可以从另一个侧面对拉动内需，增加消费，对经济增长起一定的拉动作用，具有重大的现实意义。

第五节 实验：时间序列计量经济学模型

一 实验目的

1. 平稳时间序列与非平稳时间序列的相关特征
2. 时间序列的单位根检验
3. 协整检验
4. 误差修正模型（ECM）

二 实验内容

表10—8给出了1992—2013年我国国内生产总值（GDP）与上证指数（SH）的数据，根据以上数据进行下列实验。

表10—8 1992—2013年我国GDP与上证指数（SH）

年份	GDP（百亿元）	SH	年份	GDP（百亿元）	SH
1992	269.235	780	2003	1358.228	1497.04
1993	353.339	834	2004	1598.783	1266.5
1994	481.979	648	2005	1849.374	1161.06
1995	607.937	555	2006	2163.144	2675.47
1996	711.766	917	2007	2658.103	5261.56
1997	789.73	1194	2008	3140.454	1820.81
1998	844.023	1147	2009	3409.03	3277.14

续表

年份	GDP（百亿元）	SH	年份	GDP（百亿元）	SH
1999	896.771	1367	2010	3979.83	2808
2000	992.146	2073.48	2011	4731.04	2199.44
2001	1096.552	1645.97	2012	5193.22	2269.13
2002	1203.327	1357.65	2013	5688.45	2115.98

资料来源：1993—2014 年《中国金融年鉴》。

（1）检验 GDP 与 SH 的平稳性。

（2）对 GDP 和 SH 进行单位根检验。

（3）进行协整检验。

（4）建立误差修正模型。

三　实验步骤

（一）单位根检验

（1）做序列折线图，确定 ADF 检验中是否存在趋势项与截距项（图 10—3）。

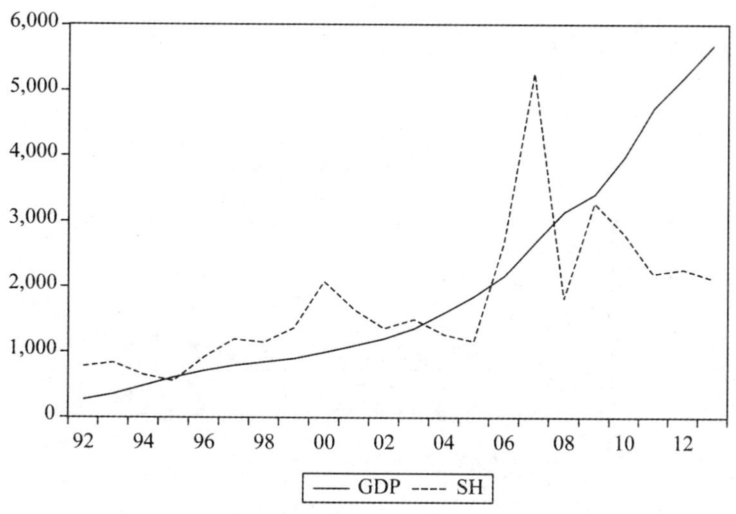

图 10—3　GDP 与 SH 的折线图

(2) ADF 检验。

在主菜单中选择 Quick/Series Statistics/Unit root test，如图 10—4 所示：

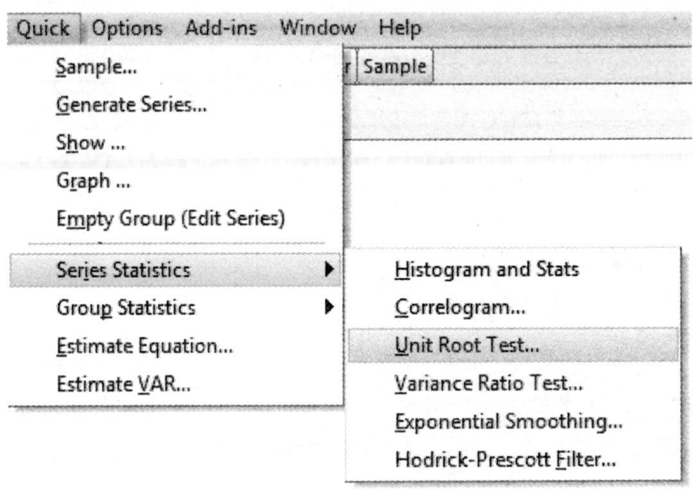

图 10—4 单位根检验

输入待检验的序列名（图 10—5）。

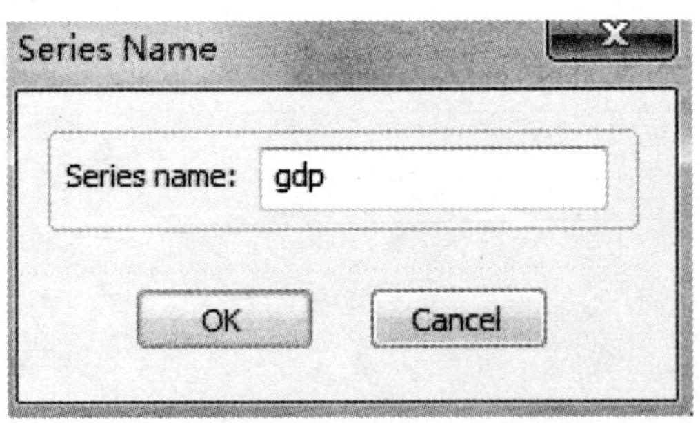

图 10—5 单位根检验对话框

输入 GDP，单击 OK 按钮进入单位根检验对话框，见图 10—6：

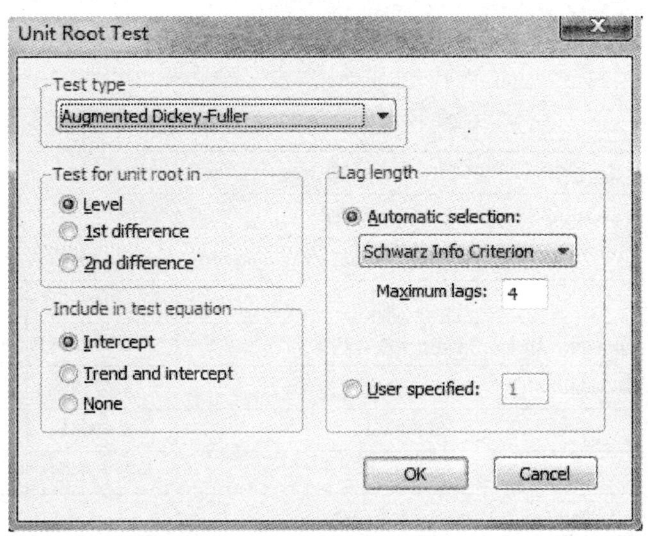

图 10—6　单位根检验对话框

在这里我们选择对原序列 Level 做检验，包含截距项与趋势项，滞后长度选择默认值 4，检验结果如表 10—9。

表 10—9　　　　对 GDP 进行 ADF 检验结果

Null Hypothesis：GDP has a unit root				
Exogenous：Constant，Linear Trend				
Lag Length：3（Automatic - based on SIC，max lag = 4）				
			t - Statistic	Prob. *
Augmented Dickey - Fuller test statistic			- 1. 062097	0. 9077
Test critical values：	1% level		- 4. 571559	
	5% level		- 3. 690814	
	10% level		- 3. 286909	
* MacKinnon（1996） one - sided p - values.				

检验结果显示，GDP 序列以较大的 P 值，即 90. 77% 的概率不拒绝原假设，即存在单位根的结论。

将 GDP 序列做一阶差分（只需修改 ADF 检验的选项中的差分阶数），

然后对△GDP 进行 ADF 检验（选择含有常数项与趋势项）结果如表10—10：

表 10—10 **GDP 一阶差分 ADF 检验结果**

Null Hypothesis：D（GDP） has a unit root				
Exogenous：Constant，Linear Trend				
Lag Length：2（Automatic －based on SIC，maxlag＝4）				
			t－Statistic	Prob. ＊
Augmented Dickey－Fuller test statistic			－1.692978	0.7120
Test critical values：	1% level		－4.571559	
	5% level		－3.690814	
	10% level		－3.286909	
＊MacKinnon（1996） one－sided p－values.				

检验结果显示，△GDP 序列仍然存在单位根，继续对△GDP 进行差分，在进行 ADF 检验，以确定 GDP 序列的单整阶数。

关于 SH 序列的单位根检验原理与 GDP 一样，如对 SH 原序列进行单位根检验，结果如下：

表 10—11 **SH 序列 ADF 检验结果**

Null Hypothesis：SH has a unit root				
Exogenous：Constant，Linear Trend				
Lag Length：0（Automatic －based on SIC，maxlag＝4）				
			t－Statistic	Prob. ＊
Augmented Dickey－Fuller test statistic			－3.867324	0.0328
Test critical values：	1% level		－4.467895	
	5% level		－3.644963	
	10% level		－3.261452	
＊MacKinnon（1996） one－sided p－values.				

检验结果显示，SH 序列以较小的 P 值，即 3.28% 的概率不拒绝原假

设，即在5%的显著性水平下拒绝原假设，序列不存在单位根。

所以不同类型的时间序列，其单整阶数是不同的。

（二）协整检验

以下为甘肃省2001—2012年农业总产值与种植面积、农药使用量、农业机械总动力及有效灌溉面积的数据

表10—12　　甘肃省2001—2012年农业总产值及其他影响因素

年份	农业总产值（亿元）	种植面积（千公顷）	农药使用量（万吨）	农业机械动力（万千瓦）	有效灌溉面积（千公顷）
	y	X_1	X_2	X_3	X_4
2001	238.97	3740.18	1.14	1056.91	981.47
2002	253.99	3688.90	1.28	1122.04	982.30
2003	257.26	3649.93	1.33	1185.33	988.27
2004	275.82	3620.92	1.27	1255.38	994.44
2005	331.37	3668.89	1.63	1321.25	1003.33
2006	362.89	3726.01	2.08	1406.92	1030.43
2007	395.84	3658.74	2.17	1466.34	1050.24
2008	529.56	3868.61	3.65	1686.32	1254.73
2009	597.27	3938.64	3.99	1822.65	1264.17
2010	757.60	3995.18	4.46	1977.55	1278.45
2011	848.45	4094.76	6.84	2136.48	1291.82
2012	984.24	4099.84	7.37	2279.08	1297.58

（1）利用E－G两步法对序列y，x_1做协整检验；

（2）利用Johansen协整检验法对y，x_1，x_2，x_3，x_4做协整检验；

（3）建立误差修正模型。

1. E－G两步法

（1）对数据进行预处理，将各序列对数化。记为$\ln y$，$\ln x_1$，$\ln x_2$，$\ln x_3$，$\ln x_4$。

（2）对序列$\ln y$，$\ln x_1$做单整检验。这里运用ADF检验方法（不含截距项和趋势项对原序列、一阶差分序列及二阶差分序列分别作ADF检验），检验结果如下：

表 10—13　　　ADF 检验结果（lny）

			t - Statistic	Prob. *
Augmented Dickey - Fuller test statistic			5.538978	0.9999
Test critical values:	1% level		-2.792154	
	5% level		-1.977738	
	10% level		-1.602074	

表 10—14　　　ADF 检验结果（△lny）

			t - Statistic	Prob. *
Augmented Dickey - Fuller test statistic			-0.194743	0.5886
Test critical values:	1% level		-2.847250	
	5% level		-1.988198	
	10% level		-1.600140	

表 10—15　　　ADF 检验结果（$\triangle^2$lny）

			t - Statistic	Prob. *
Augmented Dickey - Fuller test statistic			-6.059628	0.0001
Test critical values:	1% level		-2.847250	
	5% level		-1.988198	
	10% level		-1.600140	

表 10—16　　　ADF 检验结果（lnx_1）

			t - Statistic	Prob. *
Augmented Dickey - Fuller test statistic			1.293334	0.9387
Test critical values:	1% level		-2.792154	
	5% level		-1.977738	
	10% level		-1.602074	

表 10—17　　**ADF 检验结果（$\Delta \ln y$）**

			t - Statistic	Prob. *
Augmented Dickey - Fuller test statistic			-2.694197	0.0127
Test critical values:	1% level		-2.816740	
	5% level		-1.982344	
	10% level		-1.601144	

表 10—18　　**ADF 检验结果（$\Delta^2 \ln y$）**

			t - Statistic	Prob. *
Augmented Dickey - Fuller test statistic			-3.962909	0.0016
Test critical values:	1% level		-2.886101	
	5% level		-1.995865	
	10% level		-1.599088	

可以看出，$\ln y$ 与 $\ln x_1$ 均为 I（2）序列，满足协整检验的前提。

（3）以 $\ln y$ 为因变量，$\ln x_1$ 为自变量进行 OLS 回归。

（4）回归后得到模型的残差序列 resid，做残差序列的折线图（图 10—7）。

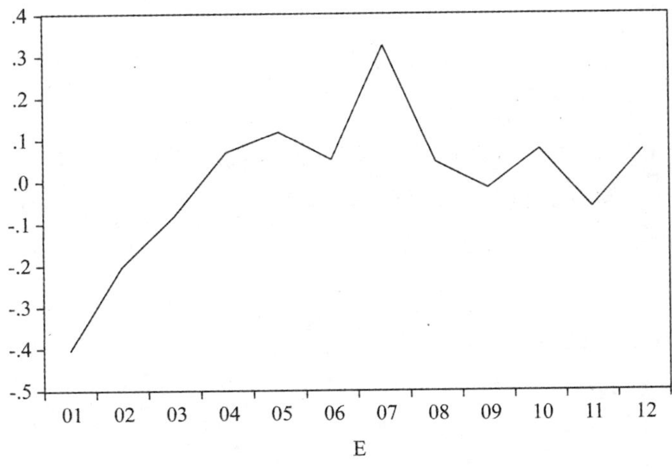

图 10—7　残差序列的折线图

大致可以看出序列 e 是平稳的。

（5）对序列 e 作单位根检验（不含截距项与趋势项），ADF 检验结果如表 10—19。

表 10—19　　　　**序列 e 的 ADF 检验结果**

			t – Statistic	Prob. *
Augmented Dickey – Fuller test statistic			– 3. 109609	0. 0053
Test critical values:	1% level		2. 792154	
	5% level		– 1. 977738	
	10% level		– 1. 602074	

检验的 t 统计量的值为 – 3. 109609，小于 0. 01 的显著性水平下的临界值 – 2. 792154，可以认为回归模型的残差序列 e 为平稳序列，表明序列 $\ln y$ 与 $\ln x_1$ 存在协整关系。

2. Johansen 协整检验

E – G 两步法是对两个变量之间的协整关系进行检验，多个变量之间的协整关系将用 Johansen 检验来完成，且 Johansen 检验的结果只能判断多个变量中存在几个协整关系，具体变量之间的协整还必须采用 E – G 两步法进行检验判断。

（三）误差修正模型

续表 10—12 的数据，以 $\ln y$ 为因变量，以 $\ln x1$ 为自变量建立误差修正模型。

1. $\ln y$ 和 $\ln x_1$ 之间存在协整关系，故可建立 ECM。

2. 对 $\ln y$ 和 $\ln x_1$ 做一阶差分，分别记为 $d\ln y$ 和 $d\ln x_1$。

可直接输入以下命令建立误差修正模型：

Ls $d$lny c $d$lnx_1e（ – 1）

结果输出见表 10—20。

表 10—20　　ECM 模型的系数估计

Variable	Coefficient	Std. Error	t - Statistic	Prob.
C	0. 107538	0. 020894	5. 146928	0. 0009
DLNX1	2. 580129	1. 343443	1. 920534	0. 0910
E （-1）	0. 057435	0. 153820	0. 373389	0. 7186
R - squared	0. 615184	Mean dependent var		0. 128685
Adjusted R - squared	0. 518980	S. D. dependent var		0. 081634
S. E. of regression	0. 056618	Akaike info criterion		- 2. 677992
Sum squared resid	0. 025644	Schwarz criterion		- 2. 569475
Log likelihood	17. 72895	Hannan - Quinn criter.		- 2. 746396
F - statistic	6. 394586	Durbin - Watson stat		3. 212193
Prob （F - statistic）	0. 021929			

误差修正模型的结果如下：

$$D\ln y = 0.1075 + 2.580129 dlnx_1 + 0.057435 e_{t-1}$$

四　实验小结

本章实验主要介绍单位根检验、协整检验及误差修正模型的理论与实际操作，在计量实证分析中，有以下几点值得注意：

（1）对数据做协整检验之前，要先对序列做平稳性检验，确认被检验序列为同阶单整序列；

（2）在做 ADF 检验时，可根据折线图初步确定检验中是否含截距项与趋势项；

（3）在建立 ARIMA 等模型时，先要对模型做平稳性检验；

（4）在涉及变量回归的模型中，应对数据进行 Granger 因果检验，以避免“伪回归”。

五　备择实验

1. 表 10—21 是 1988—2012 年我国国内生产总值与消费、投资、进口的时间序列数据，试根据数据做以下分析。

（1）检验时间序列 X_1 是否平稳；

（2）建立关于序列 X_1 的 ARIMA 模型；

（3）运用 E－G 两步法对 X_1 与 X_2 做协整检验；

（4）运用 Johansen 法对表中四个序列做协整检验，结合所得结果对数据加以分析；

（5）试对变量 Y、X_1、X_1、X_3 做因果检验，结合检验结果对变量之间的因果关系进行简要的分析。

表 10—21　　1988—2012 年我国国内生产总值与消费、投资、进口情况　　（单位：万元）

年份	国内生产总值 Y	最终消费 X_1	投资 X_2	出口 X_3
1988	15388.6	9839.5	5700.2	－151.1
1989	17311.3	11164.2	6332.7	－185.6
1990	19347.8	12090.5	6747	510.3
1991	22577.4	14091.9	7868	617.5
1992	27565.2	17203.3	10086.3	275.6
1993	36938.1	21899.9	15717.7	－679.5
1994	50217.4	29242.2	20341.1	634.1
1995	63216.9	36748.2	25470.1	998.6
1996	74163.6	43919.5	28784.9	1459.2
1997	81658.5	48140.6	29968	3549.9
1998	86531.6	51588.2	31314.2	3629.2
1999	91125	55636.9	32951.5	2536.6
2000	98749	61516	34842.8	2390.2
2001	109027.9868	66933.88685	39769.4	2324.7
2002	120475.615	71816.51501	45565	3094.1
2003	136613.4271	77685.51225	55963	2964.914853
2004	160956.5923	87552.5797	69168.41129	4235.601294
2005	187423.4203	99357.54317	77856.82374	10209.05337
2006	222712.5261	113103.8483	92954.07895	16654.59882
2007	266599.1724	132232.8677	110943.2451	23423.05963
2008	315974.5661	153422.4939	138325.304	24226.76826

续表

年份	国内生产总值 Y	最终消费 X_1	投资 X_2	出口 X_3
2009	348775.0667	169274.7989	164463.2238	15037.04404
2010	402816.4672	194114.9551	193603.9111	15097.601
2011	472619.1707	232111.5481	228344.2787	12163.34397
2012	529238.4348	261832.8225	252773.2373	14632.375

资料来源：1989—2013 年《中国统计年鉴》。

本章小结

1. 本章详细阐述了时间序列分析相关的概念，时间序列常见的类型，时间序列平稳性的概念及类型，平稳数据的识别、分类、估计方法，数据平稳性的检验，单位根检验、协整检验及误差修正模型的相关概念。

2. 通过案例分析和实验操作，具体介绍了如何运用 Eviews 软件建立时间序列数据分析；如何运用 Eviews 软件检验数据的平稳性；如何运用 Eviews 软件进行多个非平稳数据之间的协整分析；如何运用 EViews 软件进行协整的参数估计、检验以及相关图表的刻画；如何建立误差修正模型。

复习题

一、名词解释

1. 时间序列　　2. ADF 检验

3. 单位根检验　　4. 协整检验

二、简答

1. 对时间序列进行分析，为什么提出平稳性问题？

2. 简述模型出现的“虚假回归”的含义。

3. 什么是平稳、弱相关？为什么随机游走过程是非平稳的？
4. 简述单位根 ADF 检验的基本步骤。
5. 简述多变量扩展的 E－G 协整关系检验。
6. 简述误差修正模型估计的 E－G 两步法。

附　录

统计分布表

一　标准正态分布表

$$\Phi(x) = \int_{-\infty}^{x} \frac{1}{\sqrt{2\pi}} e^{-\frac{t^2}{2}} \mathrm{d}t = P(X \leqslant x)$$

x	0. 00	0. 01	0. 02	0. 03	0. 04	0. 05	0. 06	0. 07	0. 08	0. 09
0. 0	0. 5000	0. 5040	0. 5080	0. 5120	0. 5160	0. 5199	0. 5239	0. 5279	0. 5319	0. 5359
0. 1	0. 5398	0. 5438	0. 5478	0. 5517	0. 5557	0. 5596	0. 5636	0. 5675	0. 5714	0. 5753
0. 2	0. 5793	0. 5832	0. 5871	0. 5910	0. 5948	0. 5987	0. 6026	0. 6064	0. 6103	0. 6141
0. 3	0. 6179	0. 6217	0. 6255	0. 6293	0. 6331	0. 6368	0. 6404	0. 6443	0. 6480	0. 6517
0. 4	0. 6554	0. 6591	0. 6628	0. 6664	0. 6700	0. 6736	0. 6772	0. 6808	0. 6844	0. 6879
0. 5	0. 6915	0. 6950	0. 6985	0. 7019	0. 7054	0. 7088	0. 7123	0. 7157	0. 7190	0. 7224
0. 6	0. 7257	0. 7291	0. 7324	0. 7357	0. 7389	0. 7422	0. 7454	0. 7486	0. 7517	0. 7549
0. 7	0. 7580	0. 7611	0. 7642	0. 7673	0. 7703	0. 7734	0. 7764	0. 7794	0. 7823	0. 7852
0. 8	0. 7881	0. 7910	0. 7939	0. 7967	0. 7995	0. 8023	0. 8051	0. 8078	0. 8106	0. 8133
0. 9	0. 8159	0. 8186	0. 8212	0. 8238	0. 8264	0. 8289	0. 8355	0. 8340	0. 8365	0. 8389
1. 0	0. 8413	0. 8438	0. 8461	0. 8485	0. 8508	0. 8531	0. 8554	0. 8577	0. 8599	0. 8621
1. 1	0. 8643	0. 8665	0. 8686	0. 8708	0. 8729	0. 8749	0. 8770	0. 8790	0. 8810	0. 8830
1. 2	0. 8849	0. 8869	0. 8888	0. 8907	0. 8925	0. 8944	0. 8962	0. 8980	0. 8997	0. 9015
1. 3	0. 9032	0. 9049	0. 9066	0. 9082	0. 9099	0. 9115	0. 9131	0. 9147	0. 9162	0. 9177
1. 4	0. 9192	0. 9207	0. 9222	0. 9236	0. 9251	0. 9265	0. 9279	0. 9292	0. 9306	0. 9319
1. 5	0. 9332	0. 9345	0. 9357	0. 9370	0. 9382	0. 9394	0. 9406	0. 9418	0. 9430	0. 9441

续表

x	0.00	0.01	0.02	0.03	0.04	0.05	0.06	0.07	0.08	0.09
1.6	0.9452	0.9463	0.9474	0.9484	0.9495	0.9505	0.9515	0.9525	0.9535	0.9535
1.7	0.9554	0.9564	0.9573	0.9582	0.9591	0.9599	0.9608	0.9616	0.9625	0.9633
1.8	0.9641	0.9648	0.9656	0.9664	0.9672	0.9678	0.9686	0.9693	0.9700	0.9706
1.9	0.9713	0.9719	0.9726	0.9732	0.9738	0.9744	0.9750	0.9756	0.9762	0.9767
2.0	0.9772	0.9778	0.9783	0.9788	0.9793	0.9798	0.9803	0.9808	0.9812	0.9817
2.1	0.9821	0.9826	0.9830	0.9834	0.9838	0.9842	0.9846	0.9850	0.9854	0.9857
2.2	0.9861	0.9864	0.9868	0.9871	0.9874	0.9878	0.9881	0.9884	0.9887	0.9890
2.3	0.9893	0.9896	0.9898	0.9901	0.9904	0.9906	0.9909	0.9911	0.9913	0.9916
2.4	0.9918	0.9920	0.9922	0.9925	0.9927	0.9929	0.9931	0.9932	0.9934	0.9936
2.5	0.9938	0.9940	0.9941	0.9943	0.9945	0.9946	0.9948	0.9949	0.9951	0.9952
2.6	0.9953	0.9955	0.9956	0.9957	0.9959	0.9960	0.9961	0.9962	0.9963	0.9964
2.7	0.9965	0.9966	0.9967	0.9968	0.9969	0.9970	0.9971	0.9972	0.9973	0.9974
2.8	0.9974	0.9975	0.9976	0.9977	0.9977	0.9978	0.9979	0.9979	0.9980	0.9981
2.9	0.9981	0.9982	0.9982	0.9983	0.9984	0.9984	0.9985	0.9985	0.9986	0.9986
3	0.9987	0.9990	0.9993	0.9995	0.9997	0.9998	0.9998	0.9999	0.9999	1.0000

注：最后一行分别对应 3.1～3.9。

二 χ^2 分布表

$$P\{\chi^2(n) > \chi^2_\alpha(n)\} = \alpha$$

n	α = 0.995	0.99	0.975	0.95	0.90	0.75	0.25	0.1	0.05	0.025	0.01	0.005
1	—	—	0.001	0.004	0.016	0.102	1.323	2.706	3.841	5.024	6.635	7.879
2	0.010	0.020	0.051	0.103	0.211	0.575	2.773	4.605	5.991	7.378	9.210	10.597
3	0.072	0.115	0.216	0.352	0.584	1.213	4.108	6.251	7.815	9.348	11.345	12.838
4	0.207	0.297	0.484	0.711	1.064	1.923	5.385	7.779	9.488	11.143	13.277	14.860
5	0.412	0.554	0.831	1.145	1.610	2.675	6.626	9.236	11.070	12.833	15.086	16.750
6	0.676	0.872	1.237	1.635	2.204	3.455	7.841	10.645	12.592	14.449	16.812	18.548
7	0.989	1.239	1.690	2.167	2.833	4.255	9.037	12.017	14.067	16.013	18.475	20.278
8	1.344	1.646	2.180	2.733	3.490	5.071	10.219	13.362	15.507	17.535	20.090	21.955

续表

n	$\alpha=$ 0. 995	0. 99	0. 975	0. 95	0. 90	0. 75	0. 25	0. 1	0. 05	0. 025	0. 01	0. 005
9	1. 735	2. 088	2. 700	3. 325	4. 168	5. 899	11. 389	14. 684	16. 919	19. 023	21. 666	23. 589
10	2. 156	2. 558	3. 247	3. 940	4. 865	6. 737	12. 549	15. 987	18. 307	20. 483	23. 209	25. 188
11	2. 603	3. 053	3. 816	4. 575	5. 578	7. 584	13. 701	17. 275	19. 675	21. 920	24. 725	26. 757
12	3. 074	3. 571	4. 404	5. 226	6. 304	8. 438	14. 845	18. 549	21. 026	23. 337	26. 217	28. 300
13	3. 565	4. 107	5. 009	5. 892	7. 042	9. 299	15. 984	19. 812	22. 362	24. 736	27. 688	29. 819
14	4. 075	4. 660	5. 629	6. 571	7. 790	10. 165	17. 117	21. 064	23. 685	26. 119	29. 141	31. 319
15	4. 601	5. 229	6. 262	7. 261	8. 547	11. 037	18. 245	22. 307	24. 996	27. 488	30. 578	32. 801
16	5. 142	5. 812	6. 908	7. 962	9. 312	11. 912	19. 369	23. 542	26. 296	28. 845	32. 000	34. 267
17	5. 697	6. 408	7. 564	8. 672	10. 085	12. 792	20. 489	24. 769	27. 587	30. 191	33. 409	35. 718
18	6. 265	7. 015	8. 231	9. 390	10. 865	13. 675	21. 605	25. 989	28. 869	31. 526	34. 805	37. 156
19	6. 844	7. 633	8. 907	10. 117	11. 651	14. 562	22. 718	27. 204	30. 144	32. 852	36. 191	38. 582
20	7. 434	8. 260	9. 591	10. 851	12. 443	15. 452	23. 828	28. 412	31. 410	34. 170	37. 566	39. 997
21	8. 034	8. 897	10. 283	11. 591	13. 240	16. 344	24. 935	29. 615	32. 671	35. 479	38. 932	41. 401
22	8. 643	9. 542	10. 982	12. 338	14. 041	17. 240	26. 039	30. 813	33. 924	36. 781	40. 289	42. 796
23	9. 260	10. 196	11. 689	13. 091	14. 848	18. 137	27. 141	32. 007	35. 172	38. 076	41. 638	44. 181
24	9. 886	10. 856	12. 401	13. 848	15. 659	19. 037	28. 241	33. 196	36. 415	39. 364	42. 980	45. 559
25	10. 520	11. 524	13. 120	14. 611	16. 473	19. 939	29. 339	34. 382	37. 652	40. 646	44. 314	46. 928
26	11. 160	12. 198	13. 844	15. 379	17. 292	20. 843	30. 435	35. 563	38. 885	41. 923	45. 642	48. 290
27	11. 808	12. 879	14. 573	16. 151	18. 114	21. 749	31. 528	36. 741	40. 113	43. 195	46. 963	49. 645
28	12. 461	13. 565	15. 308	16. 928	18. 939	22. 657	32. 620	37. 916	41. 337	44. 461	48. 278	50. 993
29	13. 121	14. 256	16. 047	17. 708	19. 768	23. 567	33. 711	39. 087	42. 557	45. 722	49. 588	52. 336
30	13. 787	14. 953	16. 791	18. 493	20. 599	24. 478	34. 800	40. 256	43. 773	46. 979	50. 892	53. 672

三　F分布表

$$P\{F(n_1,n_2) > F_\alpha(n_1,n_2)\} = \alpha$$

$$\alpha = 0.10$$

n_2 \ n_1	1	2	3	4	5	6	7	8	9	10	12	15	20	24	30	40	60	120	∞
1	39.86	49.50	53.59	55.83	57.24	58.20	58.91	59.44	59.86	60.19	60.71	61.22	61.74	62.00	62.26	62.53	62.79	63.06	63.33
2	8.53	9.00	9.16	9.24	9.29	9.33	9.35	9.37	9.38	9.39	9.41	9.42	9.44	9.45	9.46	9.47	9.47	9.48	9.49
3	5.54	5.46	5.39	5.34	5.31	5.28	5.27	5.25	5.24	5.23	5.22	5.20	5.18	5.18	5.17	5.16	5.15	5.14	5.13
4	4.54	4.32	4.19	4.11	4.05	4.01	3.98	3.95	3.94	3.92	3.90	3.87	3.84	3.83	3.82	3.80	3.79	3.78	3.76
5	4.06	3.78	3.62	3.52	3.45	3.40	3.37	3.34	3.32	3.30	3.27	3.24	3.21	3.19	3.17	3.16	3.14	3.12	3.10
6	3.78	3.46	3.29	3.18	3.11	3.05	3.01	2.98	2.96	2.94	2.90	2.87	2.84	2.82	2.80	2.78	2.76	2.74	2.72
7	3.59	3.26	3.07	2.96	2.88	2.83	2.78	2.75	2.72	2.70	2.67	2.63	2.59	2.58	2.56	2.54	2.51	2.49	2.47
8	3.46	3.11	2.92	2.81	2.73	2.67	2.62	2.59	2.56	2.54	2.50	2.46	2.42	2.40	2.38	2.36	2.34	2.32	2.29
9	3.36	3.01	2.81	2.69	2.61	2.55	2.51	2.47	2.44	2.42	2.38	2.34	2.30	2.28	2.25	2.23	2.21	2.18	2.16
10	3.29	2.92	2.73	2.61	2.52	2.46	2.41	2.38	2.35	2.32	2.28	2.24	2.20	2.18	2.16	2.13	2.11	2.08	2.06
11	3.23	2.86	2.66	2.54	2.45	2.39	2.34	2.30	2.27	2.25	2.21	2.17	2.12	2.10	2.08	2.05	2.03	2.00	1.97
12	3.18	2.81	2.61	2.48	2.39	2.33	2.28	2.24	2.21	2.19	2.15	2.10	2.06	2.04	2.01	1.99	1.96	1.93	1.90
13	3.14	2.76	2.56	2.43	2.35	2.28	2.23	2.20	2.16	2.14	2.10	2.05	2.01	1.98	1.96	1.93	1.90	1.88	1.85
14	3.10	2.73	2.52	2.39	2.31	2.24	2.19	2.15	2.12	2.10	2.05	2.01	1.96	1.94	1.91	1.89	1.86	1.83	1.80
15	3.07	2.70	2.49	2.36	2.27	2.21	2.16	2.12	2.09	2.06	2.02	1.97	1.92	1.90	1.87	1.85	1.82	1.79	1.76
16	3.05	2.67	2.46	2.33	2.24	2.18	2.13	2.09	2.06	2.03	1.99	1.94	1.89	1.87	1.84	1.81	1.78	1.75	1.72
17	3.03	2.64	2.44	2.31	2.22	2.15	2.10	2.06	2.03	2.00	1.96	1.91	1.86	1.84	1.81	1.78	1.75	1.72	1.69
18	3.01	2.62	2.42	2.29	2.20	2.13	2.08	2.04	2.00	1.98	1.93	1.89	1.84	1.81	1.78	1.75	1.72	1.69	1.66
19	2.99	2.61	2.40	2.27	2.18	2.11	2.06	2.02	1.98	1.96	1.91	1.86	1.81	1.79	1.76	1.73	1.70	1.67	1.63
20	2.97	2.59	2.38	2.25	2.16	2.09	2.04	2.00	1.96	1.94	1.89	1.84	1.79	1.77	1.74	1.71	1.68	1.64	1.61
21	2.96	2.57	2.36	2.23	2.14	2.08	2.02	1.98	1.95	1.92	1.87	1.83	1.78	1.75	1.72	1.69	1.66	1.62	1.59
22	2.95	2.56	2.35	2.22	2.13	2.06	2.01	1.97	1.93	1.90	1.86	1.81	1.76	1.73	1.70	1.67	1.64	1.60	1.57
23	2.94	2.55	2.34	2.21	2.11	1.05	1.99	1.95	1.92	1.89	1.84	1.80	1.74	1.72	1.69	1.66	1.62	1.59	1.55
24	2.93	2.54	2.33	2.19	2.10	2.04	1.98	1.94	1.91	1.88	1.83	1.78	1.73	1.70	1.67	1.64	1.61	1.57	1.53
25	2.92	2.53	2.32	2.18	2.09	2.02	1.97	1.93	1.89	1.87	1.82	1.77	1.72	1.69	1.66	1.63	1.59	1.56	1.52
26	2.91	2.52	2.31	2.17	2.08	2.01	1.96	1.92	1.88	1.86	1.81	1.76	1.71	1.68	1.65	1.61	1.58	1.54	1.50

续表

n_2 \ n_1	1	2	3	4	5	6	7	8	9	10	12	15	20	24	30	40	60	120	∞
27	2.90	2.51	2.30	2.17	2.07	2.00	1.95	1.91	1.87	1.85	1.80	1.75	1.70	1.67	1.64	1.60	1.57	1.53	1.49
28	2.89	2.50	2.29	2.16	2.06	2.00	1.94	1.90	1.87	1.84	1.79	1.74	1.69	1.66	1.63	1.59	1.56	1.52	1.48
29	2.89	2.50	2.28	2.15	2.06	1.99	1.93	1.89	1.86	1.83	1.78	1.73	1.68	1.65	1.62	1.58	1.55	1.51	1.47
30	2.88	2.49	2.28	2.14	2.05	1.98	1.93	1.88	1.85	1.82	1.77	1.72	1.67	1.64	1.61	1.57	1.54	1.50	1.46
40	2.84	2.44	2.23	2.09	2.00	1.93	1.87	1.83	1.79	1.76	1.71	1.66	1.61	1.57	1.54	1.51	1.47	1.42	1.38
60	2.79	2.39	2.18	2.04	1.95	1.87	1.82	1.77	1.74	1.71	1.66	1.60	1.54	1.51	1.48	1.44	1.40	1.35	1.29
120	2.75	2.35	2.13	1.99	1.90	1.82	1.77	1.72	1.68	1.65	1.60	1.55	1.48	1.45	1.41	1.37	1.32	1.26	1.19
∞	2.71	2.30	2.08	1.94	1.85	1.77	1.72	1.67	1.63	1.60	1.55	1.49	1.42	1.38	1.34	1.30	1.24	1.17	1.00

$\alpha = 0.05$

附表 3（续）

n_2 \ n_1	1	2	3	4	5	6	7	8	9	10	12	15	20	24	30	40	60	120	∞
1	161.4	199.5	215.7	224.6	230.2	234.0	236.8	238.9	240.5	241.9	243.9	245.9	248.0	249.1	250.1	251.1	252.2	253.3	254.3
2	18.51	19.00	19.16	19.25	19.30	19.33	19.35	19.37	19.38	19.40	19.41	19.43	19.45	19.45	19.46	19.47	19.48	19.49	19.50
3	10.13	9.55	9.28	9.12	9.01	8.94	8.89	8.85	8.81	8.79	8.74	8.70	8.66	8.64	8.62	8.59	8.57	8.55	8.53
4	7.71	6.94	6.59	6.39	6.26	6.16	6.09	6.04	6.00	5.96	5.91	5.86	5.80	5.77	5.75	5.72	5.69	5.66	5.63
5	6.61	5.79	5.41	5.19	5.05	4.95	4.88	4.82	4.77	4.74	4.68	4.62	4.56	4.53	4.50	4.46	4.43	4.40	4.36
6	5.99	5.14	4.76	4.53	4.39	4.28	4.21	4.15	4.10	4.06	4.00	3.94	3.87	3.84	3.81	3.77	3.74	3.70	3.67
7	5.59	4.74	4.35	4.12	3.97	3.87	3.79	3.73	3.68	3.64	3.57	3.51	3.44	3.41	3.38	3.34	3.30	3.27	3.23
8	5.32	4.46	4.07	3.84	3.69	3.58	3.50	3.44	3.39	3.35	3.28	3.22	3.15	3.12	3.08	3.04	3.01	2.97	2.93
9	5.12	4.26	3.86	3.63	3.48	3.37	3.29	3.23	3.18	3.14	3.07	3.01	2.94	2.90	2.86	2.83	2.79	2.75	2.71
10	4.96	4.10	3.71	3.48	3.33	3.22	3.14	3.07	3.02	2.98	2.91	2.85	2.77	2.74	2.70	2.66	2.62	2.58	2.54
11	4.84	3.98	3.59	3.36	3.20	3.09	3.01	2.95	2.90	2.85	2.79	2.72	2.65	2.61	2.57	2.53	2.49	2.45	2.40
12	4.75	3.89	3.49	3.26	3.11	3.00	2.91	2.85	2.80	2.75	2.69	2.62	2.54	2.51	2.47	2.43	2.38	2.34	2.30
13	4.67	3.81	3.41	3.18	3.03	2.92	2.83	2.77	2.71	2.67	2.60	2.53	2.46	2.42	2.38	2.34	2.30	2.25	2.21
14	4.60	3.74	3.34	3.11	2.96	2.85	2.76	2.70	2.65	2.60	2.53	2.46	2.39	2.35	2.31	2.27	2.22	2.18	2.13
15	4.54	3.68	3.29	3.06	2.90	2.79	2.71	2.64	2.59	2.54	2.48	2.40	2.33	2.29	2.25	2.20	2.16	2.11	2.07
16	4.49	3.63	3.24	3.01	2.85	2.74	2.66	2.59	2.54	2.49	2.42	2.35	2.28	2.24	2.19	2.15	2.11	2.06	2.01
17	4.45	3.59	3.20	2.96	2.81	2.70	2.61	2.55	2.49	2.45	2.38	2.31	2.23	2.19	2.15	2.10	2.06	2.01	1.96
18	4.41	3.55	3.16	2.93	2.77	2.66	2.58	2.51	2.46	2.41	2.34	2.27	2.19	2.15	2.11	2.06	2.02	1.97	1.92
19	4.38	3.52	3.13	2.90	2.74	2.63	2.54	2.48	2.42	2.38	2.31	2.23	2.16	2.11	2.07	2.03	1.98	1.93	1.88

续表

n_2 \ n_1	1	2	3	4	5	6	7	8	9	10	12	15	20	24	30	40	60	120	∞
20	4.35	3.49	3.10	2.87	2.71	2.60	2.51	2.45	2.39	2.35	2.28	2.20	2.12	2.08	2.04	1.99	1.95	1.90	1.84
21	4.32	3.47	3.07	2.84	2.68	2.57	2.49	2.42	2.37	2.32	2.25	2.18	2.10	2.05	2.01	1.96	1.92	1.87	1.81
22	4.30	3.44	3.05	2.82	2.66	2.55	2.46	2.40	2.34	2.30	2.23	2.15	2.07	2.03	1.98	1.94	1.89	1.84	1.78
23	4.28	3.42	3.03	2.80	2.64	2.53	2.44	2.37	2.32	2.27	2.20	2.13	2.05	2.01	1.96	1.91	1.86	1.81	1.76
24	4.26	3.40	3.01	2.78	2.62	2.51	2.42	2.36	2.30	2.25	2.18	2.11	2.03	1.98	1.94	1.89	1.84	1.79	1.73
25	4.24	3.39	2.99	2.76	2.60	2.49	2.40	2.34	2.28	[illegible]	2.16	2.09	2.01	1.96	1.92	1.87	1.82	1.77	1.71
26	4.23	3.37	2.98	2.74	2.59	2.47	2.39	2.32	2.27	2.22	2.15	2.07	1.99	1.95	1.90	1.85	1.80	1.75	1.69
27	4.21	3.35	2.96	2.73	2.57	2.46	2.37	2.31	2.25	2.20	2.13	2.06	1.97	1.93	1.88	1.84	1.79	1.73	1.67
28	4.20	3.34	2.95	2.71	2.56	2.45	2.36	2.29	2.24	2.19	2.12	2.04	1.96	1.91	1.87	1.82	1.77	1.71	1.65
29	4.18	3.33	2.93	2.70	2.55	2.43	2.35	2.28	2.22	2.18	2.10	2.03	1.94	1.90	1.85	1.81	1.75	1.70	1.64
30	4.17	3.32	2.92	2.69	2.53	2.42	2.33	2.27	2.21	2.16	2.09	2.01	1.93	1.89	1.84	1.79	1.74	1.68	1.62
40	4.08	3.23	2.84	2.61	2.45	2.34	2.25	2.18	2.12	2.08	2.00	1.92	1.84	1.79	1.74	1.69	1.64	1.58	1.51
60	4.00	3.15	2.76	2.53	2.37	2.25	2.17	2.10	2.04	1.99	1.92	1.84	1.75	1.70	1.65	1.59	1.53	1.47	1.39
120	3.92	3.07	2.68	2.45	2.29	2.17	2.09	2.02	1.96	1.91	1.83	1.75	1.66	1.61	1.55	1.50	1.43	1.35	1.25
∞	3.84	3.00	2.60	2.37	2.21	2.10	2.01	1.94	1.88	1.83	1.75	1.67	1.57	1.52	1.46	1.39	1.32	1.22	1.00

$\alpha = 0.025$

附表3（续）

n_2 \ n_1	1	2	3	4	5	6	7	8	9	10	12	15	20	24	30	40	60	120	∞
1	647.8	799.5	864.2	899.6	921.8	937.1	948.2	956.7	963.3	968.6	976.7	984.9	993.1	997.2	1001	1006	1010	1014	1018
2	38.51	39.00	39.17	39.25	39.30	39.33	39.36	39.37	39.39	39.40	39.41	39.43	39.45	39.46	39.46	39.47	39.48	39.40	39.50
3	17.44	16.04	15.44	15.10	14.88	14.73	14.62	14.54	14.47	14.42	14.34	14.25	14.17	14.12	14.08	14.04	13.99	13.95	13.90
4	12.22	10.65	9.98	9.60	9.36	9.20	9.07	8.98	8.90	8.84	8.75	8.66	8.56	8.51	8.46	8.41	8.36	8.31	8.26
5	10.01	8.43	7.76	7.39	7.15	6.98	6.85	6.76	6.68	6.62	6.52	6.43	6.33	6.28	6.23	6.18	6.12	6.07	6.02
6	8.81	7.26	6.60	6.23	5.99	5.82	5.70	5.60	5.52	5.46	5.37	5.27	5.17	5.12	5.07	5.01	4.96	4.90	4.85
7	8.07	6.54	5.89	5.52	5.29	5.12	4.99	4.90	4.82	4.76	4.67	4.57	4.47	4.42	4.36	4.31	4.25	4.20	4.14
8	7.57	6.06	5.42	5.05	4.82	4.65	4.53	4.43	4.36	4.30	4.20	4.10	4.00	3.95	3.89	3.84	3.78	3.73	3.67
9	7.21	5.71	5.08	4.72	4.48	4.23	4.20	4.10	4.03	3.96	3.87	3.77	3.67	3.61	3.56	3.51	3.45	3.39	3.33
10	6.94	5.46	4.83	4.47	4.24	4.07	3.95	3.85	3.78	3.72	3.62	3.52	3.42	3.37	3.31	3.26	3.20	3.14	3.08
11	6.72	5.26	4.63	4.28	4.04	3.88	3.76	3.66	3.59	3.53	3.43	3.33	3.23	3.17	3.12	3.06	3.00	2.94	2.88

续表

n_2 \ n_1	1	2	3	4	5	6	7	8	9	10	12	15	20	24	30	40	60	120	∞
12	6.55	5.10	4.47	4.12	3.89	3.73	3.61	3.51	3.44	3.37	3.28	3.18	3.07	3.02	2.96	2.91	2.85	2.79	2.72
13	6.41	4.97	4.35	4.00	3.77	3.60	3.48	3.39	3.31	3.25	3.15	3.05	2.95	2.89	2.84	2.78	2.72	2.66	2.60
14	6.30	4.86	4.24	3.89	3.66	3.50	3.38	3.29	3.21	3.15	3.05	2.95	2.84	2.79	2.73	2.67	2.61	2.55	2.49
15	6.20	4.77	4.15	3.80	3.58	3.41	3.29	3.20	3.12	3.06	2.96	2.86	2.76	2.70	2.64	2.59	2.52	2.46	2.40
16	6.12	4.69	4.08	3.73	3.50	3.34	3.22	3.12	3.05	2.99	2.89	2.79	2.68	2.63	2.57	2.51	2.45	2.38	2.32
17	6.04	4.62	4.01	3.66	3.44	3.28	3.26	3.06	2.98	2.92	2.82	2.72	2.62	2.56	2.50	2.44	2.38	2.32	2.25
18	5.98	4.56	3.95	3.61	3.38	3.22	3.10	3.01	2.93	2.87	2.77	2.67	2.56	2.50	2.44	2.38	2.32	2.26	2.19
19	5.92	4.51	3.90	3.56	3.33	3.17	3.05	2.96	2.88	2.82	2.72	2.62	2.51	2.45	2.39	2.33	2.27	2.20	2.13
20	5.87	4.46	3.86	3.51	3.29	3.13	3.01	2.91	2.84	2.77	2.68	2.57	2.46	2.41	2.35	2.29	2.22	2.16	2.09
21	5.83	4.42	3.82	3.48	3.25	3.09	2.97	2.87	2.80	2.73	2.64	2.53	2.42	2.37	2.31	2.25	2.18	2.11	2.04
22	5.79	4.38	3.78	3.44	3.22	3.05	2.73	2.84	2.76	2.70	2.60	2.50	2.39	2.33	2.27	2.21	2.14	2.08	2.00
23	5.75	4.35	3.75	3.41	3.18	3.02	2.90	2.81	2.73	2.67	2.57	2.47	2.36	2.30	2.24	2.18	2.11	2.04	1.97
24	5.72	4.32	3.72	3.38	3.15	2.99	2.87	2.78	2.70	2.64	2.54	2.44	2.33	2.27	2.21	2.15	2.08	2.01	1.94
25	5.69	4.29	3.69	3.35	3.13	2.97	2.85	2.75	2.68	2.61	2.51	2.41	2.30	2.24	2.18	2.12	2.05	1.98	1.91
26	5.66	4.27	3.67	3.33	3.10	2.94	2.82	2.73	2.65	2.59	2.49	2.39	2.28	2.22	2.16	2.09	2.03	1.95	1.88
27	5.63	4.24	3.65	3.31	3.08	2.92	2.80	2.71	2.63	2.57	2.47	2.36	2.25	2.19	2.13	2.07	2.00	1.93	1.85
28	5.61	4.22	3.63	3.29	3.06	2.90	2.78	2.69	2.61	2.55	2.45	2.34	2.23	2.17	2.11	2.05	1.98	1.91	1.83
29	5.59	4.20	3.61	3.27	3.04	2.88	2.76	2.67	2.59	2.53	2.43	2.32	2.21	2.15	2.09	2.03	1.96	1.89	1.81
30	5.57	4.18	3.59	3.25	3.03	2.87	2.75	2.65	2.57	2.51	2.41	2.31	2.20	2.14	2.07	2.01	1.94	1.87	1.79
40	5.42	4.05	3.46	3.13	3.90	2.74	2.62	2.53	2.45	2.39	2.29	2.18	2.07	2.01	1.94	1.88	1.80	1.72	1.64
60	5.29	3.93	3.34	3.01	2.79	2.63	2.51	2.41	2.33	2.27	3.17	2.06	1.94	1.88	1.82	1.74	1.67	1.58	1.48
120	5.15	3.80	3.23	2.89	2.67	2.52	2.39	2.30	2.22	2.16	2.05	1.94	1.82	1.76	1.69	1.61	1.53	1.43	1.31
∞	5.02	3.69	3.12	2.79	2.57	2.41	2.29	2.19	2.11	2.05	1.94	1.83	1.71	1.64	1.57	1.48	1.39	1.27	1.00

$$\alpha = 0.01$$

附表3（续）

n_2 \ n_1	1	2	3	4	5	6	7	8	9	10	12	15	20	24	30	40	60	120	∞
1	4052	4999.5	5403	5625	5764	5859	5928	5982	6022	6056	6106	6157	6209	6235	6261	6287	6313	6339	6366
2	98.50	99.00	99.17	99.25	99.30	99.33	99.36	99.37	99.39	99.40	99.42	99.43	99.45	99.46	99.47	99.47	99.48	99.49	99.50
3	34.12	30.82	29.46	28.71	28.24	27.91	27.67	27.49	27.35	27.23	27.05	26.87	26.69	26.60	26.50	26.41	26.32	26.22	26.13
4	21.20	18.00	16.69	15.98	15.52	15.21	14.98	14.80	14.66	14.55	14.37	24.20	14.02	13.93	13.84	13.75	13.65	13.56	13.46
5	16.26	13.27	12.06	11.39	10.97	10.67	10.46	10.29	10.16	10.05	9.89	9.72	9.55	9.47	9.38	9.29	9.20	9.11	9.02

续表

n_2 \ n_1	1	2	3	4	5	6	7	8	9	10	12	15	20	24	30	40	60	120	∞
6	13.75	10.93	9.78	9.15	8.75	8.47	8.26	8.10	7.98	7.87	7.72	7.56	7.40	7.31	7.23	7.14	7.06	6.97	6.88
7	12.25	9.55	8.45	7.85	7.46	7.19	6.99	6.84	6.72	6.62	6.47	6.31	6.16	6.07	5.99	5.91	5.82	5.74	5.65
8	11.26	8.65	7.59	7.01	6.63	6.37	6.18	6.03	5.91	5.81	5.67	5.52	5.36	5.28	5.20	5.12	5.03	4.95	4.86
9	10.56	8.02	6.99	6.42	6.06	5.80	5.61	5.47	5.35	5.26	5.11	4.96	4.81	4.73	4.65	4.57	4.48	4.40	4.31
10	10.04	7.56	6.55	5.99	5.64	5.39	5.20	5.06	4.94	4.85	4.71	4.56	4.41	4.33	4.25	4.17	4.08	4.00	3.91
11	9.65	7.21	6.22	5.67	5.32	5.07	4.89	4.74	4.63	4.54	4.40	4.25	4.10	4.02	3.94	3.86	3.78	3.69	3.60
12	9.33	6.93	5.95	5.41	5.06	4.82	4.64	4.50	4.39	4.30	4.16	4.01	3.86	3.78	3.70	3.62	3.54	3.45	3.36
13	9.07	6.70	5.74	5.21	4.86	4.62	4.44	4.30	4.19	4.10	3.96	3.82	3.66	3.59	3.51	3.43	3.34	3.25	3.17
14	8.86	6.51	5.56	5.04	4.69	4.46	4.28	4.14	4.03	3.94	3.80	3.66	3.51	3.43	3.35	3.27	3.18	3.09	3.00
15	8.68	6.36	5.42	4.89	4.56	4.32	4.14	4.00	3.89	3.80	3.67	3.52	3.37	3.29	3.21	3.13	3.05	2.96	2.87
16	8.53	6.23	5.29	4.77	4.44	4.20	4.03	3.89	3.78	3.69	3.55	3.41	3.26	3.18	3.10	3.02	2.93	2.84	2.75
17	8.40	6.11	5.18	4.67	4.34	4.10	3.93	3.79	3.68	3.59	3.46	3.31	3.16	3.08	3.00	2.92	2.83	2.75	2.65
18	8.29	6.01	5.09	4.58	4.25	4.01	3.94	3.71	3.60	3.51	3.37	3.23	3.08	3.00	2.92	2.84	2.75	2.66	2.57
19	8.18	5.93	5.01	4.50	4.17	3.94	3.77	3.63	3.52	3.43	3.30	3.15	3.00	2.92	2.84	2.76	2.67	2.58	2.49
20	8.10	5.85	4.94	4.43	4.10	3.87	3.70	3.56	3.46	3.37	3.23	3.09	2.94	2.86	2.78	2.69	2.61	2.52	2.42
21	8.02	5.78	4.87	4.37	4.04	3.81	3.64	3.51	3.40	3.31	3.17	3.03	2.88	2.80	2.72	2.64	2.55	2.46	2.36
22	7.95	5.72	4.82	4.31	3.99	3.76	3.59	3.45	3.35	3.26	3.12	2.98	2.83	2.75	2.67	2.58	2.50	2.40	2.31
23	7.88	5.66	4.76	4.26	3.94	3.71	3.54	3.41	3.30	3.21	3.07	2.93	2.78	2.70	2.62	2.54	2.45	2.35	2.26
24	7.82	5.61	4.72	4.22	3.90	3.67	3.50	3.36	3.26	3.17	3.03	2.89	2.74	2.66	2.58	2.49	2.40	2.31	2.21
25	7.77	5.57	4.68	4.18	3.85	3.63	3.46	3.32	3.22	3.13	2.99	2.85	2.70	2.62	2.54	2.45	2.36	2.27	2.17
26	7.72	5.53	4.64	4.14	3.82	3.59	3.42	3.29	3.18	3.09	2.96	2.81	2.66	2.58	2.50	2.42	2.33	2.23	2.13
27	7.68	5.49	4.60	4.11	3.78	3.56	3.39	3.26	3.15	3.06	2.93	2.78	2.63	2.55	2.47	2.38	2.29	2.20	2.10
28	7.64	5.45	4.57	4.07	3.75	3.53	3.36	3.23	3.12	3.03	2.90	2.75	2.60	2.52	2.44	2.35	2.26	2.17	2.06
29	7.60	5.42	4.54	4.04	3.73	3.50	3.33	3.20	3.09	3.00	2.87	2.73	2.57	2.49	2.41	2.33	2.23	2.14	2.03
30	7.56	5.39	4.51	4.02	3.70	3.47	3.30	3.17	3.07	2.98	2.84	2.70	2.55	2.47	2.39	2.30	2.21	2.11	2.01
40	7.31	5.18	4.31	3.83	3.51	3.29	3.12	2.99	2.89	2.80	2.66	2.52	2.37	2.29	2.20	2.11	2.02	1.92	1.80
60	7.08	4.98	4.13	3.65	3.34	3.12	2.95	2.82	2.72	2.63	2.50	2.35	2.20	2.12	2.03	1.94	1.84	1.73	1.60
120	6.85	4.79	3.95	3.48	3.17	2.96	2.79	2.66	2.56	2.47	2.34	2.19	2.03	1.95	1.86	1.76	1.66	1.53	1.38
∞	6.63	4.61	3.78	3.32	3.02	2.80	2.64	2.51	2.41	2.32	2.18	2.04	1.88	1.79	1.70	1.59	1.47	1.32	1.00

$\alpha = 0.005$

附表 3（续）

n_2 \ n_1	1	2	3	4	5	6	7	8	9	10	12	15	20	24	30	40	60	120	∞
1	16211	20000	21615	22500	23056	23437	23715	23925	24091	24224	24426	24630	24836	24940	25044	25148	35253	25359	25465
2	198. 5	199. 0	199. 2	199. 2	199. 3	199. 3	199. 4	199. 4	199. 4	199. 4	199. 4	199. 4	199. 4	199. 5	199. 5	199. 5	199. 5	199. 5	199. 5
3	55. 55	49. 80	47. 47	46. 19	45. 39	44. 84	44. 43	44. 13	43. 88	43. 69	43. 39	43. 08	42. 78	42. 62	42. 47	42. 31	42. 15	41. 99	41. 83
4	31. 33	26. 28	24. 26	23. 15	22. 46	21. 97	21. 62	21. 35	21. 14	20. 97	20. 70	20. 44	20. 17	20. 03	19. 89	19. 75	19. 61	19. 47	19. 32
5	22. 78	18. 31	16. 53	15. 56	14. 94	14. 51	14. 20	13. 96	13. 77	13. 62	13. 38	13. 15	12. 90	12. 78	12. 66	12. 53	12. 40	12. 27	12. 14
6	18. 63	14. 54	12. 92	12. 03	11. 46	11. 07	10. 79	10. 57	10. 39	10. 25	10. 03	9. 81	9. 59	9. 47	9. 36	9. 24	9. 12	9. 00	8. 88
7	16. 24	12. 40	10. 88	10. 05	9. 52	9. 16	8. 89	8. 68	8. 51	8. 38	8. 18	7. 97	7. 75	7. 65	7. 53	7. 42	7. 31	7. 19	7. 08
8	14. 69	11. 04	9. 60	8. 81	8. 30	7. 95	7. 69	7. 50	7. 34	7. 21	7. 01	6. 81	6. 61	6. 50	6. 40	6. 29	6. 18	6. 06	5. 95
9	13. 61	10. 11	8. 72	7. 96	7. 47	7. 13	6. 88	6. 69	6. 54	6. 42	6. 23	6. 03	5. 83	5. 73	5. 62	5. 52	5. 41	5. 30	5. 19
10	12. 83	9. 43	8. 08	7. 34	6. 87	6. 54	6. 30	6. 12	5. 97	5. 85	5. 66	5. 47	5. 27	5. 17	5. 07	4. 97	4. 86	4. 75	4. 64
11	12. 23	8. 91	7. 60	6. 88	6. 42	6. 10	5. 86	5. 68	5. 54	5. 42	5. 24	5. 05	4. 86	4. 76	4. 65	4. 55	4. 44	4. 34	4. 23
12	11. 75	8. 51	7. 23	6. 52	6. 07	5. 76	5. 52	5. 35	5. 20	5. 09	4. 91	4. 72	4. 53	4. 43	4. 33	4. 23	4. 12	4. 01	3. 90
13	11. 37	8. 19	6. 93	6. 23	5. 79	5. 48	5. 25	5. 08	4. 94	4. 82	4. 64	4. 46	4. 27	4. 17	4. 07	3. 97	3. 87	3. 76	3. 65
14	11. 06	7. 92	6. 68	6. 00	5. 56	5. 26	5. 03	4. 86	4. 72	4. 60	4. 43	4. 25	4. 06	3. 96	3. 86	3. 76	3. 66	3. 55	3. 44
15	10. 80	7. 70	6. 48	5. 80	5. 37	5. 07	4. 85	4. 67	4. 54	4. 42	4. 25	4. 07	3. 88	3. 79	3. 69	3. 58	3. 48	3. 37	3. 26
16	10. 58	7. 51	6. 30	5. 64	5. 21	4. 91	4. 69	4. 52	4. 38	4. 27	4. 10	3. 92	3. 73	3. 64	3. 54	3. 44	3. 33	3. 22	3. 11
17	10. 38	7. 35	6. 16	5. 50	5. 07	4. 78	4. 56	4. 39	4. 25	4. 14	3. 97	3. 79	3. 61	3. 51	3. 41	3. 31	3. 21	3. 10	2. 98
18	10. 22	7. 21	6. 03	5. 37	4. 96	4. 66	4. 44	4. 28	4. 14	4. 03	3. 86	3. 68	3. 50	3. 40	3. 30	3. 20	3. 10	2. 99	2. 87
19	10. 07	7. 09	5. 92	5. 27	7. 85	4. 56	4. 34	4. 18	4. 04	3. 93	3. 76	3. 59	3. 40	3. 31	3. 21	3. 11	3. 00	2. 89	2. 78
20	9. 94	6. 99	5. 82	5. 17	4. 76	4. 47	4. 26	4. 09	3. 96	3. 85	3. 68	3. 50	3. 32	3. 22	3. 12	3. 02	2. 92	2. 81	2. 69
21	9. 83	6. 89	5. 73	5. 09	4. 68	4. 39	4. 18	4. 01	3. 88	3. 77	3. 60	3. 43	3. 24	3. 15	3. 05	2. 95	2. 84	2. 73	2. 61
22	9. 73	6. 81	5. 65	5. 02	4. 61	4. 32	4. 11	3. 94	3. 81	3. 70	3. 54	3. 36	3. 18	3. 08	2. 98	2. 88	2. 77	2. 66	2. 55
23	9. 63	6. 73	5. 58	4. 95	4. 54	4. 26	4. 05	3. 88	3. 75	3. 64	3. 47	3. 30	3. 12	3. 02	2. 92	2. 82	2. 71	2. 60	2. 48
24	9. 55	6. 66	5. 52	4. 89	4. 49	4. 20	3. 99	3. 83	3. 69	3. 59	3. 42	3. 25	3. 06	2. 97	2. 87	2. 77	2. 66	2. 55	2. 43
25	9. 48	6. 60	5. 46	4. 84	4. 43	4. 15	3. 94	3. 78	3. 64	3. 54	3. 37	3. 20	3. 01	2. 92	2. 82	2. 72	2. 61	2. 50	2. 38
26	9. 41	6. 54	5. 41	4. 79	4. 38	4. 10	3. 89	3. 73	3. 60	3. 49	3. 33	3. 15	2. 97	2. 87	2. 77	2. 67	2. 56	2. 45	2. 33
27	9. 34	6. 49	5. 36	4. 74	4. 34	4. 06	3. 85	3. 69	3. 56	3. 45	3. 28	3. 11	2. 93	2. 83	2. 73	2. 63	2. 52	2. 41	2. 29
28	9. 28	6. 44	5. 32	4. 70	4. 30	4. 02	3. 81	3. 65	3. 52	3. 41	3. 25	3. 07	2. 89	2. 79	2. 69	2. 59	2. 48	2. 37	2. 25
29	9. 23	6. 40	5. 28	4. 66	4. 26	3. 98	3. 77	3. 61	3. 48	3. 38	3. 21	3. 04	2. 86	2. 76	2. 66	2. 56	2. 45	2. 33	2. 21

续表

n_2 \ n_1	1	2	3	4	5	6	7	8	9	10	12	15	20	24	30	40	60	120	∞
30	9.18	6.35	5.24	4.62	4.23	3.95	3.74	3.58	3.45	3.34	3.18	3.01	2.82	2.73	2.63	2.52	2.42	2.30	2.18
40	8.83	6.07	4.98	4.37	3.99	3.71	3.51	3.35	3.22	3.12	2.95	2.78	2.60	2.50	2.40	2.30	2.18	2.06	1.93
60	8.49	5.79	4.73	4.14	3.76	3.49	3.29	3.13	3.01	2.90	2.74	2.57	2.39	2.29	2.19	2.08	1.96	1.83	1.69
120	8.18	5.54	4.50	3.92	3.55	3.28	3.09	2.93	2.81	2.71	2.54	2.37	2.19	2.09	1.98	1.87	1.75	1.61	1.43
∞	7.88	5.30	4.28	3.72	3.35	3.09	2.90	2.74	2.62	2.52	2.36	2.19	2.00	1.90	1.79	1.67	1.53	1.36	1.00

$$\alpha = 0.001$$

附表 3（续）

n_2 \ n_1	1	2	3	4	5	6	7	8	9	10	12	15	20	24	30	40	60	120	∞
1	4053 +	5000 +	5404 +	5625 +	5764 +	5859 +	5929 +	5981 +	6023 +	6056 +	6107 +	6158 +	6209 +	6235 +	6261 +	6287 +	6313 +	6340 +	6366 +
2	998.5	999.0	999.2	999.2	999.3	999.3	999.4	999.4	999.4	999.4	999.4	999.4	999.4	999.5	999.5	999.5	999.5	999.5	999.5
3	167.0	148.5	141.1	137.1	134.6	132.8	131.6	130.6	129.9	129.2	128.3	127.4	126.4	125.9	125.4	125.0	124.5	124.0	123.5
4	74.14	61.25	56.18	53.44	51.71	50.53	49.66	49.00	48.47	48.05	47.41	46.76	46.10	45.77	45.43	45.09	44.75	44.40	44.05
5	47.18	37.12	33.20	31.09	27.75	28.84	28.16	27.64	27.24	26.92	26.42	25.91	25.39	25.14	24.87	24.60	24.33	24.06	23.79
6	35.51	27.00	23.70	21.92	20.81	20.03	19.46	19.03	18.69	18.41	17.99	17.56	17.12	16.89	16.67	16.44	16.21	15.99	15.75
7	29.25	21.69	18.77	17.19	16.21	15.52	15.02	14.63	14.33	14.08	13.71	13.32	12.93	12.73	12.53	12.33	12.12	11.91	11.70
8	25.42	18.49	15.83	14.39	13.49	12.86	12.40	12.04	11.77	11.54	11.19	10.84	10.48	10.30	10.11	9.92	9.73	9.53	9.33
9	22.86	16.39	13.90	12.56	11.71	11.13	10.70	10.37	10.11	9.89	9.57	9.24	8.90	8.72	8.55	8.37	8.19	8.00	7.80
10	21.04	14.91	12.55	11.28	10.48	9.92	9.52	9.20	8.96	8.75	8.45	8.13	7.80	7.64	7.47	7.30	7.12	6.94	6.76
11	19.69	13.81	11.56	10.35	9.58	9.05	8.66	8.35	8.12	7.92	7.63	7.32	7.01	6.85	6.68	6.52	6.35	6.17	6.00
12	18.64	12.97	10.80	9.63	8.89	8.38	8.00	7.71	7.48	7.29	7.00	6.71	6.40	6.25	6.09	5.93	5.76	5.59	5.42
13	17.81	12.31	10.21	9.07	8.35	7.86	7.49	7.21	6.98	6.80	6.52	6.23	5.93	6.78	5.63	5.47	5.30	5.14	4.97
14	17.14	11.78	9.73	8.62	7.92	7.43	7.08	6.80	6.58	6.40	6.13	5.85	5.56	5.41	5.25	5.10	4.94	4.77	4.60
15	16.59	11.34	9.34	8.25	7.57	7.09	6.74	6.47	6.26	6.08	5.81	5.54	5.25	5.10	4.95	4.80	4.64	4.47	4.31
16	16.12	10.97	9.00	7.94	7.27	6.81	6.46	6.19	5.98	5.81	5.55	5.27	4.99	4.85	4.70	4.54	4.39	4.23	4.06
17	15.72	10.36	8.73	7.68	7.02	6.56	6.22	5.96	5.75	5.58	5.32	5.05	4.78	4.63	4.48	4.33	4.18	4.02	3.85
18	15.38	10.39	8.49	7.46	6.81	6.35	6.02	5.76	5.56	5.39	5.13	4.87	4.59	4.45	4.30	4.15	4.00	3.84	3.67
19	15.08	10.16	8.28	7.26	6.62	6.18	5.85	5.59	5.39	5.22	4.97	4.70	4.43	4.29	4.14	3.99	3.84	3.68	3.51
20	14.82	9.95	8.10	7.10	6.46	6.02	5.69	5.44	5.24	5.08	4.82	4.56	4.29	4.15	4.00	3.86	3.70	3.54	3.38

续表

n_2 \ n_1	1	2	3	4	5	6	7	8	9	10	12	15	20	24	30	40	60	120	∞
21	14.59	9.77	7.94	6.95	6.32	5.88	5.56	5.31	5.11	4.95	4.70	4.44	4.17	4.03	3.88	3.74	3.58	3.42	3.26
22	14.38	9.61	7.80	6.81	6.19	5.76	5.44	5.19	4.98	4.83	4.58	4.33	4.06	3.92	3.78	3.63	3.48	3.32	3.15
23	14.19	9.47	7.67	6.69	6.08	5.65	5.33	5.09	4.89	4.73	4.48	4.23	3.96	3.82	3.68	3.53	3.38	3.22	3.05
24	14.03	9.34	7.55	6.59	5.98	5.55	5.23	4.99	4.80	4.64	4.39	4.14	3.87	3.74	3.59	3.45	3.29	3.14	2.97
25	13.88	9.22	7.45	6.49	5.88	5.46	5.15	4.91	4.71	4.56	4.31	4.06	3.79	3.66	3.52	3.37	3.22	3.06	2.89
26	13.74	9.12	7.36	6.41	5.80	5.38	5.07	4.83	4.64	4.48	4.24	3.99	3.72	3.59	3.44	3.30	3.15	2.99	2.82
27	13.61	9.02	7.27	6.33	5.73	5.31	5.00	4.76	4.57	4.41	4.17	3.92	3.66	3.52	3.38	3.23	3.08	2.92	2.75
28	13.50	8.93	7.19	6.25	5.66	5.24	4.93	4.69	4.50	4.35	4.11	3.86	3.60	3.46	3.32	3.18	3.02	2.86	2.69
29	13.39	8.85	7.12	6.19	5.59	5.18	4.87	4.64	4.45	4.29	4.05	3.80	3.54	3.41	3.27	3.12	2.97	2.81	2.64
30	13.29	8.77	7.05	6.12	5.53	5.12	4.82	4.58	4.39	14.24	4.00	3.75	3.49	3.36	3.22	3.07	2.92	2.76	2.59
40	12.61	8.25	6.60	5.70	5.13	4.73	4.44	4.21	4.02	3.87	3.64	3.40	3.15	3.01	2.87	2.73	2.57	2.41	2.23
60	11.97	7.76	6.17	5.31	4.76	4.37	4.09	3.87	3.69	3.54	3.31	3.08	2.83	2.69	2.55	2.41	2.25	2.08	1.89
120	11.38	7.32	5.79	4.95	4.42	4.04	3.77	3.55	3.38	3.24	3.02	2.78	2.53	2.40	2.26	2.11	1.95	1.76	1.54
∞	10.83	6.91	5.42	4.62	4.10	3.74	3.47	3.27	3.10	2.96	2.74	2.51	2.27	2.13	1.99	1.84	1.66	1.45	1.00

+：表示要将所列数乘以100。

四　D-W 检验临界值表（ã=0.05）

T	k=1		k=2		k=3		k=4		k=5	
	d_L	d_U	d_L	d_U	d_L	d_U	d_L	d_U	d_L	d_U
15	1.08	1.36	0.95	1.54	0.82	1.75	0.69	1.97	0.56	2.21
16	1.10	1.37	0.98	1.54	0.86	1.73	0.74	1.93	0.62	2.15
17	1.13	1.38	1.02	1.54	0.90	1.71	0.78	1.90	0.67	2.10
18	1.16	1.39	1.05	1.53	0.93	1.69	0.82	1.87	0.71	2.06
19	1.18	1.40	1.08	1.53	1.97	1.68	0.86	1.85	0.75	2.02
20	1.20	1.41	1.10	1.54	1.00	1.68	0.90	1.83	0.79	1.99
21	1.22	1.42	1.13	1.54	1.03	1.67	0.93	1.81	0.83	1.96
22	1.24	1.43	1.15	1.54	1.05	1.66	0.96	1.80	0.86	1.94
23	1.26	1.44	1.17	1.54	1.08	1.66	0.99	1.79	0.90	1.92
24	1.27	1.45	1.19	1.55	1.10	1.66	1.01	1.78	0.93	1.90
25	1.29	1.45	1.21	1.55	1.12	1.66	1.04	1.77	0.95	1.89

续表

T	k = 1		k = 2		k = 3		k = 4		k = 5	
26	1.30	1.46	1.22	1.55	1.14	1.65	1.06	1.76	0.98	1.88
27	1.32	1.47	1.24	1.56	1.16	1.65	1.08	1.76	1.01	1.86
28	1.33	1.48	1.26	1.56	1.18	1.65	1.10	1.75	1.03	1.85
29	1.34	1.48	1.27	1.56	1.20	1.65	1.12	1.74	1.05	1.84
30	1.35	1.49	1.28	1.57	1.21	1.65	1.14	1.74	1.07	1.83
31	1.36	1.50	1.30	1.57	1.23	1.65	1.16	1.74	1.09	1.83
32	1.37	1.50	1.31	1.57	1.24	1.65	1.18	1.73	1.11	1.82
33	1.38	1.51	1.32	1.58	1.26	1.65	1.19	1.73	1.13	1.81
34	1.39	1.51	1.33	1.58	1.27	1.65	1.21	1.73	1.15	1.81
35	1.40	1.52	1.34	1.58	1.28	1.65	1.22	1.73	1.16	1.80
36	1.41	1.52	1.35	1.59	1.29	1.65	1.24	1.73	1.18	1.80
37	1.42	1.53	1.36	1.59	1.31	1.66	1.25	1.72	1.19	1.80
38	1.43	1.54	1.37	1.59	1.32	1.66	1.26	1.72	1.21	1.79
39	1.43	1.54	1.38	1.60	1.33	1.66	1.27	1.72	1.22	1.79
40	1.44	1.54	1.39	1.60	1.34	1.66	1.29	1.72	1.23	1.79
45	1.48	1.57	1.43	1.62	1.38	1.67	1.34	1.72	1.29	1.78
50	1.50	1.59	1.46	1.63	1.42	1.67	1.38	1.72	1.34	1.77
55	1.53	1.60	1.49	1.64	1.45	1.68	1.41	1.72	1.38	1.77
60	1.55	1.62	1.51	1.65	1.48	1.69	1.44	1.73	1.41	1.77
65	1.57	1.63	1.54	1.66	1.50	1.70	1.47	1.73	1.44	1.77
70	1.58	1.64	1.55	1.67	1.52	1.70	1.49	1.74	1.46	1.77
75	1.60	1.65	1.57	1.68	1.54	1.71	1.51	1.74	1.49	1.77
80	1.61	1.66	1.59	1.69	1.56	1.72	1.53	1.74	1.51	1.77
85	1.62	1.67	1.60	1.70	1.57	1.72	1.55	1.75	1.52	1.77
90	1.63	1.68	1.61	1.70	1.59	1.73	1.57	1.75	1.54	1.78
95	1.64	1.69	1.62	1.71	1.60	1.73	1.58	1.75	1.56	1.78
100	1.65	1.69	1.63	1.72	1.61	1.74	1.59	1.76	1.57	1.78

注：1. α表示检验水平，T 表示样本容量，k 表示回归模型中解释变量个数（不包括常数项）。

2. d_U 和 d_L 分别表示 D－W 检验上临界值和下临界值。

参考文献

1. 李子奈:《计量经济学》，清华大学出版社 2013 年版。

2. 李子奈、潘文卿:《计量经济学》，高等教育出版社 2005 年版。

3. 林光平、杨大勇译:《计算计量经济学》，清华大学出版社 2003 年版。

4. 聂巧平:《计量经济学同步辅导》，中国时代经济出版社 2006 年版。

5. 潘文卿、李子奈、高言丽:《计量经济学习题集》，高等教育出版社 2005 年版。

6. 潘省初、周凌瑶:《计量经济分析软件——EViews、SAS 简要上机指南》，中国人民大学出版社 2005 年版。

7. 庞浩:《计量经济学》，科学出版社 2006 年版。

8. 童恒庆:《理论计量经济学》科学出版社 2005 年版。

9. 王维国:《计量经济学》，东北财经大学出版社 2002 年版。

10. 谢识予:《计量经济学》，高等教育出版社 2000 年版。

11. 谢识予:《计量经济学教程》，复旦大学出版社 2004 年版。

12. 子俊年:《计量经济学软件——EViews 的使用》，对外经济贸易大学出版社 2006 年版。

13. 张保法:《经济计量学》，经济科学出版社 2000 年版。

14. 张世英、李忠民、袁学民:《计量经济学教程》，天津大学出版社 2002 年版。

15. 张晓峒:《计量经济学软件 Eviews 使用指南，南开大学出版社 2004 年版。

16. 赵国庆：《计量经济学》，中国人民大学出版社 2001 年版。

17. 赵卫亚：《计量经济学教程》，上海财经大学出版社 2003 年版。

18. Greene W. H：*Econometric Analysis* 5th ed. Upper Saddle River：Prentice – Hall Inc 2003.

19. Gujarrati D. N. , *Basic Econometrics*：*A Modern Approach* 4th ed. New York：McGraw – Hill Company 2003.

20. Pindyck R. S. , Rubinfeld D. L. , *Econometric Model and Economic Forecast* 4th ed. Boston：McGraw Hill Company 1998.

21. Wooldridge J. M. ：*Econometric Analysis of Cross Section and Panel Data* Cambridge：The MIT Press 2001.

22. Wooldridge J. M. ：*Introductory Econometrics*：*A Modem Approach* 2nd ed. New York：South – Western 2003.